CRISTO en el MILENIO

AF704632

Cristo en el Milenio

La gloria del Rey de reyes

Evis L. Carballosa

PORTAVOZ

La misión de *Editorial Portavoz* consiste en proporcionar productos de calidad —con integridad y excelencia—, desde una perspectiva bíblica y confiable, que animen a las personas a conocer y servir a Jesucristo.

Cristo en el milenio: La gloria del Rey de reyes, © 2007 por Evis L. Carballosa y publicado por Editorial Portavoz, filial de Kregel Publications, Grand Rapids, Michigan 49501. Todos los derechos reservados.

Ninguna parte de esta publicación podrá reproducirse de cualquier forma sin permiso escrito previo de los editores, con la excepción de citas breves en revistas o reseñas.

EDITORIAL PORTAVOZ
P.O. Box 2607
Grand Rapids, Michigan 49501 USA

Visítenos en: www.portavoz.com

ISBN 978-0-8254-1196-0

2 3 4 5 edición / año 11 10 09 08

Impreso en los Estados Unidos de América
Printed in the United States of America

A *Amelia*,

mi hermana en la carne y en la fe de Jesucristo:
Amiga, consejera, fiel consoladora…

Y a sus cuatro hijos, mis sobrinos, *Hugo, Daniel, Santiago* y *David*, cuyas oraciones, estímulo y contribuciones hacen posible que llevemos adelante la labor misionera que Dios nos ha encomendado.

Esta obra es afectuosamente dedicada.

Contenido

Prólogo

La amistad sincera es un bien inestimable, fuente de gratas satisfacciones; pero a veces también origina situaciones un tanto embarazosas. Tengo a E. L. Carballosa por buen amigo y veo en él mucho que admiro. Y sé que él me incluye en su círculo de amistades. Pero me ha colocado ante una disyuntiva delicada al pedirme que prologara esta obra suya. El afecto me impulsaba a aceptar sin titubeos su petición. Pero, por otro lado, me frenaba la idea de que más de un lector podía deducir de un prólogo mío una identificación plena con todo el contenido de la obra del autor, lo que no correspondería a la realidad.

No soy amilenarista, menos aún posmilenarista; pero el inclinarme hacia la posición premilenarista lo hago con no pocas reservas y matizaciones surgidas en mi caso de una hermenéutica que he procurado mantener exenta de prejuicios y ajena a toda etiqueta teológica. En esta posición me resultaba difícil escribir unas líneas que sirvieran de introducción a un libro —peculiaridades aparte— aparece como pensado y elaborado por el autor con seriedad y honestidad, sin regatear esfuerzo en el trabajo de investigación. El lector podrá concordar con el contenido de la obra o discrepar, pero no podrá negar que es un documento valioso, sólidamente fundamentado, para el estudio de uno de los puntos más controvertidos de la escatología cristiana: el milenio.

Es tan iluminador como edificante que Carballosa haya hecho de Cristo y de su gloria el centro del panorama milenario. Solo una escatología en la que Cristo resplandezca con el fulgor radiante del Dios-hombre puede proveer al creyente del estímulo necesario para esperar con gozo la parousía del Señor y servirle activamente mientras espera.

Sin duda, es loable lo documentado de la obra con numerosas referencias a otros autores. Este factor ayudará a quien desee ahondar más en la interpretación "pre" del milenio. Asimismo es de notar que las referencias a escritores no premilenaristas son siempre objetivas y respetuosas, lo que también es de agradecer. Para los estudiantes que han de buscar información sobre el premilenarismo, la presente obra le será de máxima utilidad. Quiera Dios seguir bendiciendo al autor y su obra.

José M. Martínez

Palabras del autor

El último mandamiento de Jesucristo a sus apóstoles fue "Id y haced discípulos" (Mt. 28:19). Esa fue la primera gran tarea de los seguidores de Cristo. Pedro discipuló a Juan Marcos. Juan, en sus años en Éfeso, se rodeo de discípulos entre los que se encontraba Policarpo. Pablo tuvo toda una cadena de hombres que aprendieron del gran apóstol e imitaron su ejemplo. Hombres como Timoteo, Tito, Epafras, Epafrodito y Lucas son algunos ejemplos de los discípulos del apóstol Pablo. Hacer discípulos para la gloria de Dios es una gran bendición. El autor de esta obra tuvo el privilegio de comenzar su carrera como estudiante de la Biblia bajo la tutela de un hombre de Dios llamado Hoyt Chester Woodring en el Detroit Bible Institute y después en el Detroit Bible College. El doctor Woodring fue un maestro, un consejero y un amigo. Tomaba un interés particular en sus estudiantes. Deseaba que cada uno de ellos procurase la excelencia en lo académico y la devoción profunda en lo espiritual. Chester Woodring fue un gran maestro. Conocía con profundidad tanto el antiguo como el Nuevo Testamento. Era un excelente profesor de los idiomas originales. Se esforzaba para que cada uno de sus estudiantes aprendiese el arte y la ciencia de la exégesis. Era un serio estudiante de la historia y la teología cristiana.

El doctor Woodring se graduó del Seminario Teológico de Dallas dos veces. Obtuvo la licenciatura y el doctorado en teología del mencionado seminario teológico. Su expediente académico es uno de los más nítidos en la historia de dicha institución. Sus profesores lo recordaban como un estudiante serio, dedicado, abnegado que siempre daba lo mejor de su capacidad.

En el año 1950, Chester Woodring completó su tesis de licenciatura para el departamento de teología del Seminario de Dallas. Su tesis versaba sobre la gloria de Cristo en la era del reino milenario. La lectura de dicha tesis motivó al autor de esta obra a escribir sobre un tema tan importante. El autor de esta obra, por lo tanto, no reclama originalidad. Si ha querido esgrimir los argumentos que apoyan que habrá un reino terrenal en el que Cristo reinará como Rey desde el trono de David desde el punto de vista bíblico y mediante una hermenéutica normal. El autor siente un profundo respecto hacia los eruditos tanto del pasado como del presente que ostentan un punto de vista contrario al expresado en este trabajo. La teología es una ciencia dinámica. Nadie ha escrito el tomo final o definitivo sobre ninguna de las ramas de la teología. Lo que se propone a través de esta obra es la ejecución de un estudio equilibrado del texto bíblico en su contexto y la aplicación de una hermenéutica congruente que siga las leyes normales de la gramática sin apelar a la alegorización.

Se reconoce aquí y se aprecia el trabajo de los muchos autores que mantienen una postura amilenarista. El autor agradece sus escritos y, aunque no los comparte en su totalidad, aprecia la devoción y dedicación de esos escritores. Recomiendo a todo aquel que escribe sobre el tema escatológico que tome en cuenta la literatura de las diferentes escuelas. Las pocas obras escritas en castellano sobre este tema utilizan una bibliografía limitadísima y por lo general, omiten lo que han escrito pensadores de una escuela diferente de la suya.

Todas las escuelas de pensamiento teológico confrontan problemas en el área de la escatología. El autor de esta obra mantiene una postura premilenarista porque está convencido de que es la más congruente y la que más se aferra al texto bíblico. Ha comprobado, además, que una hermenéutica normal o histórico-gramatical conduce irremediablemente al premilenarismo. También está convencido de que la responsabilidad primaria de todo teólogo es presentar una estructura teológica sólida y positiva del texto de las Escrituras. Desdichadamente algunos teólogos y escritores invierten más tiempo y espacio atacando la postura contraria que en hacer un planteamiento teológico del tema que pueda defender sobre la base de una exégesis profunda de la Palabra de Dios.

El autor de esta obra no ha querido plantear ninguna polémica. Ha deseado exponer un tema sobre el que hay muy poco o casi nada escrito: La gloria de la persona de Cristo en la era del reino. Ningún escritor conservador duda que en el reino eterno Cristo manifestará la gloria de su persona eterna. Aquí se trata, sin embargo, de su gloria como persona teantrópica dentro del tiempo y de la historia. El autor está convencido de que, a través de esta obra, ha aportado suficiente evidencia bíblica para demostrar que habrá un reino mesiánico terrenal de mil años de duración en el que Cristo reinará como Rey davídico. Es durante ese período de tiempo que se cumplirán los pactos abrahámico y davídico. Será entonces cuando la gloria humana y la divina de Cristo se manifestarán en la tierra en pleno fulgor. La persona de Cristo será el centro de atracción de ese reino.

El autor agradece a la *Editorial Portavoz* su disposición en publicar esta obra. También agradece la ayuda prestada por Germán Collazo Fernández, mi excelente secretario. Muchas gracias a mi discípulo y amigo, Suel Filgueira Ponce, sin su incalculable ayuda la publicación de esta obra se hubiese demorado muchísimo. Finalmente, el autor agradece a todos los hermanos y hermanas que han orado con constancia para que esta obra fuese publicada. El autor expresa su gratitud al soberano Dios Todopoderoso por haber hecho posible que esta obra saliese a la luz. Quiera el glorioso Señor Jesucristo, el tema central de este trabajo, bendecirlo y usarlo para bendición de su pueblo.

Dei Gratia

Can Miret, *E. L. Carballosa*

Sant Antonio de Vilamajor, España 15 de mayo de 2007

Capítulo I

Introducción

Durante el siglo XX salió a la luz una cantidad importante de obras sobre escatología. Particularmente, el tema del milenio ha ocupado la pluma de muchos teólogos de las últimas generaciones.[1] La mayor parte de lo que se ha escrito, sin embargo, se ha ocupado en probar o negar que habrá un milenio o de describir cómo será la vida durante ese período de tiempo. Otros han preferido dedicarse a resolver los problemas teológicos relacionados con el reino o a clasificar sus características más sobresalientes. Hay otros que se han dedicado a la tarea de demostrar que la era presente es

1. Alva J. McClain, *The Greatness of the Kingdom* (Grand Rapids: Zondervan Publishing House, 1959). Nathaniel West, *The Thousand Year Reign of Christ* (Grand Rapids: Kregel Publications,1993); John F. Walvoord, *The Millennial Kingdom* (Findlay, Ohio: Dunhan Publishing Company, 1959); J. Dwight Pentecost, *Eventos del porvenir* (Maracaibo: Editorial Libertador, 1977); Loraine Boettner, *The Millennium* (Filadelfia: The Presbyterian and Reformed Publishing Company, 1970); Charles L. Feinberg, *Millennialism* (Chicago: Moody Press, 1980); José Grau, *Escatología: final de los tiempos* (Tarrasa: Editorial Clie, 1977); George E. Ladd, *Crucial Questions About the Kingdom* (Grand Rapids: Eerdmans Publishing Co., 1961); Charles C. Ryrie, *Las bases de la fe premilenial* (Grand Rapids: Editorial Portavoz, 1984); Francisco Lacueva, *Escatología II* (Tarrasa: Editorial Clie, 1987): Anthony A. Hoekema, *The Bible and the Future* (Grand Rapids: Eerdmans Publishing Company, 1989); Jürgen Moltmann, *The Coming of God: Christian Eschatology* (Minneapolis: Fortress Press, 1996).

equivalente al milenio y afirman que el Mesías ya está reinando como Rey mesiánico desde el trono de David.

Aunque se ha escrito también respecto de las actividades de Cristo durante su reinado, muy poco se ha dicho tocante a la centralidad de su persona durante el milenio. Los atributos y la gloria personal de Cristo han sido comentados superficialmente en los escritos que han aparecido respeto del milenio. Se ha dado atención a su obra como juez y gobernador, pero poco se ha dicho respecto de la gloria personal del Mesías.

Es sorprendente que se pase por alto el hecho de que la persona de Cristo es el foco de atención a la vez que constituye la lumbrera que iluminará todo el escenario de su reino glorioso. El creador y sustentador del universo ocupará el lugar central en el ámbito de su reino y los atributos de su bendita persona serán exhibidos dentro del tiempo y de la historia. La persona gloriosa del Mesías se manifestará con todo el fulgor de su gloria de un extremo al otro de la creación, pero particularmente en la tierra. Cuando vino la primera vez lo hizo como el manso y humilde Cordero de Dios con el propósito concreto de ofrecerse como sacrificio expiatorio por el pecado del hombre. Vivió en absoluta pobreza, se asoció con los despreciados de su pueblo, fue entregado en manos de inicuos, fue humillado de manera despiadada, fue crucificado y murió ignominiosamente (Jn. 19:1-19).

La historia de la vida terrenal de Cristo y su humillación están plasmadas en los Evangelios. Aunque la crítica liberal ha arremetido en contra de la historicidad de los Evangelios, esa parte del Nuevo Testamento constituye la fuente más confiable a la que se puede apelar respecto de la vida de Cristo. Es cierto que, como documentos antiguos que son, los Evangelios confrontan los problemas normales que resultan de la transmisión de todo texto antiguo. No obstante ello y a pesar de la incredulidad de la crítica racionalista, la fidelidad de esos documentos es incuestionable. El Nuevo Testamento comienza con el relato de la encarnación del Mesías. Su origen humano como simiente de Abraham y de David, su ministerio profético y la declaración del propósito de su venida.

Él se encarnó para revelar a Dios entre los hombres y para ocupar el lugar del pecador en la cruz del Calvario. Pero vino también como el Mesías prometido en las Escrituras del Antiguo Testamento y como el heredero legal del trono de David. Esa verdad es confirmada por los escritos del Nuevo Testamento:

> Varones hermanos, se os puede decir libremente del patriarca David, que murió y fue sepultado, y su sepulcro está con nosotros hasta el día de hoy. Pero siendo profeta, y sabiendo que con juramento Dios le había jurado que de su descendencia, en cuanto a la carne, levantaría al Cristo para que se sentase en su trono, viéndolo antes, habló de la resurrección de Cristo, que su alma no fue dejada en el Hades, ni su carne vio corrupción (Hch. 2:29-31).

Fue rechazado por su pueblo y acusado de ser un agente de Satanás, De modo que el establecimiento de su reino aguarda el día de su segunda venida en gloria. Él volverá "en su gloria" y "se sentará en su trono de gloria" (Mt. 25:31).

La Biblia apunta con incuestionable claridad hacia la consumación de las edades. La segunda venida en gloria del Rey Mesías será el punto culminante de la historia. Esa segunda venida manifestará la gloria de la persona de Jesucristo, tanto la gloria de su humanidad como la de su deidad. El Hijo del Hombre, el Ser celestial, "aparecerá en las nubes del cielo con poder y gran gloria" (Mt. 24:30). Vendrá como Rey de reyes y Señor de señores con majestad, poder, gloria y justicia. Su persona ocupará el lugar central en su reino. Recibirá adoración universal: "Toda la tierra será llena del conocimiento de la gloria de Jehová" (Hab. 2:14; Is. 11:9). El brillo de la majestad de su persona gloriosa será visto por toda criatura viviente de un extremo al otro de su reino.

Es el propósito de este trabajo examinar el tema de la gloria de la persona de Cristo en la era de su reino terrenal. Ese es el gran tema de las profecías tanto del Antiguo como del Nuevo Testamento. En el monte de la transfiguración (Mt. 17:13), solo tres personas vieron un anticipo de su gloria. Cuando Él se revele en gloria, "todo ojo le verá" (Ap. 1:7) y "toda lengua confesará que él es el Señor" (Fil. 2:11). Cuando vino la primera vez, puso un velo sobre sus atributos divinos. Todos le vieron como un simple hombre. El hijo de José y María, el carpintero, un maestro, un profeta. Había tomado forma de siervo, se hizo semejante a los hombres. Cuando regrese la segunda vez se cumplirán las palabras del profeta Isaías: "Tus ojos verán al Rey en su hermosura, verán la tierra que está lejos" (Is. 33:17). Su persona gloriosa llenará de luz toda la tierra y Él será el centro de atracción de su reino de paz, justicia y santidad.

DEFINICIONES RELACIONADAS CON EL TEMA

Esta obra trata de la gloria de Jesucristo el Mesías en la era del reino o milenio, como también se le denomina. Aunque el tema tratado es escatológico, es decir, tiene que ver con los acontecimientos finales de la historia, el acercamiento que se ha escogido es fundamentalmente cristológico. Gira alrededor de la persona gloriosa de Cristo quien vendrá personalmente para inaugurar su reino. Es importante, para comenzar, definir los términos que constituyen los pilares principales de este proyecto y que serán objeto de esta investigación, a saber: Gloria, Cristo y milenio. Estos son los límites autoimpuestos en este trabajo. Estas definiciones se plantearán desde una perspectiva bíblico-teológica, tomando como base las Escrituras de ambos Testamentos. Debe decirse, además, que los pasajes bíblicos examinados serán interpretados de manera normal, natural, histórico-gramatical, o sea, literalmente. Esa es la metodología que hace justicia al texto bíblico. Ni la alegorización ni la espiritualización de las Escrituras proporcionan el significado pretendido por el Autor sagrado.

El significado de "gloria"

Aunque hay 25 vocablos hebreos que se traducen como gloria,[2] el término más usado es כָּבוֹד; que procede de la misma raíz que

2. Véase M. R. Gordon, "Glory", *The Zondervan Pictorial Encyclopedia of the Bible,* Vol. 2 (Grand Rapids, Zondervan Publishing House, 1975), pp. 730735.

significa "abundancia", "riqueza", "honor", "esplendor"[3], "gloria". דו כב; concretamente expresa "gloria", "glorioso", "honor", "honorable". "Es un sustantivo que con frecuencia se construye precedido de otra palabra, tomando así una función adjetival ("Rey de gloria" equivale a "Rey glorioso"). Se usa unas doscientas veces, nunca con la idea de "peso" o "pesado" como significado primario.[4] El vocablo כבוד; se usa en el Antiguo Testamento para expresar riqueza, prosperidad y el reconocimiento que estas implican.

Hay algunos ejemplos en el ámbito humano que contribuyen a la comprensión del vocablo כבוד;. José, cuando estaba en Egipto, dijo a sus hermanos: "haréis, pues, saber a mi padre toda mi gloria (כבוד;) en Egipto, y todo lo que habéis visto" (Gn. 45:13). El inicuo Amán se refiere a "la gloria de sus riquezas" (Est. 5:11). También el sumo sacerdote vestía ropas magnificas que mostraban su gloria y hermosura.[5]

Cuando כבוד; se usa con referencia a Jehová implica la revelación de su Ser o de su carácter al igual que los fenómenos mediante los cuales su presencia es conocida. En Éx. 24:17, Dios hace acto de presencia como fuego abrasador: "y la apariencia de la gloria de Jehová era como fuego abrasador en la cumbre del monte, a los ojos de los hijos de Israel". La refulgencia de Dios se puso al descubierto en la cumbre del monte Sinaí. Allí estaba Jehová personalmente y se hizo visible a los ojos del pueblo de Israel mediante la figura del fuego abrasador.

En el Nuevo Testamento, se utiliza el vocablo δΥξα. Los traductores de la Septuaginta (LXX) utilizaron dicho vocablo para traducir el término כבוד; un tercio de las veces que este aparece en el Antiguo Testamento. En la literatura clásica, δΥξα expresaba "expectación", "juicio", "opinión". En el Nuevo Testamento siempre se usa para indicar una "buena opinión", reputación", "alabanza""honor",

3. Véase Francis Brown, S. R. Driver y Charles A. Briggs, *A Hebrew and English Lexicon of the Old Testament* (Londres: Oxford at the Clarendon Press, 1962), pp. 458459.
4. R. Laird Harris, et al. E. *Theological Wordbook of the Old Testament,* Vol. 1 (Chicago: Moody Press, 1980), p. 480.
5. Véase "Glory", *Zondervan Pictorical Encyclopedia of the Bible,* p. 730.

"gloria".[6] En Hechos 22:11, Pablo lo usa con referencia a la "gloria de la luz" que lo dejó ciego.[7] También se usa respecto del brillo de los cuerpos celestiales en 1 Corintios 15:40. De manera más especial se utiliza con referencia a la manifestación visible de Dios (vea Ro. 1:23; Ef. 1:6, 12, 17; 3:16; Col. 1:11). Tanto en el Antiguo como en el Nuevo Testamento (כבוֹד; y δΥξα) el vocablo "gloria" se utiliza para destacar la *majestad*, el *poder* y el *brillo deslumbrante* de la presencia de Dios. Él es "el Dios de la gloria" (Hch. 7:2) y "el Padre de gloria" (Ef. 1:17).[8]

Debe observarse, además, que el vocablo δΥξα en su uso neotestamentario sigue la pauta de la Septuaginta. Es decir, extrae su significado del uso veterotestamentario de כבוֹד; en vez del uso helenístico. Los escritores bíblicos, por lo tanto, le imprimen a dicho vocablo un sabor bíblico en lugar del filosófico.

De suma importancia en lo que respecta al tema bajo estudio es el uso de δΥξα con relación a la persona de Cristo. Su nacimiento en Belén fue celebrado por los ángeles que dijeron: "¡Gloria a Dios en las alturas!" (Lc. 2:14). Su gloria fue vista cuando efectuó su primer milagro (Jn. 2:11). Su muerte y resurrección fueron efectuados "por la gloria del Padre" (Ro. 6:4). Ha sido exaltado a la gloria (Jn. 17:5; 1 Ti. 3:16) y vendrá con poder y gran gloria (Mt. 24:30). Las Escrituras enseñan que Jesucristo es digno de la misma gloria que Dios el Padre (vea He. 13:21; 1 P. 4:11; Ap. 5:12) porque es Dios el Hijo Todopoderoso (Ap. 1:8). La gloria excelsa de Dios se ha hecho visible en la persona de Cristo (Jn. 1:14; 17:22; 2 Co. 4:4, 6).

Resumiendo lo dicho y apelando tanto al significado de כבוֹד; en el Antiguo Testamento como al de δΥξα en el Nuevo Testamento puede decirse que *gloria* no define la naturaleza esencial de Dios, sino la manifestación refulgente de su presencia, la revelación deslumbrante de su maravillosa persona. De modo que Jesucristo es el resplandor de la gloria de Dios, es decir, la refulgencia misma

6. Véase G. AbbotSmith, *A Manual Greek Lexicon of the New Testament* (Edinburgo: T. & T. Clark LTD., 1994), p. 121.
7. *Ibíd.*
8. Véase Lothar CoenenErich Beyreuther y Hans Bietenhard, *Diccionario teológico del Nuevo Testamento*, Vol. II. Edición preparada por Mario Sola y Araceli Herrera (Salamanca: Ediciones Sígueme, 1980), pp. 227234.

de la presencia personal de Dios. Es plenamente manifiesto que los escritores del Nuevo Testamento no dudan ni un solo instante en aplicar a Cristo el vocablo "gloria" con el mismo significado que se emplea con relación a Dios.

La gloria del rey Salomón fue notoria entre los reyes de su época. Su influencia, fama, riquezas, sabiduría y la extensión de sus dominios eran, sin duda, tema de conversación entre sus contemporáneos. La reina de Sabá supo de su fama y viajó para comprobar *in situ* lo que le habían contado (1 Cr. 10:1-13). La gloria de Cristo eclipsará de manera total la de Salomón. La plena revelación de sus perfecciones tanto en lo humano como en lo divino abarcará no solo toda la tierra, sino también todo el universo. Toda la tierra será llena de la gloria de Jehová (Sal. 72:19; Is. 40:45). La plena revelación de Jesucristo pondrá de manifiesto los atributos de su perfecta y gloriosa humanidad y de sus perfecciones como persona teantrópica (Dios Todopoderoso manifestado en carne). La tierra resplandecerá a causa de su gloria (Ez. 43:2). Todos los seres vivientes quedarán asombrados, maravillados y deslumbrados delante de la incomparable gloria de nuestro Señor Jesucristo. Nadie en su sano juicio se atrevería a decir que tal acontecimiento haya ocurrido ya o que esté sucediendo ahora mismo en la iglesia.

El significado de Cristo

La gloria del *Reino mesiánico* se centrará en la segunda persona de la bendita Trinidad, tal como se define mediante el sustantivo hebreo Mesías cuyo equivalente en el Nuevo Testamento es el vocablo ΧριστΥ o Cristo. Dicho sustantivo significa "ungido". Reyes, sacerdotes y profetas eran ungidos en el Antiguo Testamento con miras a la realización de sus ministerios (vea Lv. 4:3; 8:12; 1 S. 24:7-11; 1 R. 19:16). La práctica de ungir para señalar un oficio concreto posteriormente llegó a ser aplicada en un sentido más técnico a *aquel* que sería el instrumento especial escogido por Dios para la liberación de su pueblo.[9]

9. Véase Donald Guthrie, *New Testament Theology* (Downers Grove: InterVarsity Press, 1981), p. 237.

El ungido por excelencia desarrollará los tres oficios de sacerdote, profeta y rey en la plenitud de sus perfecciones. Todos los ungidos del Antiguo Testamento prefiguraban al más elevado de todos, es decir, al Señor Jesucristo. La incomparable persona teantrópica del Mesías se manifestará físicamente en su condición de intacta deidad y perfecta humanidad. Aquel en quien "habita corporalmente la plenitud de la deidad" (Col. 2:9) efectuará el despliegue más estupendo de la gloria de Dios entre los hombres. El Mesías es, por el lado humano, Hijo de David (vea 2 S. 7:14; Is. 11:1; Mt. 22:41-45; Ro. 1:14), pero por el lado divino, es Dios Todopoderoso. "El hecho de que el Mesías era Hijo de David manifiesta su verdadera humanidad, pero el hecho de que David lo llama "mi Señor" evidencia su verdadera e inalterable deidad".[10] En la persona divina de Cristo se conjugan su absoluta deidad y su perfecta humanidad. Él es el gran misterio de Dios.

Puesto que la mayor parte de las profecías relacionadas con la gloria de Cristo en el milenio se halla en el Antiguo Testamento, es importante notar que la doctrina de la unión hipostática se encuentra tan implícita en el Antiguo Testamento como lo está explícita en el Nuevo. En algunos casos el Mesías es anunciado como la Simiente de la mujer (Gn. 3:15), el Hijo del Hombre (Dn. 7:13), un niño que es nacido (Is. 9:6), la concepción de una virgen (Is. 7:14), la Vara del tronco de Isaí (Is. 11:1), el Hijo de David (Mt. 1:1; vea 2 S. 7:12-16), el varón cuyo nombre es el Renuevo (Jer. 23:5-6; Zac. 6:12), realizando funciones puramente humanas.

De igual manera, el Mesías aparece en el Antiguo Testamente revestido de autoridad y atributos divinos. Él es Jehová que peleará contra las naciones que intentarán destruir a Jerusalén (Zac. 14:3). También es Jehová quien será rey sobre toda la tierra (Zac. 14:9). Reinará gloriosamente desde Jerusalén y todas las naciones de la tierra serán benditas (Is. 2:14). Los redimidos verán al Rey en su hermosura (Is. 33:17). En las palabras del profeta Isaías: "Porque

10. J. Dwight Pentecost, *The Words and Works of Jesus Christ* (Grand Rapids, Zondervan Publishing House, 1981), pp. 391-392

Jehová es nuestro juez, Jehová es nuestro legislador, Jehová es nuestro Rey; él mismo nos salvará" (Is. 33:22).

El doble aspecto de la humanidad y la deidad inseparablemente unidas en el reinado teocrático es un factor pasado por alto con demasiada frecuencia y que, sin duda, es un factor que caracteriza el total concepto de la gloria en el milenio. En lo que respecta al tema, la unión hipostática condiciona la expresión de la gloria de modo que la perfecta humanidad se convierte en el vehículo de la manifestación de las infinitas glorias de la naturaleza divina. Además, hay que tomar en cuenta la incomparable gloria conferida en la humanidad mediante la exaltación de Cristo que tuvo lugar después de su obediencia hasta la ignominiosa muerte en la cruz. Es imperativo que la doble naturaleza de Cristo como el Rey mesiánico en el milenio sea tenida en cuenta como base de la anterior definición de *gloria*.

El significado de reino milenario

El vocablo *milenio* procede del latín *mille* (mil) y *annum* (año). Es un término teológico que alude al pasaje de Apocalipsis 20:27, indicando el período de tiempo de mil años de duración del reinado futuro de Cristo en la tierra.[11] Puesto que es un vocablo que indica tiempo, el milenio se refiere primordialmente a la tierra en diferencia del cielo, hecho que encuentra corroboración adicional en profecías veterotestamentarias como la que aparece en el Salmo 72 que sitúa la espera de gobierno de esa época en la tierra. Con referencia a ese Salmo y concretamente al versículo 72:7: "Florecerá en sus días justicia y muchedumbre de paz, hasta que no haya luna". Un escritor señala:

> La expresión "sus días" en el Salmo 72:7, denota llanamente los días de la gloria mesiánica o milenaria en la tierra, predicha por los profetas.[12]

11. Véase Merrill F. Unger, *Unger's Bible Dictionary* (Chicago: Moody Press, 1966), p. 731.
12. Nathaniel West, *The Thousand Year Reign of Christ*, Vol. 5 (Grand Rapids: Kregel Publications, 1993), p. 74.

No solo el Salmo 72, sino otros como el 18, 24, 96, 97, 49, 102, 110 y varios más son indiscutiblemente proféticos, mesiánicos y concretamente relacionan el reino milenario de Cristo con actividades que tendrán lugar dentro de un ámbito terrenal.[13] Es innegable que el Antiguo Testamento enseña de manera clara que habrá un reino terrenal en el que un descendiente de David reinará con una gloria sin precedentes. Apocalipsis 20:1-6 enseña que ese reinado terrenal del Mesías durará mil años.

LA GLORIA DE CRISTO EN EL MILENIO

Escuetamente expresado, la gloria de Cristo en el milenio es esa manifestación de su infinita persona que se hará visible mediante la gloria de su presencia corporal en el aún futuro reino mesiánico terrenal y que incluirá tanto la gloriosa expresión y el despliegue de sus diferentes atributos divinos a través de la demostración de obras poderosas como también del ejercicio glorioso de sus magnificentes prerrogativas humanas, junto con la imputación del reconocimiento de las mismas por toda la creación tanto inanimada como inteligente.

Importancia del tema

El tema del milenio casi siempre levanta alguna polémica. Para algunos hablar de un reino de gloria futura gobernada por el Mesías es solo fantasía. Hay escritores que alegorizan o espiritualizan el significado de las Escrituras y concluyen que no habrá ningún reino mesiánico en la tierra más que el que ya hay.[14]

> Los pasajes escatológicos o apocalípticos en las Escrituras han sido tratados [por quienes niegan la realidad de un reino futuro] básicamente de dos maneras: Una ha sido

13. Respecto del carácter mesiánico del Salmo 72, vea Willerm A. Van Germeren "Psalms" *The Expositor's Bible Commentary,* Vol 5 (Grand Rapids: Zondervan, 1991), p. 469.
14. Véase Anthony A. Hoekema, *The Bible and the Future* (Grand Rapids: Eerdmans Publishing Co., 1989), p. 469.

> interpretar esos pasajes ni escatológica ni futurísticamente; la otra ha sido simplemente descártalos o desestimarlos (al igual que otros segmentos de la Biblia).[15]

Si se reconoce la autoridad de las Escrituras y la centralidad de la persona de Cristo en el desarrollo y la consumación del plan eterno de Dios, el tema que aquí se estudia adquiere una importancia singular. El factor determinante de toda teología debe girar alrededor del trato que se le dan a las Escrituras como Palabra de Dios y a la persona de Cristo como eje central del plan perfecto de Dios. El Señor Jesucristo habló de una *palingenesía* futura "cuando el Hijo del Hombre se siente en el trono de su gloria" (Mt. 19:28).

La gloria de Cristo en el milenio y el decreto eterno

La revelación personal de Cristo y la manifestación de su gloria en el milenio están intrínsicamente relacionadas con el decreto eterno de Dios. *El Catecismo Abreviado de Westminster* define el decreto de Dios esencialmente así: "Su propósito eterno, según el Consejo de su voluntad, por el cual, para su propia gloria, ha preordenado todo lo que ha de pasar".[16] Esa definición apunta al hecho de que la fuente primordial del decreto es la gloria de Dios tal como se revela en edades sucesivas. La más estupenda manifestación de la gloria divina en la historia de la humanidad dentro de los límites del tiempo será exhibida en la era del milenio. En realidad, "uno de los propósitos centrales del reino milenario es la manifestación de la gloria de Dios y la gloria del Hijo de Dios".[17] La gloria del milenio solo es superada por la del mismo reino eterno de nuestro Señor. Enfatizar el concepto del pacto de redención de tal modo que excluya cualquier provisión para el milenio seriamente reduce

15. Millard J. Erickson, *A Basic Guide to Eschatology* (Grand Rapids: Baker Books, 1998), p. 20.
16. Philip Schaff, *The Creeds of Christendom,* Vol. III (Grand Rapids: Baker Books, 1998), p. 677.
17. John F. Walvoord, "The Incarnation of the Son of God" *Bibliotheca Sacra* (abriljunio, 1948), p. 151.

y restringe una fase esencial en la manifestación de la gloria divina y al mismo tiempo frustra el propósito final del mismo decreto.

Contribución a la cristología

Una fase enriquecedora del estudio cristológico es la que se ocupa de la persona de Cristo, considerando particularmente sus atributos. Hay un número importante de estudios y tratados teológicos respecto de la bendita persona de Cristo de un alto nivel exegético y teológico.

La mayor parte de lo que se ha publicado, sin embargo, se concentra en las atribuciones que aparecen en el Nuevo Testamento tocante a la deidad de Cristo durante su ministerio terrenal. En su magnifica obra, *The Person of Christ* [La persona de Cristo], el destacado teólogo G. C. Berkouwer considera temas tales como la humanidad, la deidad, la impecabilidad y la unidad de la persona de Cristo. Incluso diserta sobre la unión de las dos naturalezas en la persona divina de nuestro Señor. Además, el profesor Berkouwer incluye un capítulo respecto de las profecías veterotestamentarias relacionadas con Cristo. El trabajo, sin embargo, se concentra principalmente en temas afines a la primera venida de Cristo y su obra expiatoria en la cruz.[18] No hay nada respecto de la segunda venida aunque, si bien es cierto, Berkouwer ha escrito otro magnífico tomo en la misma serie que tiene que ver con el regreso de Cristo a la tierra.[19]

Si se ha demostrado que la primera venida de Cristo ha sido tan fructífera, ¿no será tanto o más provechoso un análisis de la segunda venida? Un estudio cuidadoso de las Escrituras demuestra que hay un mayor énfasis en la segunda venida de Cristo que en su primera venida. El regreso en gloria de Cristo a la tierra constituye el foco central de la revelación bíblica. La consumación de la historia tal como la conocemos así como la inauguración de la era gloriosa anunciada por los profetas está directamente relacionada con la revelación en gloria del Mesías.

18. G. C. Berkouwer, *The Person of Christ* (Grand Rapids: Eerdmans, 1954).
19. G. C. Berkouwer, *The Return of Christ* (Grand Rapids: Eerdmans, 1972).

En su primera venida, Cristo se sometió voluntariamente a las limitaciones propias de la encarnación y sus atributos divinos fueron en gran manera velados. En su segunda venida, sin embargo, aparecerá en la plenitud de la majestad de su persona y cada uno de los atributos de su deidad será gloriosamente manifestado. A pesar de las dificultades hermenéuticas que se confrontan debido al uso de múltiples figuras de dicción en la literatura profética y apocalíptica, no debe dudarse que, a través de una investigación exhaustiva y una clasificación sistemática de los atributos de la Segunda Persona tal como serán desvelados en el reino milenario futuro puede hacerse una importante contribución a la cristología.

Relación con otras divisiones teológicas importantes

La importancia de la gloria de Cristo en el milenio también puede espigarse de la relación que tiene con otras divisiones importantes de la teología. Una cuestión crítica en bibliología es la controversia sobre la estructura de la Biblia con sus divisiones en períodos de tiempo que culminan en el milenio. No menos importante es el debate sobre los méritos relativos del acercamiento literal o la espiritualización en la determinación de la naturaleza de la gloria en el milenio. La mayor injusticia que se ha cometido contra el contenido de las Escrituras ha sido producto de la alegorización y la espiritualización de las porciones proféticas y escatológicas de la Biblia. Es indiscutible que en la literatura profética y particularmente la apocalíptica, abundan los símbolos y las figuras de dicción. Todo intérprete bien adiestrado en la ciencia y el arte de la hermenéutica sabe eso sobradamente. Pero un símbolo no se explica simbólicamente. Interpretar una figura de manera figurada no es interpretar. La única hermenéutica válida en cualquier caso es la que interpreta un texto de manera *normal, natural,* llana, gramático-históricamente, tomando en cuenta la presencia de las figuras de dicción, pero dándoles el significado propio del idioma y de la cultura. Después de todo interpretar significa dar a las palabras y frases la equivalencia y el sentido pretendido por el autor original.

Escribiendo acerca de la congruencia de la literatura profética, George N. H. Peters escribió en su monumental obra *The Theocratic Kingdom:*

> El desacuerdo se encuentra en los intérpretes y ***no*** en los escritores de la Biblia: porque estos últimos ***todos,*** comienzan desde el mismo punto, sosteniendo el mismo pacto como pacto eterno bajo el cual recibimos las promesas, y ***todos*** declaran el mismo proceso provisional y preparatorio, y ***todos*** insisten en el mismo cumplimiento literal. Armonía de diseño y unidad de propósito son vistas a través de sus escritos en la medida... en que el sentido gramatical llano es retenido. Abandonad ese sentido, y entonces, a pesar de todas las protestas al contrario, ***esa armonía es violada, esa unidad es destruida*** en beneficio de la incredulidad.[20]

El uso de la interpretación alegórica y de la espiritualización del contenido de las Escrituras ha encaminado a un número importante de teólogos a confundir la era presente con el reino del Mesías. Ese desafortunado acercamiento oscurece y confunde una de las verdades más estupendas enseñadas por las Escrituras de ambos Testamentos, a saber, la manifestación de la gloria del Mesías dentro del tiempo y de la historia como Rey de las naciones. Una interpretación normal o natural del texto bíblico no deja lugar a dudas: Cristo regresará a la tierra con poder y gran gloria, exhibirá los atributos tanto los de su perfecta humanidad como los de su absoluta deidad en la era del reino mesiánico futuro.

Debe añadirse que el campo de la antropología es llevado adecuadamente a su culminación mediante un estudio de la gloria humana de Cristo, particularmente como el Segundo hombre y el postrer Adán coronado de gloria y honor. Del mismo modo la

20. George N. H. Peters, *The Theocratic Kingdom,* Vol. III (Grand Rapids: Kregel Publications, 1972), p. 222.

eclesiología encontrará su consumación cuando la iglesia aparezca en gloria para compartir el gobierno de Cristo. En el ámbito de la soteriología, Cristo efectuará la consumación de la redención y la glorificación visible tanto de la iglesia como de Israel, y libertará la creación de la maldición. En cuanto a la pneumatología, también será un factor vital en el milenio puesto que Cristo gobernará investido con la plenitud del Espíritu Santo. El Espíritu será derramado en poder regenerador sobre toda carne (Jl. 2:28). La angelología del milenio implica el ministerio de santos ángeles que recogerán todo lo que ofende y lo apartaran de esa escena gloriosa. De trascendental consecuencia será el hecho de que Satanás será atado para que ya no use más cada objeto de los sentidos para ocultar la gloria de Cristo de la vista de los hombres (2 Co. 4:3). El maligno ha estado haciendo su obra malévola en el mundo desde el principio de la historia.

> Nada es más claro en las Escrituras, la historia de la iglesia y la experiencia cristiana que Satanás está extremadamente activo en esta era presente en contra tanto de los cristianos como de los incrédulos.[21]

El gran enemigo de Dios ha intentado frustrar el propósito de Dios y la manifestación plena de su gracia y gloria a través de Cristo. Satanás ha intentado usurpar el reino del Mesías, pero será decisivamente derrotado para que no engañe más a las naciones. La doctrina del pecado también pondrá de manifiesto esa última y gran prueba del hombre en su respuesta a la gloria visible y perfecta bondad de Cristo, quien gobernará al mundo con justicia y equidad.

Escatológicamente, el Cristo glorificado en persona es la figura central del último gran período de tiempo de la historia y la humanidad y todas sus glorias estarán centradas en Él o

---

21. John F. Walvoord, *The Millennial Kingdom* (Findlay, Ohio: Dunham Publishing Company, 1959), p. 51.

emanarán de Él. La gloriosa manifestación de Cristo comportará la manifestación en gloria de los redimidos por Él (Col. 3:14).

RESUMEN Y CONCLUSIÓN

Aunque teólogos y comentaristas han escrito una cantidad importante de tratados sobre temas escatológicos, casi todas esas obras dicen muy poco acerca de la centralidad de Cristo en el desarrollo futuro del programa profético de Dios. Cristo es, sin lugar a dudas, el tema fundamental de la profecía bíblica. Su segunda venida a la tierra en gloria guarda una relación directa con el cumplimiento de los pactos bíblicos. Como persona teantrópica, Cristo exhibirá la gloria de sus atributos, tanto humanos como divinos. El objeto de esta obra es exponer, mediante el estudio de las Escrituras, el tema de la manifestación de la gloria de Cristo en la era del reino mesiánico.

El mensaje escatológico de la Biblia es **uno, singular** y **monolítico.** La escatología de los profetas y de todo el Antiguo Testamento armoniza perfectamente con la de Cristo y la de todos los escritores del Nuevo Testamento. El centro de esa escatología es manifiestamente la persona gloriosa de Cristo. Su regreso majestuoso y glorioso producirá un despliegue tanto de los atributos de su humanidad como los de su deidad.

La manifestación de la gloria de Cristo en el milenio pondrá al descubierto la consumación del plan de Dios en la historia de la humanidad. La era de paz y justicia anunciada por los profetas verá su cumplimiento literal. El Mesías ocupará el centro del magnifico reino como Soberano absoluto sobre todas las naciones de la tierra. El reino del mundo pasará a ser el reino de Jehová y su Mesías. "La tierra será llena del conocimiento de la gloria de Jehová como las aguas cubren el mar" (Hab. 2:14). Todos los enemigos de Dios serán derrotados y el Mesías reinará como Rey de reyes y Señor de señores dentro del tiempo y de la historia. Al final de esa etapa gloriosa, Cristo continuará reinando con sus redimidos en su reino eterno (Dn. 7:13-14).

Capítulo II

La naturaleza de la gloria

Aunque ya se ha presentado una definición algo completa en el capítulo anterior del concepto de gloria, hay que reconocer que está considerablemente lejos de hacerle justicia al tema. Es necesario, por lo tanto, hacer un desarrollo adicional a modo de sustanciación y clarificación. La evidencia de sustanciación, en gran parte, se requiere en el área de la naturaleza de la gloria divina, cuyo campo de investigación está marcado no solo por la riqueza de la investigación sino también por la aspereza del debate. Por otro lado, también es necesario aclarar lo relacionado con la naturaleza de la gloria humana, tema que ha sido tremendamente ignorado en lo que respecta tanto a su alcance como a sus implicaciones.

Estas consideraciones no solo son indispensables para un trato adecuado del tema de la gloria en sí, sino que también están relacionadas con el análisis total de la gloria de Cristo en el milenio puesto que su solución proporciona un criterio válido para la evaluación tanto del amilenarismo como del premilenarismo. Estas dos posturas teológicas son reconocidas como las más destacadas en su intento de interpretar la manifestación de la gloria en el milenio. Aunque tal vez no sea posible confirmar ni refutar ninguno de estos sistemas mediante este examen, no deja de tener importancia que cualquier sistema escatológico deba o no ser sometido a la expresión de los principios elementales contenidos en el concepto de gloria. El teólogo bíblico debe contestarse estas pregunta: ¿Enseña la Biblia que habrá una manifestación gloriosa del Mesías dentro del tiempo y de la historia? ¿Enseñan las Escrituras que Cristo regresará a la tierra con poder y gloria para gobernar a las naciones como Rey de reyes y Señor de señores? ¿Enseña la Palabra de Dios que la gloria de Cristo, la humana y la divina, será exhibida en la tierra en la era de un reino de paz, justicia y santidad que precede al estado eterno? El expositor bíblico sincero está obligado a contestar estas preguntas mediante una exégesis cuidadosa del texto bíblico y una hermenéutica normal, natural e histórico-gramatical, sin alegorización ni espiritualización del mensaje bíblico.

LA NATURALEZA DE LA GLORIA DIVINA

Ya se ha definido la gloria divina como la revelación de la plenitud infinita de los atributos de la naturaleza divina. Puesto que la naturaleza de los atributos divinos ya es de conocimiento general en teología, el problema de la gloria se convierte en una cuestión no tanto respecto de lo que Dios es en su esencia, sino de lo que esa esencia se convierte en su manifestación. La naturaleza de la gloria, por lo tanto, se determina por la manera, la forma o la avenida en la que los atributos divinos se expresan a sí mismo.

Hay dos posturas principales respecto de la naturaleza de la gloria divina que han obtenido aceptación general.

Postura de la uniformidad dualista en el Antiguo Testamento

El primer punto de vista tal como es interpretado por esta teoría sostiene que, a la luz de la inmutabilidad de los atributos divinos y del factor relativamente constante de la ley universal, que la naturaleza de la gloria es en sí sustancialmente la misma en todas las edades de la historia humana como lo demuestra la explícita declaración de las mismas Escrituras. Más específicamente con referencia a la naturaleza exacta de la gloria divina, se propone que desde el primer libro del Antiguo Testamento hasta el último del

Nuevo Testamento existe una dualidad esencial en la naturaleza de la gloria, cuya manifestación se caracteriza por los aspectos material y espiritual. Sin embargo, puesto que la mayor parte de la investigación de la naturaleza de la gloria divina se ha circunscrito a la categoría de la "gloria de Jehová" como aparece en el Antiguo Testamento, se dará consideración a este aspecto del tema en primer lugar.

La doble naturaleza de la gloria de Jehová es admirablemente presentada en un resumen conciso por Wilfrid J. Moulton:

> Debe notarse dos usos de la expresión "la gloria de Jehová" (a) La manifestación de su gloria en la autorrevelación de su carácter y su ser, e.g. Is. 6:3. Aquí su gloria es la revelación de la santidad de Dios. Para la manifestación de la gloria de Dios en la historia y el control de las naciones vea Nm. 14:22; Ez. 39:21; en la naturaleza, Sal. 29:3, 9; 104:31. (b) Una manifestación física de la Divina Presencia. Esta es especialmente notable en Ezequiel, e.g. 1:28 donde la gloria es brillante como un arco iris.[1]

Un estudio más completo de este punto de vista es ofrecido por Helmuth Kittel quien ha realizado una amplia investigación para diferenciar entre כָּבוֹד; como un **Koncretum** y como un **Abstractum** en su libro *Die Herrlichkeit Gotees,* en el que clasifica cualquier número de ejemplos de ambas categorías.[2]

Postura de la evolución antitética en el Antiguo Testamento

La dualidad de gloria que prevalece a través del Antiguo Testamento, lejos de encontrar aceptación unánime, ha sido acaloradamente desafiada a lo largo de los años, particularmente por los seguidores de la hipótesis de Wellhausen cuyo sistema

1. Wilfrid J. Moulton, "Glory" *Dictionary of the Bible,* ed. James Hastings Et al. (Edinburgo: T. & T. Clark, 1909), p. 297.
2. Helmuth Kittel, *Die Herrlichkeit Gotees* (Giessen: Verlag Von Alfred, Topelmanna, 1934), pp. 135-160.

arbitrario de desarrollo evolucionista presupone una intolerable clase de gloria materialista que es gradualmente sublimada y transformada hasta que hacia el final del período del Antiguo Testamento estaba tan idealizada y espiritualizada que se había despojado de la mayoría de sus elementos materiales tempranos. La resultante teoría espiral ascendente de valores éticos producida por esta postura ha sido claramente ilustrada por una declaración de A. Haire Forster:

> Si Dios fuese un dios de tormenta como Yavé lo fue una vez, su dovwbako sería un fenómeno de tormenta, trueno, sobre todo relámpago; entonces al dársele un carácter moral su כבוד; se convertirá en cualidades morales, pero rastros del período de tormenta permanecerán.[3]

El exponente principal y más capaz de esta escuela ha sido A. Von Gall. Sobre la base de la etimología, como lo corrobora Cremer, declara tocante al significado primario del principal vocablo hebreo para gloria:

> כבוד; es el esplendor externo en la apariencia de un objeto o persona y solo en su significado derivado es el respeto, el honor, que el objeto o persono goza debido a su excelencia.[4]

Refutación del argumento crítico etimológico

Sobre la base de la cita anterior puede verse que la prueba de la postura liberal se refugia primero en el argumento etimológico del significado primitivo de כבוד; y segundo, en la demostración positiva de que toda gloria en el llamado período preexílico era física y concreta. La refutación más convincente de estas dos tesis fue presentada por Israel Abrahams en sus conferencias ante el

3. A. Haire Forster, "The Meaning of δΥχα in the Greek Bible", *Anglican Theological Review,* XII (abril, 1930), p. 315.
4. A. Von Gall, *Die Herrlichkeit Gotees,* p. 8.

Instituto Judío de Religión en Nueva York, durante la primavera del año 1924.

En respuesta al persistente énfasis de A. Von Gall sobre la mera exterioridad como se evidencia en su argumento etimológico, Abrahams señala que Quimhi en su *Book of Roots* [Libro de raíces] presenta la idea de "importancia" añadida a la de "peso" y "pesadez". Esto convalida el uso de "mi gloria" como sinónimo de "mi alma" en textos como Génesis 44:6 puesto que aquí el alma es considerada en su importancia para el cuerpo y en su valor como el asiento del carácter humano. Habiendo establecido el uso de כבוד; como una expresión poética referente a la parte más noble del hombre, su mente y espíritu, Abrahams llevó su argumento a una conclusión lógica, dando validez al uso de כבוד; para la autorrevelación de la naturaleza moral interna de Dios mismo.[5]

Refutación del argumento evolucionista

En repuesta a la postura de A. Von Gall de que en tiempos preexílicos la revelación de la gloria tiene que ser siempre física, material y nunca está acompañada de una revelación moral, Israel Abrahams dice:

> Pero ¿es eso verdad? Por el contrario, todas las grandes teofanías con sus escenas de tormentas y manifestaciones visibles son también revelaciones de la esencia divina: la gloria de Dios, testimoniada por fenómenos de tormentas, es una gloria moral y espiritual. Su característica más sobresaliente es poder, pero un poder dirigido hacia la justicia. Examínese algunas de esas teofanías. La oración de Habacuc no es postexílica; es un cuadro de tormenta, pero es introducida por una profecía en la que se denuncia el derramamiento de sangre, la violencia, la rapacidad, la idolatría y la opresión son atacadas y la exposición ideal del

5. Israel Abrahams, *The Glory of God* (Humphrey Milford: Oxford University Press, 1925), pp. 1724.

> tiempo cuando la tierra será llena del conocimiento de la gloria del Señor como las aguas cubren el mar. Aquí todos los elementos de la gloria se unen, el poder y el juicio, las manifestaciones externas y el mensaje interno para el alma del justo de que vivirá por fe. También, Moisés anhelaba ver la gloria de Dios; y se le permitió una visión de todo lo que el ojo mortal puede ver. Y al descender el Señor en la nube, exclama: "El Señor, el Señor fuerte, misericordioso y piadoso, grande en misericordia y verdad". Von Gall trata esta oración (Éx. 34:6) como "editorial" pero no podemos sentirnos complacidos con las demandas de una teoría. W. H. Bennett y Driver rehúsan considerar esta descripción de Dios como cualquier otra cosa que no sea una largamente establecida formulación preexílica.[6]

En el Antiguo Testamento se relata el movimiento de la gloria en lugares concretos donde se indica que Jehová está visiblemente presente. Sitios como el monte Sinaí, el tabernáculo, el templo, el atrio del templo y la misma ciudad de Jerusalén. No solo se habla de movimiento de la gloria sino también del hecho de su visibilidad. La gloria, por lo tanto, habla de la presencia personal de Jehová hecha visible en medio de su pueblo.

El escritor Arthur Michael Ramsey, aunque abierto a las investigaciones de la alta crítica y entendiendo que la cuestión del significado de כָּבוֹד; no está totalmente resuelto, concluye que hay indicios de otra concepción de dicho vocablo en la escena preexílica del Pentateuco además de la teofanía de la tormenta y cita Éxodo 33:1223 como ejemplo de un antropomorfismo mitigado por el añadido concepto de la gloria ideal.[7]

Puede resumirse, por lo tanto, que gloria en su uso veterotestamentario es "la posesión y característica de Jehová".[8]

6. *Ibíd.*, p. 24.
7. Arthur Michael Ramsey, *The Glory of God and the Transfiguration* (Londres: Longmans, Green & Co. 1949), pp. 1012.
8. Walter R. Betteridge "glory", *The International Standard Bible Encyclopedia*, James Orr, Gn. Ed. (Grand Rapids: Eerdmans Publishing Co, 1960), p. 1236.

Habla de la esencia personal de Dios hecha visible a los hombres. La manifestación culminante de la gloria de Jehová es la persona del Mesías. En dicha presencia se manifiesta tanto características humanas como divinas.

Implicaciones amilenaristas del problema

Es plenamente evidente que en el Antiguo Testamento la doble naturaleza de la gloria abstracta y concreta, material e inmaterial, ha sido corroborada aun después de la más severa de las pruebas en el crisol de la alta crítica. Aunque hubiese sido relativamente sencillo haber establecido este hecho sobre la sola base de la evidencia bíblica se consideró mejor permitir que la crítica silenciase a la crítica. Además, han sido puestos al descubierto el racionalismo descarado y la infidelidad de ese sistema que condiciona incluso la gloria de Jehová a una hipótesis evolucionista que exige que esta progrese de lo que se llama manifestaciones espiritualizadas carnales materialistas a las más idealistas.

Pero es ese mismo principio de interpretación el que tiene su paralelo en el sistema amilenarista que demanda que el contenido concreto de las profecías de la gloria de Israel en el Antiguo Testamento sea gradualmente espiritualizado hasta que se fusione con las bendiciones de la iglesia en el Nuevo Testamento. Mezclar y confundir las profecías de la gloria de Israel con las bendiciones de la iglesia en el Nuevo Testamento solo es posible si se abandona el método normal y natural de interpretar las Escrituras a favor del sistema alegórico. En las palabras del reconocido expositor Delitzsch, la espiritualización produce una "destrucción y negación de la palabra profética".[9]

La coyuntura crucial en el sistema amilenarista yace en la división entre el Antiguo y el Nuevo Testamento. Debido a que los premilenaristas no han observado esta importante división son acusados por los amilenaristas de practicar el "método horizontal" de interpretación de las Escrituras por el cual "las profecías del

9. Véase Nathaniel West, *The Thousand Year Reign of Christ*, pp. 7879.

reino del Antiguo Testamento entran en el Nuevo Testamento 'absurdamente sin cambios'".[10] Pero si la naturaleza de las promesas del reino es drásticamente alterada, es solamente lógico suponer que cambios correspondientes se requieran también en la naturaleza de la gloria de ese reino. Amilenaristas liberales no son contrarios a asumir cambios tan drásticos como esos en la naturaleza de la gloria como lo evidencia el comentario de Charles Anderson Scott en Juan 1:14: "Juan da testimonio al descubrimiento de que la gloria divina no se procuraría más en el esplendor material sino en las cualidades del carácter".[11] Es pertinente, por lo tanto, investigar si el Nuevo Testamento enseña una gloria que es totalmente espiritual o que de alguna manera difiera de la doble característica de aquella que enseña el Antiguo Testamento.

La uniformidad dualista es mantenida en el Nuevo Testamento

Puede decirse con certeza que el vocablo *gloria* entra por lo general en el Nuevo Testamento a través de la Septuaginta prácticamente sin cambio. En lugar de añadir alguna nueva connotación, el término griego δYχα asume esencialmente el antiguo significado de כָּבוֹד;.

> En la LXX, como en el Nuevo Testamento, tenemos un uso muy diferente del que prevaleció en el mundo griego. El vocablo δYχα es ampliamente usado, unas 280 veces en los libros canónicos y cerca de 445 veces en total. Hay 25 diferentes equivalentes hebreos, aunque algunos de estos son muy raros. En unas 180 ocasiones el vocablo hebreo es כָּבוֹד;, y ese es el verdadero y dominante equivalente de δYχα en la Septuaginta. Los otros tienen el mismo o casi el mismo significado que כָּבוֹד;. El vocablo de la Septuaginta recibe su fuerza distintiva del hecho de que se usa por כָּבוֹד;. Encontramos en esta el significado de וֹד

10. Oswald T. Allis, *Prophecy and the Church* (Filadelfia: The Presbyterian and Reformed Publishing Co., 1977), p. 246.
11. Charles Anderson Scott, "Jesus Christ", *Encyclopedia Britannica,* XIII, p. 24.

כב;, y no encontramos en el vocablo de la Septuaginta los significados del griego δYχα. Este se ha convertido idéntico con כבוד;.[12]

Helmuth Kittel parece estar totalmente justificado cuando designa δYχα como una expresión global por el hecho de que se usa para traducir aproximadamente 26 palabras hebreas con múltiples y variados significados tanto concretos como abstractos. En el Nuevo Testamento, por lo tanto, como en el Antiguo Testamento, el significado fluctúa entre lo material y lo espiritual. Ni es el énfasis primordialmente en el sentido espiritual. Walter Betteridge declara que el uso característico de δYχα en el Nuevo Testamento es el de "brillantez, lustre, esplendor; y primero de todo, en sentido literal".[13] Betteridge ve este uso literal aplicado al brillo natural de los cuerpos celestiales y las estrellas (1 Co. 15:40). Lo mismo opina Joseph H. Thayer.[14]

Ilustraciones adicionales del sentido literal son las que aparecen en la gloria del Señor que brilló alrededor de los pastores en el nacimiento de Cristo (Lc. 2:9), la gloria de la transfiguración (Lc. 9:31ss), el brillo que iluminó el rostro de Moisés (2 Co. 3:7), y la luz sobrenatural del cielo más brillante que el sol que venció a Saulo de Tarso (Hch. 22:6-13). En conexión con este último episodio, H. A. A. Kennedy destaca el significado de la frase toi sÁmati tez doxeiz (Fil. 3:21, "cuerpo de su gloria"), al parecer usado por Pablo para describir el organismo de Cristo como debió haberlo visto en el camino a Damasco.[15] En la medida en que el cuerpo resucitado de Cristo era tangible su gloria también tenía que ser literal y tangible. Hermann Cremer es otro que señala las características de δYχα en

12. Gerhard Kittel "δYχα in the LXX and Hellenistic Apocrypha" *Theological Dictionary of the New Testament*, Vol II (Grand Rapids: Eerdmans Publishing Company, 1966), p. 242.
13. Walter R. Betteridge, "glory", p. 1239.
14. Joseph Henry Thayer, *A Greek English Lexicon of the New Testament* (Grand Rapids: Zondervan Publishing House, 1970), p. 156.
15. H. A. A. Kennedy, *St. Paul's Conception of the Last Things* (Nueva York: A. C. Armstrong and Son, 1904), p. 91.

el Nuevo Testamento como esplendor, lustre y gloria de apariencia de una persona o cosa que capta la vista o exige reconocimiento.[16]

> Jesús revela y es mediador de gloria. El conocimiento de gloria se descubre en Jesús (2 Co. 4:6). La obra salvadora de Cristo revela el misterio de gloria, escondido desde las edades pasadas, a todas las naciones (Ro. 9:23; también Col. 1:27s). El evangelio que Pablo predicó un evangelio centrado en la muerte, resurrección y segunda venida de Jesús es un "evangelio de gloria" (2 Co. 4:4; también 1 Ti. 1:11).[17]

Como puede verse, δYχα en el Nuevo Testamento ciertamente no está desprovista de la importancia ética y espiritual, de lo cual hay numerosos ejemplos. Esto puede observarse en el sentido más elevado en lo que Thayer describe como "la absolutamente perfecta excelencia interior y personal de Cristo" (2 Co. 3:18; 4:4).[18]

Evaluaciones pertinentes: una conclusión razonable en esta coyuntura del argumento sería que después de un estudio inductivo en ambos Testamentos, una amplia generalización tocante a la doble naturaleza de la gloria divina a través de la Biblia ha sido establecida a pesar de las objeciones de la crítica. Sin embargo, al contrario del patrón amilenarista, se ha observado que la naturaleza de la gloria no es menos espiritual en el Antiguo Testamento de lo que lo es en el Nuevo, mientras que, de hecho, el énfasis primordial de gloria en el Nuevo Testamento no tiene que ver con aspectos espirituales sino con aspectos materiales. Sin embargo, tanto los aspectos inmateriales como los materiales son requisitos previos para la plena manifestación de la gloria en toda la Escritura.

El valor principal de la generalización antes expresada es la provisión de una norma confiable para determinar la naturaleza

16. Hermann Cremer, *BiblicalTheological Lexicon of the New Testament* (Edinburgo: T. & T. Clark, 1883), p. 207.
17. Véase Carey C. Newman, *Glory Christology* (Nueva York: E. J. Brill, 1992), pp. 35.
18. Thayer, *A GreekEnglish Lexicon*, p. 156.

de la gloria divina en el milenio, lo que constituye el planteamiento crucial en esta obra. Admitiendo que cualquier cosa que pudiese postularse tocante a la gloria de Jehová es igualmente aplicable a Cristo como la Segunda Persona de la Trinidad, no existe razón para suponer que la gloria de Cristo en el milenio sería otra cosa que no fuese consonante con esos principios de gloria que aparecen activos a través del resto de las Escrituras. Puesto que la manifestación de gloria es modal y congruente con principios bien establecidos, cuando la Escritura profética prescribe que la gloria asume una forma material, visible y concreta, entonces según todas las reglas de la lógica sensata uno debe esperar una manifestación material, visible y concreta en el milenio. Si por otro lado, la profecía predice una gloria abstracta, ética e inmaterial uno debe esperar que esa gloria asuma cualidades morales intangibles en el milenio. Es del todo injustificado suponer que las profecías que demandan manifestación física hayan de resultar en manifestaciones espirituales y abstractas o viceversa.

La naturaleza de la gloria humana

La gloria humana y la raza

Cualquier análisis que se haga de la naturaleza de la gloria humana de Cristo naturalmente tiene que comenzar con esa gloria inherentemente suya en virtud de ser el único hombre perfecto en la tierra, que cumple en todo respecto el ideal divino de lo que Dios había hecho y pretendido que el hombre fuese. Desde su misma creación a imagen y semejanza de Dios, el hombre fue colocado en una posición exaltada, elevado a la cumbre de todo el orden de la creación.[19]

> Los humanos son algo maravilloso. Aunque criaturas, somos las más elevadas entre ellas, las únicas hechas a la imagen de Dios. No somos simples productos del azar ni

19. Louis Berkhof, *Teología sistemática* (Grand Rapids: T. E. L. L., 1976), pp. 213216.

> de un ciego mecanismo, ni algo accidental ni de sobrantes acumulados en el proceso de hacer algo mejor. Somos un producto expresamente diseñado por Dios...Los humanos son grandes, pero lo que los hace grandes es que Dios los ha creado.[20]

La causa final de la creación del hombre en la imagen divina de conocimiento, justicia y verdadera santidad fue para el despliegue de la gloria de Dios, y eso principalmente en el ámbito de sus perfecciones morales.[21]

Relacionando la gloria de Dios con la completa constitución del hombre J. B. Heard declara:

> La finalidad de su ser es reflejar o manifestar a Dios en todas las partes de su naturaleza; ya sea que coma o beba o cualquier cosa que haga, debe de hacer todas las cosas para la gloria de Dios. Una parte de su naturaleza, el espíritu, procede de Dios, pero el hombre total es de Dios, y por Él y para Él.[22]

Debe concluirse, por lo tanto, que la gloria como tal no se origina en la constitución del hombre, sino que más bien el hombre ha sido constituido para reflejar la gloria divina que fue impartida en su ser.

La humanidad de Cristo, puesto que nunca fue afectada por el pecado, está perfectamente adaptada para mostrar el peso completo y el volumen de la gloria con la que Dios dotó la constitución del hombre en el principio. El limitado espacio de este trabajo imposibilita hacer un análisis adecuado de la exhibición de hermosura y perfecciones, las excelencias y virtudes

---

20. Millard J. Erickson, *Introducing Christian Doctrine* (Grand Rapids: Baker Book House, 1998), p. 161.
21. Richard Baton, *Theological Institutes* (Nueva York: G. Lane and C. B. Tippett, 1848), p. 17.
22. J. B. Heard, *The Tripartite Nature of Man* (Edinburgo: T. & T.. Clark, 1868), p. 144.

que caracterizaron la singular gloria moral de Cristo durante su vida en la tierra. Algunas de las características especificadas por Gardner Spring en un capítulo titulado "El carácter humano del Cristo glorioso" en su obra *The Glory of Christ* [La gloria de Cristo] son: un intelecto impecable y un corazón perfecto, una obediencia constante a la ley de Dios, celo interior hacia la religión y a su observación externa, impecable gracias sociales de amor, ternura, amistad privada y patriotismo, intensidad de benevolencia activa, autonegación sacrificial, mansedumbre y humildad sin paralelos, gran valor moral y un perfecto espíritu devocional y celestial. Para coronar todo esto está la idea de que ese carácter incomparable estaba sostenido por una inquebrantable constancia desde el comienzo hasta el final de su carrera.[23] Aunque a veces opacado por aspectos más espectaculares del milenio, por encima de todo entre las glorias de esa era estará la presencia de este mismo Jesús humano, quien vendrá de la misma manera como ascendió a la gloria, para gobernar como el hombre según el corazón de Dios (Hch. 1:11).

Además de haber sido creado en la imagen y gloria de Dios (eijkwvn kaiv δYχα, vea, 1 Co. 11:7), se dice del hombre que fue coronado de gloria y honra. J. J. S. Peroune comenta lo siguiente:

> *Gloria y honra,* una expresión para la majestad divina, y por lo tanto para lo real como una reflexión de lo divino. La primera palabra significa dignidad, como aquello que es *pesado;* la segunda representa la manifestación externa y el esplendor.[24]

"Gloria y honra" son atributos de la realeza de Dios extendidos a la condición real del hombre. El hombre es la corona de la creación de Dios. "La dignidad del hombre es un don de Dios y requiere

23. Gardner Spring, *The Glory of Christ* (Nueva York: M. W. Dodd, 1852), Vol I, pp. 158-159.
24. J. J. Steward Peroune, *Commentary on Psalms* (Grand Rapids: Kregel Publications, 1989), p. 155.

una relación de responsabilidad como también una respuesta de alabanza al buen creador".[25]

El hombre, coronado de esa manera, se convierte en el recipiente de ciertas prerrogativas elevadas de honor y gloria, cuyo ejercicio y manifestación son necesarios para cumplir el destino de la raza humana. Solo Cristo tiene el derecho de ejecutar esas altas prerrogativas puesto que no renuncia ni una jota ni una tilde de ellas, ya que no hay en Él ni la más leve sombra del pecado. El desarrollo de ese dominio real conferido en Adán, tal como será cumplido por Cristo, es el tema progresivo a través de toda la Biblia. Siendo que se requiere un intenso estudio inductivo de las Escrituras, la elaboración y particularización detallada de este tema serán reservadas para un capítulo posterior que trata más específicamente con la gloria humana de Cristo en el milenio.

Es pertinente en esta coyuntura examinar nuevamente el argumento amilenarista de que el ejercicio de dominio universal, si es ejecutado en un reino davídico literal, tiene que ser constituido como un rebajamiento y sirve para degradar la naturaleza humana de Cristo en lugar de exaltarla. Tal objeción no es sino la supuesta necesidad de un sistema teológico establecido a priori. Las Escrituras invariablemente describen el reino milenario como una fuente de bendición para una humanidad redimida en una tierra regenerada (Mt. 19:28). El Padre mismo es altamente honrado por la fiel realización del Hijo de todo lo que está bosquejado en los solemnes e inquebrantables pactos de su Palabra. En consecuencia, la profecía con respecto al milenio está repleta de atribuciones de alabanza, honor y gran gloria que aguarda al triunfante Hijo del Hombre.

> El reino del Hijo del Hombre, incluyendo el cumplimiento de la Palabra prometida por Dios y la Salvación de un mundo, está invariablemente representado en las Escrituras no solo como una fuente constante de alegría y júbilo en aquellos que participan en sus bendiciones, sino también

25. Willem A. Van Gemeren, "Psalms", *The Expositor's Bible Commentary,* Frank E. Gaebelein, Gn. Ed. (Grand Rapids: Zondervan Corporation, 1991), p. 113.

> de alabanza, honor y gloria a Cristo y al Padre. Leed las descripciones en cuanto al milenio de este reino pactado, y estas están llenas de pasajes expresivos de la *gran gloria* que espera al Hijo de David cuando entre en su reino teocrático. Ciertamente entonces cuando el Espíritu, sabiendo las cosas del futuro, guía así en honrar a Cristo cuanto atribuye a Él este reino futuro, no podemos equivocarnos al seguir su dirección.[26]

El vidente de Patmos presenta solo un ejemplo de la alabanza universal dirigida a Cristo como el León de la tribu de Judá y la Raíz de David, ambos son títulos puramente humanos.[27] Ambos títulos eran de uso común en el Antiguo Testamento con referencia al Mesías. Dichos títulos relacionan a Cristo tanto con la tribu de Judá (Gn. 49:10) como con el rey David como su sucesor final en el trono (2 S. 7:12-16).[28] Como León de la tribu de Judá y Raíz de David, Cristo es digno de abrir los siete sellos del rollo y de entrar en su herencia con sus redimidos quienes reinarán con Él en la tierra (Ap. 5:1-14).

La gloria humana y la persona teantrópica

Otra cuestión tocante a la gloria de la humanidad de Cristo es el hecho de que se convierte en el instrumento que hace posible la manifestación de su intrínseca gloria divina. Esa gloria estuvo casi totalmente velada en su primera venida. También como resultado inmediato de la encarnación del Verbo, Juan escribe: "Vimos su gloria...lleno de gracia y de verdad" (Jn. 1:14). Cremer define esta gloria como "la plenitud de todo lo que es bueno en Él" y "todos sus atributos redentores" o "la forma en la que se revela a sí mismo en la economía de la salvación".[29] En contraste con esta manifestación

---

26. George N. H. Peters, *The Theocratic Kingdom,* Vol 3, p. 553.
27. Henry Alford, *The Greek Testament* (Londres: Longmans, Green and. Co., 1892), pp. 606607.
28. Véase Robert L. Thomas, *Revelation 17: An Exegetical Commentary* (Chicago: Moody Press, 1992), pp. 386388.
29. Cremer, *BiblicalTheological Lexicon of the New Testament,* p. 208.

limitada es necesario colocar la gran manifestación de la gloria visible del futuro. Aunque no hay transferencia de atributos entre la naturaleza humana y la divina, es obvio que la gloria de la naturaleza humana es grandemente ampliada por su inseparable relación con la naturaleza divina.

La aproximación más cercana de la gloria humana de Cristo tal como ocurrirá en el milenio es la que tuvo lugar en el monte de la transfiguración (Mt. 17:18). La transfiguración fue un acontecimiento confirmante: (1) confirma la realidad de un reino futuro (2) confirma la venida en gloria del Hijo del Hombre par inaugurar el reino y (3) confirma la fidelidad de las profecías tanto del Antiguo como del Nuevo Testamento.[30]

George N. H. Peters ha hecho un análisis de la transfiguración como un anticipo del reino futuro que es digno de mencionarse:

> La transfiguración, seguida del anuncio de que "algunos", antes de sufrir muerte, debían ver "al Hijo del Hombre viniendo en su reino", es *una representación* del Reino en algunos de sus aspectos, a saber, *en la gloria* de "el Cristo" o Rey, en la presencia de (quienes también "aparecen en gloria", Lc. 9:31) los santos trasladados y muertos, y en el testimonio de esa gloria por los hombres mortales. Fue un despliegue temporal, una manifestación externa o revelación de la majestad y gloria que pertenece a Jesús cuando venga en su Segundo Advenimiento y su Reino con sus Santos para reinar sobre las naciones.[31]

Aunque la mayoría de los comentaristas interpreta la transfiguración como la refulgencia intrínseca de la Shekinah gloria de Cristo, esta no puede desasociarse totalmente de los aspectos humanos de la unión hipostática. En particular, la apariencia de su rostro fue alterada y brilló como el sol, mientras que los

30. Véase Stanley D. Toussaint, *Behold the King* (Portland: Multnomah Press, 1980), pp. 210-211.
31. George N. H. Peters, *The Theocratic Kingdom,* pp. 559560.

propios vestidos de su humanidad destellaban y deslumbraban con una sorprendente luz (vea Mt. 17:2; Mr. 9:3; Lc. 9:29). G. Campbell Morgan, de hecho, destaca la gloria humana casi con la exclusión de la divina, considerando la transfiguración como la consumación de su vida humana y el resultado natural de todo lo que había precedido de modo que su humanidad, "perfecta en su creación, perfecta a través de la prueba, fue perfeccionada en gloria".[32] Aunque la gloria de la persona encarnada es inescrutable en muchos aspectos, desafiando cualquier clasificación exacta de lo que es estrictamente humano y lo que es estrictamente divino, esto es evidente: La humanidad de Cristo fue glorificada tanto en sí misma como a través de su estrecha asociación con la gloria divina revelada. No sería exagerado concluir también que cualquier sistema que profesa hacerle justicia a la gloria humana de Cristo en el milenio tiene que tomar en cuenta la humanidad glorificada de Cristo tal como apareció en la transfiguración.

La gloria humana y la exaltación

La glorificación una vez y por todas de la humanidad de Cristo ocurrió realmente en la ascensión cuando, después de que su cuerpo resucitado entró en el cielo, fue enormemente exaltado. La exaltación no solo ayuda a explicar la glorificación de la humanidad, sino que también explica el enormemente formidable aumento de autoridad de la persona del Cristo encarnado (Mt. 28:18). Aparte de la exaltación no hay explicación para la aparente discrepancia entre la autoridad limitada sobre la creación animal inferior especificada en Génesis y el Salmo 8 y el dominio absolutamente universal de 1 Co. 15:27 y He. 2:8, que algunos teólogos se han esforzado en reconciliar.[33] Es importante aclarar que el dominio glorioso conferido en Cristo en su exaltación debe ser definitivamente diferenciado del dominio racial inherente en su humanidad como

32. G. Campbell Morgan, *The Crisis of the Christ* (Nueva York: Fleming H. Revell Company, 1903), p. 229.
33. Charles Hodge, *Systematic Theology* (Nueva York: Scribner, Armstrong and Co., 1871), Vol. 2, p. 102.

también de su infinita soberanía intrínseca en su deidad. La nueva gloria es en realidad una recompensa adicional conferida en reconocimiento de la completa victoria de su carrera terrenal de humillación y obediencia hasta la muerte. En consecuencia de esa obediencia ha adquirido el derecho al dominio universal como ha expresado W. Trotter:

> Adquirida, decimos, porque no debe olvidarse que aunque tiene inherentes títulos de dignidad infinita como Dios y Creador, mediante la encarnación y la cruz, por su vida obediente y su obediencia hasta la muerte adquirió títulos que, en caminos de la justicia de Dios, tienen que ser reconocidos y hechos válidos. "Por lo cual, Dios también", dice el apóstol, "le exaltó hasta lo sumo, y le dio un nombre que es sobre todo nombre, para que en el nombre de Jesús se doble toda rodilla de los que están en los cielos y en la tierra, y debajo de la tierra; y toda lengua confiese que Jesucristo es el Señor, para gloria de Dios Padre" (Fil. 2:9-11).[34]

La magnitud de la humillación de Cristo se escapa por completo de la comprensión humana. Aquel que era plenamente Dios tomó naturaleza del esclavo, se hizo semejante a los hombres y obedeció hasta la muerte más ignominiosa. ¡He aquí el gran misterio! La persona divina de Cristo se apodera de naturaleza humana para humillarse hasta lo insondable. Su autohumillación y su autovaciamiento fueron actos voluntarios. Lo hizo en obediencia a la voluntad del Padre. Debido a eso y como recompensa, Dios le exaltó hasta lo sumo y le dio "el nombre que es sobre todo nombre". ¡Ahí yace su gloria! Toda rodilla se doblará y toda lengua confesará que Jesús el Mesías es el Señor para gloria de Dios Padre.

> Esa es la recompensa de su autonegación y muerte... Él vino en una misión de amor; la ejecución de esta implicaba

34. William Trotter, *Plain Papers on Prophetic and Other Subjects* (Nueva York: Loizeaux Brothers, s.f.), p. 502.

> el sufrimiento indescriptible y la ignominia de la cruz; y el Padre, cuando hubo servido en esa terrible tarea, lo promovió al honor más excelso al regresar en triunfo.[35]

Puede concluirse que la gloria humana residente en el cuerpo glorificado de Cristo, lejos de ser una intangibilidad, es algo sumamente real. Como un factor integral de su encarnación, un elemento constitutivo de su persona teantrópica, y una característica esencial de su exaltación, exige toda consideración. Es muy apropiada, por lo tanto, la advertencia de Adolph Saphir contra el olvidar la humanidad de Cristo o pensar en esta vagamente como algo necesario para llevar a cabo ciertos asuntos relacionados con la salvación de los hombres para que, después de conseguir dicho objeto, se relegue a un segundo plano y a una impenetrable oscuridad.[36] De igual pertinencia es la penetrante interrogante añadida por el mismo autor a su anterior amonestación:

> ¿Por qué ha de parecer imposible o incongruente que Jesús de Nazaret regrese, aun así y de la misma manera como ascendió, y sobre la sustancia misma de la doctrina, o sea, el hecho glorioso de su humanidad y su genealogía davídica y abrahámica, y demuestre ser en sí mismo lo que fue escrito sobre la cruz, Rey de los judíos, al igual que Rey de toda la tierra; la Luz para alumbrar a los gentiles, y la Gloria de su pueblo Israel?[37]

Desdichadamente, muchos escritores amilenaristas sinceros, deseando honrar la persona de Cristo, inadvertidamente han restado importancia a su gloria al pasar por alto estas consideraciones. Al basar sus análisis exclusivamente sobre la obra completada en la primera venida y el ministerio salvador y mediador de la presente

35. John Eadie, *A Commentary on the Greek Text of the Epistle of Paul to the Philippians* (Minneapolis: James and Klock Christian Publishing Co., 1977), p. 125.
36. Adolph Saphir, *Christ and Israel* (Londres: Morgan and Scott Ltd., 1919), p. 145.
37. *Ibíd.*, p. 146.

dispensación, no han logrado otorgar ninguna razón satisfactoria para su continua humanidad y los resultados que de ella fluyen por las edades de las edades venideras. Es de vital importancia explicar de manera coherente y bíblica el porqué Cristo retiene su humanidad después de realizar su obra expiatoria. Ciertamente la conservación de su humanidad como "León de la tribu de Judá" y como "Raíz de David" (Ap. 5:5) guarda relación directa con su derecho a ocupar el trono de David para reinar tanto sobre la nación de Israel como sobre las demás naciones.

> Tal postura respecto del Reino otorga precisión y una exaltación continuada a la naturaleza humana de Cristo, e indica la majestuosa relación que mantiene a través de las edades con la raza humana… [esta doctrina] claramente abarca la venida del Hijo del Hombre como Hijo de David y Señor, y definitivamente atribuye a su naturaleza humana su justa y perpetua relación con el pacto davídico.[38]

Es un insulto tan lamentable contra la persona teantrópica el minimizar la majestad gubernamental de la humanidad de Cristo como el Hijo del Hombre, como lo sería el impugnar la absoluta soberanía de su infinita deidad.

LAS CARACTERÍSTICAS DE LA GLORIA VINCULADAS CON EL MILENIO

Ya se ha sugerido que una prueba válida para cualquier sistema de milenio sería su adaptabilidad a la naturaleza fundamental de los aspectos divino y humano de la gloria de Cristo. Se sugiere, por lo tanto, hacer una demostración positiva de la congruencia del sistema premilenario mediante una correlación de algunas de las principales características de la gloria con el milenio literal propuesto por el premilenarismo.

38. George N. H. Peters, *The Theocratic Kingdom*, Vol. 3, p. 557.

La gloria de la presencia de Cristo en el milenio

Es axiomático con el premilenarismo que no solo demanda gloria en el milenio, sino también la presencia personal de Cristo quien hace posible esa gloria. Esa premisa está en perfecta armonía con la naturaleza de la gloria humana de Cristo. Aunque Cristo como Dios está presente en todo lugar, en relación con su cuerpo, sin embargo, en la medida en la que sea posible que la deidad esté localizada, Cristo está ahora sentado a la diestra del Padre. Debido a la naturaleza eterna de la unión hipostática, Cristo nunca puede estar presente en lo que respeta a su persona teantrópica si su cuerpo no acompaña al mismo tiempo esa presencia. Y si Cristo no está personalmente presente no hay necesidad de esperar un ambiente glorioso durante el milenio; para la gloria en el milenio, como se mostrará más adelante, está la esfera divina de existencia de Cristo en esa era. Por lo tanto, cuando el Hijo del Hombre regrese, "vendrá en su gloria" y "se sentará en su trono de gloria" (Mt. 25:31). El mundo verá y sentirá los efectos de su gloria tal como lo prometió: "La gloria del Líbano vendrá a ti,... y yo honraré el lugar de mis pies" (Is. 60:13).

La gloria de la presencia de Cristo se hará manifiesta en todo su esplendor. Tanto la gloria de su perfecta humanidad como la de su infinita deidad coronarán las bendiciones de la era del milenio:

> Cristo es una persona de dignidad infinita. Con esto quiero decir no solo el esplendor de la grandeza moral e intelectual con la que su carácter fue investido, sino también la dignidad que le es conferida por omnipotencia, eternidad e inmutabilidad y por la supremacía de posición y domino. Con esa trascendente exaltación sobre todas las cosas en el cielo y en la tierra, aun así escogió someterse a la ley divina, y como tal, obedecer cada uno de sus preceptos los que en cualquier momento se relacionaban con su carácter o su conducta...En su naturaleza humana Cristo obedece y sufre, su naturaleza divina le da infinito valor a esa obediencia y a esos sufrimientos. Su naturaleza

> humana puede considerarse como la ofrenda: la dádiva; su naturaleza divina, el *altar que santifica la dádiva.*[39]

Tal como la persona teantrópica de Cristo realizó su función expiatoria en su primera venida, así mismo cumplirá todos los elementos de la profecía bíblica en lo que concierne al reinado glorioso del Mesías. La presencia personal visible de Cristo en la tierra durante el milenio es estrictamente tan esencial en lo que respecta a la gloria divina como lo es respecto a la gloria humana. David Baron ha expresado que en las Escrituras hebreas "la gloria de Jehová es equivalente a 'la gloria de la presencia personal de Jehová'".[40] Según H. A. A. Kennedy: "La Shekinah es la presencia de Dios localizada" y "la presencia de Dios revelada era constantemente designada su gloria".[41]

Si la gloria implica, por consiguiente, la presencia personal y localizada de Dios, entonces la presencia corporal de Cristo en el milenio parece ser mandatoria. Aunque algunos podrían hablar con entusiasmo de la gloria espiritual de la presencia de Cristo en su iglesia ahora, es difícil ver como esa concepción de manufactura humana puede relacionarse de alguna marea con todo lo que ha sido revelado en la Biblia tocante a las manifestaciones pasadas de la gloria de Jehová. La característica singular que sobresale por encima de todas respecto de la gloria de Jehová en el pasado era que incluía una revelación visible y tangible de la persona de la deidad. Hablar, por lo tanto, de una manifestación invisible de la gloria de Dios es en sí misma una contradicción de los términos y una confusión trágica e innecesaria.

La gloria de la tierra en el milenio

Una segunda característica predominante del sistema premilenario es que postula que la gloria de Cristo se manifestará

39. Richard Beard, *Lectures on Theology* (Nashville: Board of Publication of the Cumberland Presbyterian Church, 1839), pp. 156-157.
40. David Baron, *The Ancient Scriptures and the Modern Jew* (Londres: Hoder and Stoughton, 1905), p. 47.
41. H. A. A. Kennedy, *St. Paul's Conceptions of the Last Things*, p. 91.

en un ámbito terrenal. Eso implica la gloria espiritual del gobierno de Cristo y también comprende manifestaciones concretas de la tierra misma para efectuar, revelar y reflejar esa gloria.

El hombre fue creado y colocado en la tierra para manifestar la gloria de la obra de Dios en esta esfera. "El hombre es el *esplendor reflejado* y la imagen de Dios (1 Co. 11:7)... A pesar de que la humanidad adámica permanece alejada culpablemente de Dios, Él se mantiene firme en su voluntad salvadora y lleva a cabo por medio del acontecimiento de Cristo el destino del hombre para la participación de la δΥχα de Dios".[42] Fue solamente con la entrada de Cristo en esta escena terrenal mediante el instrumento de un cuerpo humano en su primera venida y en su regreso cuando venga la segunda vez, que Dios ha sido y será perfectamente justificado y glorificado en su creación del hombre.

Si se objetase que este programa se haya realizado ya en los santos de la iglesia ya glorificados en el cielo, debe notarse que la iglesia, aunque compuesta de seres humanos redimidos, es una comunidad celestial no terrenal la cual ha sido alzada muy por encima de su destino original de la raza de este orbe mundanal. La unión de Cristo con la iglesia de ningún modo suplanta la relación práctica que Él sostiene con la raza humana como cabeza que es de todo hombre (1 Co. 11:3), por lo cual aún necesita elevar y transformar la humanidad para que cada aspecto y relación de la sociedad sean gloriosos sobre la tierra.

La gloria de Jehová, según la define Baron, debe estar también inseparablemente asociada con la tierra, puesto que es "la gloria que rodea y es concomitante con las manifestaciones de Jehová en la tierra".[43] El salmista escribió: "Bendito su nombre glorioso para siempre, y toda la tierra sea llena de su gloria" (Sal. 72:19). El profeta Isaías vio serafines que alababan a Dios diciendo: "santo, santo, santo, Jehová de los ejércitos; toda la tierra está llena de su gloria" (Is. 6:3). Lo que los serafines vieron no es evidente al ojo

42. H. Hegermann, "δΥχα" *Diccionario exegético del Nuevo Testamento,* tomo I (Salamanca: Ediciones Sígueme, 1996), pp. 10491050.

43. David Baron, *The Ancient Scripture and the Modern Jew,* p. 47.

humano ahora, puesto que la mente humana está entenebrecida por el pecado. Jesucristo revelará esa gloria cuando regrese a la tierra.

La presencia personal y física de Cristo en el milenio será la más grande manifestación visible de Jehová en este mundo y será acompañada de correspondientes grandes glorias concomitantes en el universo físico. H. A. A. Kennedy ha escrito acerca de Dios: "Todo su entorno es glorioso" como también "el ámbito de la existencia divina".[44] En el milenio la tierra será la esfera de la existencia divina, y a la luz de ese hecho cualquier cosa que no sea la interpretación literal de los cambios gloriosos que tendrán lugar en esta tierra arroja duda sobre la validez de la realidad de la revelación visible de la divina majestad. El Señor Jesucristo anunció que habrá una "regeneración" (paliggenesiva), es decir, una completa renovación de la tierra "cuando el Hijo del Hombre se siente en el trono de su gloria..." (Mt. 19:28). El profeta Isaías vislumbra el día cuando "se alegrarán el desierto y la soledad; el yermo se gozará y florecerá como la rosa...Ellos verán la gloria de Jehová, la hermosura del Dios nuestro" (Is. 35:1, 2).

Samuel J. Andrews opina que toda la constitución material y la configuración de la tierra fueron diseñadas de tal manera en la eternidad pasada que puede convertirse, a la postre, en el escenario para la gloria del reino del Hijo encarnado.[45] Puesto que el pecado ha dañado la tierra, es necesario que esta sea preparada para recibir a su Rey antes de que su venida en gloria acontezca. La tierra será "regenerada" o "rejuvenecida" para recibir al Mesías.[46] Entonces se cumplirá la profecía:

> Todo valle sea alzado y bájese todo monte y collado; y lo torcido se enderece, y lo áspero se allane. Y se manifestará la gloria de Jehová, y toda carne juntamente le verá; porque la boca de Jehová ha hablado (Is. 40:4, 5).

44. H. A. A. Kennedy, *St. Paul's Conceptions of the Last Things*, p. 299.

De vital importancia es la integración del milenio terrenal con la doble naturaleza de la gloria divina en lo que concierne a sus aspectos materiales e inmateriales. A pesar de las declaraciones más explícitas al contrario, los premilenaristas han sido constantemente acusados por los amilenaristas de enseñar un reino puramente materialista y naturalista desprovisto de todo contenido espiritual. San Agustín de Hipona (354–430 d.C.) rechazó la enseñanza de un reino terrenal porque lo consideraba carnal y materialista en lugar de ser espiritual.[47] Este gran padre apostólico rechazó la realidad del milenio terrenal sobre la base de apreciaciones subjetivas y no como resultado de un estudio inductivo de los pasajes bíblicos ni por conclusiones exegéticas.

Los amilenaristas, desde San Agustín hasta el presente, impugnan la postura premilenarista esgrimiendo el argumento de que el milenio premilenarista es demasiado terrenal y muy poco o nada espiritual. Esa impugnación es injusta y sin fundamento ya que premilenaristas destacados se han pronunciado con claridad respecto de que el reino del Mesías no será solo un dominio universal y visible sino que, además, será espiritual.

> Esta proposición es mucho más necesaria puesto que se nos acusa de repugnante carnalidad, etc., porque insistimos en retener el significado gramatical llano otorgado al Reino en las Sagradas Escrituras. Aunque es un Reino puramente material y natural, sin espiritualidad sería un [reino] no bíblico, así también un Reino totalmente espiritual, sin la unión santificada con lo material o natural es absolutamente opuesto a la palabra de Dios.[48]

45. Samuel J. Andrews, *Man and the Incarnation* (Nueva York: G. P. Putnam's Sons, 1905), pp. 62, 303.
46. Véase Donald A. Hagner, "Matthew 1428" *World Biblical Commentary* (Dallas: Word Books, 1995), p. 565.
47. San Agustín, *La Ciudad de Dios*, XX, 7.
48. George N. H. Peters, *The Theocratic Kingdom*, Col. 3, p. 460. Véase también John F. Walvoord, *The Millennial Kingdom*, pp. 307309. Alva J. McClain, *The Greatness of the Kingdom* (Grand Rapids: Zondervan Publishing House, 1959), pp. 519526.

No existe una mejor refutación de la falsa noción de que el milenio de los premilenaristas es solo carnal y naturalista que una valoración imparcial de la combinación del contenido espiritual y físico de los aspectos de la gloria que aparece en el Salmo 72, que termina con las palabras: "y toda la tierra sea llena de su gloria". Hay solo dos elementos principales en este salmo: (1) una tierra física llena de gloria; (2) una gloria espiritual que llena la tierra. A pesar del alcance y del grado de la gloria espiritual revelada, la tierra continúa siendo la tierra. En realidad, difícilmente podría imaginarse una escena más terrenal. Es impensable que la geografía celestial se describa en función de montañas, colinas, desiertos, Tarsis, y las costas o dominio territorial de mar a mar, y desde el río (Éufrates) hasta los fines de la tierra. Ciertamente no se pretende hablar de seres celestiales cuando se menciona al pobre y al menesteroso del pueblo, los hijos del necesitado, el opresor, los moradores del desierto, los enemigos, los reyes de Tarsis, Sabá y Seba, todas las naciones, y los de la ciudad. ¡Seguramente la sangre del pobre y del necesitado no es puesta en peligro en el cielo! Incluso las metáforas y los símiles son puramente mundanos como se aprecia en la lluvia sobre la hierba cortada, enemigos que lamerán el polvo, fruto que hará ruido como el Líbano, y poblaciones que florecerán como la hierba. Aun así, por otro lado, la gloria espiritual no es ni un ápice menos deslumbrante. Nunca antes la tierra ha estado tan radiante con la plenitud de equidad impecable, justicia, paz, liberación, piedad, salvación, oración, bendición, cosas maravillosas y el fulgor del nombre glorioso de Jehová Dios, el Dios de Israel. La interpretación premilenarista del Salmo 72 lo enfoca como un cuadro nítido e intenso en todas sus dimensiones. La hermenéutica amilenarista no produce otra cosa excepto una imagen borrosa y confusa.

Un contexto paralelo con el Salmo 72 se encuentra en Isaías 11, cuyo versículo 9 dice: "...porque la tierra será llena del conocimiento de Jehová, como las aguas cubren el mar". En este pasaje el contraste es claramente evidente. Aparece el Rey incomparable dotado de la plenitud del Espíritu de Jehová, pero también está el león ordinario comiendo paja tranquilamente como el buey. Así todo, no hay un verdadero contraste, porque en realidad el león no es sino una descripción adicional de la gloria del Rey. Espiritualizar el león como lo hacen Lutero, Calvino y Vitringa, hace que tengan que cuestionar al mismo tiempo la realidad de la plenitud del Espíritu del Señor mencionado en el texto. El comentarista Franz Delitzsch muestra que es solo mediante la retención del manso león en esa condición que la tierra realmente llega a convertirse en un lugar "lleno del conocimiento de Jehová, i.e. de ese conocimiento por experiencia que consiste en la comunión de amor".[49] Tal como las aguas del gran abismo cubren el fondo del océano, así también la tierra, el mundo inanimado y los seres materiales del planeta serán desbordados por el poderoso despliegue de la gloria espiritual de Dios.

> Reina ahora entre las criaturas irracionales, desde la mayor hasta la menor, incluso entre las que son invisibles, conflictos fieros y sed de sangre de la clase más salvaje. Pero cuando el Hijo de David tome completa posesión de su herencia real, la paz del paraíso será renovada, y todo lo que es verdadero en las leyendas populares tocante a una edad de oro será realizado y confirmado. Eso es lo que el profeta [Is. 11] describe en colores tan hermosos. El lobo y el cordero, esos dos enemigos tradicionales, serán entonces perfectamente reconciliados... El león no solo dejará de tener sed de sangre sino que se contentará, como el buey, con comer paja.[50]

El argumento amilenarista de que la naturaleza literal del milenio lo convierte en algo crudamente materialista no solo es un ataque injustificado contra el premilenarismo sino que también en

49. Franz Delitzsch, *Biblical Commentary on the Prophecy of Isaiah* (Grand Rapids: Eerdmans Publishing Company, 1949), Vol. I, p. 287.
50. Keil and Delitzsch, "Psalm LXXVIII to Isaiah 14", *Old Testament Commentaries* (Grand Rapids: Associated Publishers and Authors, Inc.), p. 1501.

una clara incongruencia a la luz de las opiniones mantenidas por algunos expertos dentro de su propio sistema. No pocos teólogos amilenaristas han aceptado sin dificultad los aspectos físicos de la gloria en los nuevos cielos y la nueva tierra. Calvino, quien consideraba el milenio como una ficción pueril,[51] no obstante, anticipaba una restauración del mundo, incluyendo bestias, plantas y metales hasta el punto de que "habrá una temperatura tal y un orden tan decente que nada aparecerá ni deformado ni ruinoso".[52]

El amilenarista William Childs Robinson ofrece los siguientes argumentos en contra de una desigual escatología espiritual: (1) Se deriva del espiritualismo helénico que niega la existencia del hombre en un mundo de cosas y lo sustituye por un idealismo vacío. (2) Tiene afinidad con el misticismo medieval que exalta la esencia de Dios al precio de la exclusión total de la criatura. (3) Es contrario al propósito fundamental de la creación del hombre para que gobierne sobre la creación visible. (4) La creación misma presupone una consumación final que abarca la tierra.[53] Otro amilenarista, Henri de Vries, muestra poca paciencia hacia esos buenos cristianos que imaginan que mientras el cielo es espiritual, la tierra es tremendamente material y objetan el tener "el cielo de alguna manera mezclado con la tierra".[54] Después de notar que Satanás, un ser puramente espiritual, es totalmente maligno, y que Manes, un anciano en la iglesia persa del siglo cuarto, primero

51. Juan Calvino, *Institución de la religión cristiana* (Países Bajos: Fundación Editorial de Literatura Reformada, 1968), Col II, pp. 788789. Es evidente que el gran reformador y teólogo no solo no estudió de manera profunda el tema del milenio, sino que además mal interpretó la enseñanza de los premilenaristas. Estos no enseñan que Cristo no reinará después de los mil años y que los hijos de Dios solo gozarán de mil años de bienaventuranza. Los premilenaristas afirman que, según las Escrituras, habrá una etapa terrenal, histórica y temporal del reino del Mesías. Esa etapa durará mil años. Después de los mil años el Mesías reinará con sus redimidos por las edades de las edades en su reino eterno (Dn. 7:18; Lc. 1:33).

52. Juan Calvino, *Commentary upon the Epistle to Romans* (Edinburgo: Printed for The Calvin Translation Society, 1844), pp. 218219.

53. William Childs Robinson, *Christ the Hope of Glory* (Grand Rapids: Eerdmans Publishing Company, 1945), pp. 302309.

54. Henri de Vries, *The Lord's Anointed* (Londres: Marshall Brothers, Ltd., s.f.) p. 349.

apoyó la noción panteísta de que la materia es la fuente tanto del mal físico como del moral, declara:

> Cuando el reino de los cielos sea restablecido en la tierra no solo será espiritual sino material. En el Paraíso el reino será espiritual y material, unido no mezclado, de la manera más maravillosa e inescrutablemente. Mediante el pecado eso se perdió: el reino mismo se perdió. En la restauración por nuestro Profeta, Sacerdote y Rey primero es introducido espiritualmente y después también materialmente.[55]

Por lo tanto, mientras que teólogos reformados enseñen que habrá "una renovación de la presente creación"[56] y sigan el precedente de la escatología materialista de Calvino, no estarán en condiciones de criticar aspectos concretos de sistema premilenarista.

La gloria de una salvación consumada y visible

Uno de los honores especialmente reservados para Dios en las Escrituras es su revelación de ser el único Salvador (Is. 43:11; Os. 13:4). No es de sorprenderse, por lo tanto, que como una tercera característica la gloria divina de Jehová está invariablemente asociada con la salvación. Puesto que el milenio es la edad de oro de la consumación hacia la que todas las demás edades gravitan, es de igual modo esa edad en la que la salvación del Señor será manifiestamente consumada en un grado hasta entonces desconocido. Cremer dice respecto de la gloria como salvación: "Ese carácter redentor es un elemento esencial en la idea de δΥχα" y añade: "Ocupa, por consiguiente, un lugar prominente en la revelación final de la redención".[57]

Hace dos generaciones que H. A. A. Kennedy escribió el siguiente pensamiento: "el concepto es especialmente prominente en Is. 40 al

55. *Ibíd.*, p. 349.
56. Louis Berkhof, *Teología sistemática,* p. 797-798.
57. Cremer, *Biblical Theological Lexicon,* p. 208.

66, donde la gloria del Señor equivale virtualmente a su revelación salvadora (vea e.g., Is. 40:5; 60:1, 2)".[58]

La enseñanza bíblica respecto del carácter salvador del Señor es rotundamente incuestionable. Isaías, el profeta, lo expresa así: "proclamad, y hacedlos acercarse, y entren todos en consulta; ¿quién hizo oír esto desde el principio, y lo tiene dicho desde entonces, sino yo Jehová? Y no hay más Dios que yo; Dios justo y Salvador; ningún otro fuera de mí. Mirad a mí, y sed salvos, todos los términos de la tierra, porque yo soy Dios y no hay más" (Is. 45:21-22).

> La salvación que Dios realiza revela su reino universal (vea Is. 33:22). Su reino sobre el mundo entero le permite obrar salvación para quien Él quiera. Otros actos de salvación destruyen los propósitos de las fuerzas del mal, con frecuencias personificadas como el monstruo en las aguas y el leviatán (Sal. 74:12-23). De modo que cada victoria avanza hacia la salvación final para todo su pueblo. La capacidad de Dios para salvación proporciona la base para que el hombre le adore; i.e., solo un Dios que puede salvar es digno de adoración. Por lo tanto, la frecuente polémica contra la idolatría es para desafiar a los otros dioses a proporcionar liberación a sus seguidores oprimidos (Is. 46:7; Jue. 6:31). Su incapacidad para responder demuestra que esos dioses son vanos y conduce a la confesión de que aparte de Jehová no hay salvador (Is. 43:11; Os. 13:4).[59]

La gloria de la salvación en el milenio se caracterizará por su finalización y exhibición. Esa exhibición de gloria externa se corresponderá con y será una demostración de la realidad interna de esa salvación que será consumada. Así, una vez más, la doble naturaleza de la gloria divina es evidente.

58. H. A. A. Kennedy, *St. Paul's Conceptions of the Last Things*, pp. 299-300.
59. R. Laird Harris, et al., *Theological Wordbook of the Old Testament*, Vol. 1, pp. 415-416.

El lado humano de la gloria de la salvación es también conspicuo. Es en su carácter humano como el Cordero inmolado que Cristo reivindica el derecho a regresar y reinar en la tierra con su iglesia (Ap. 5:1-10). Es como el Cordero inmolado y resucitado que posee el derecho para constituir un reino de sacerdotes.[60] De igual modo, cuando Israel contemple a su Mesías que viene en su gloria humana le verá como aquel que ha sido traspasado por los pecados de la nación (Zac. 12:10).

Como el primero de los dos grupos que comparte prominentemente en la culminación del proceso de la salvación, la iglesia ha sido llamada por Dios a "su reino de gloria" (1 Ts. 2:12), se regocija "en la esperanza de la gloria de Dios" (Ro. 5:2), y cuando Cristo se manifieste la iglesia aparecerá "con él en gloria" (Col. 3:3). Aunque el milenio será principalmente una declaración pública de realidades espirituales que ya son verdad en la iglesia como son la transformación del cuerpo del creyente "para que sea semejante al cuerpo de la gloria suya" (Fil. 3:21) y la transformación constitucional interna: "Ahora vemos por espejo, oscuramente; mas entonces veremos cara a cara. Ahora conozco en parte; pero entonces conoceré como fui conocido" (1 Co. 13:12, vea también, 1 Jn. 3:2, 3). Esas transformaciones aguardan la revelación por primera vez en el día cuando Cristo regrese para ser admirado en sus santos (2 Ts. 1:10).

En lo que concierne a Israel, Dios promete: "Haré que se acerque mi justicia; no se parará, y mi salvación no se detendrá. Y pondré salvación en Sion, y mi gloria en Israel" (Is. 46:13), y de su Rey se dice: "Grande es su gloria en tu salvación; honra y majestad has puesto sobre él" (Sal. 21:5). Hay un doble aspecto claramente discernible de la gloriosa salvación de Israel. Habrá una liberación física externa y una glorificación efectuada por el regreso victorioso del Mesías como lo expresa Isaías 60:12 con estas palabras:

60. Véase Robert L. Thomas, *Revelation 17: An Exegetical Commentary*, p. 402.

> Levántate, resplandece, porque ha venido tu luz, y la gloria de Jehová ha nacido sobre ti. Porque he aquí que tinieblas cubrirán la tierra, y oscuridad las naciones; mas sobre ti amanecerá Jehová, y sobre ti será vista su gloria.

Frente al hecho de que la luz en el Antiguo Testamento es un símbolo de "salvación y prosperidad" (vea Is. 58:8),[61] es digno de notarse que en los versículos anteriores se usa casi intercambiablemente con gloria además de la liberación externa, hay un proceso refinador interior demandado por la singularidad moral de la gloria de Dios (Is. 40:10, 11) y efectuada por el derramamiento del Espíritu (Zac. 12:10; 13:1) para que su pueblo reconozca sus ofensas y busque su rostro.

El Dios de la gloria, Jehová de los ejércitos, ejecutará una liberación tanto física como espiritual de la nación de Israel. "Las naciones de la tierra se juntaran" contra el pueblo de Dios, pero el Señor Todopoderoso las aplastará (Zac. 12:4). Se producirá entonces un cambio asombroso en el remanente del pueblo del Señor. Será una verdadera revolución espiritual. El pueblo alzará sus ojos y reconocerá al Mesías Jesucristo como Salvador. En las palabras de Zacarías:

> Y librará Jehová las tiendas de Judá primero, para que la gloria de la casa de David y del habitante de Jerusalén no se engrandezca sobre Judá. En aquel día Jehová defenderá al morador de Jerusalén; el que entre ellos fuere débil, en aquel tiempo será como David; y la casa de David como Dios, como el ángel de Jehová delante de ellos. Y en aquel día yo procuraré destruir a todas las naciones que vinieron contra Jerusalén (Zac. 12:79).

La misión del Mesías que fue crucificado pero que ahora regresa triunfante y glorioso (Zac. 12:10) produce un cambio dramático

61. R. Laird Harris, et al., *Theological Wordbook,* Vol. 1, p. 26.

en el corazón del remanente escogido. El Señor derramará sobre la casa de David y sobre los habitantes de Jerusalén "espíritu de gracia y oración". *Gracia* es una "demostración de favor", "un despliegue de bondad". *Oración* tiene que ver con "súplica pidiendo favor y misericordia". Esta estupenda profecía describe la gloriosa acción del Mesías que viene como majestuoso y poderoso guerrero divino para traer liberación escatológica tanto física como espiritual a su pueblo.[62]

Lo anterior está en perfecta armonía con las características salvadoras de la gloria tal como lo analiza Arthur Michael Ramsey:

> En realidad en el כָּבוֹד; de Jehová la brillantez, el poder y el carácter justo están indisolublemente mezclados; y el vocablo, por lo tanto, habla de una teología en la que los atributos de Dios son inseparables de sus atractivos y de su actividad salvadora en el mundo. El conocimiento de Israel de la gloria de Dios tiene su corolario en la obligación de Israel de reflejar el carácter de Dios. Si, por ejemplo, ella se preocupa por los pobres y los desvalidos, tiene la promesa: "Entonces nacerá tu luz como el alba, y tu salvación se dejará ver pronto, e irá tu justicia delante de ti, y la gloria de Jehová será tu retaguardia" (Is. 58:8).[63]

Aunque no es poco común con los amilenaristas hacer provisión para una conversión espiritual de un número sustancial de israelitas antes de la segunda venida, están unidos en su rechazo de todos los elementos externos de gloria para el pueblo a quien Dios llama no individualmente sino colectivamente: "Israel mi gloria" (Is. 46:12, *Sagrada Biblia*, Cantera Burgos e Iglesias González). En la medida en que la salvación, tanto como conversión espiritual o como

62. Véase Merrill F. Unger, *Commentary on Zechariah* (Grand Rapids: Zondervan Publishing House, 1963), pp. 214216.
63. Arthur Michael Ramsey, *The Glory of God and the Transfiguration of Christ* (Londres: Longmans, Green, and. Co., 1949), p. 14.

liberación física, es denegada a Israel como nación, en esa misma medida la gloria de Dios en la salvación es negada y frustrada.

La gloria del poder en el milenio

Muy estrechamente relacionada con la gloria está la idea de poder. Ese hecho es afirmado por Kennedy cuando declara que la gloria de Dios "está acompañada de la no menos irresistible impresión de su inmutable e incesante poder, la energía que es por la autoexpresión del Dios viviente".[64] Hay también numerosas referencias en el Nuevo Testamento en las que se asocia gloria con poder: los santos son eficazmente llamados "por su gloria y excelencia" (2 P. 1:3); "fortalecidos con todo poder, conforme a la potencia de su gloria..." (Col. 1:11); fortalecidos en el hombre interior "conforme a las riquezas de su gloria" (Ef. 3:16); y "transformados de gloria en gloria" (2 Co. 3:18). Por supuesto, el poder interior invisible de la gloria de esta presente dispensación será transformado en una expresión gloriosa y visible en la era del milenio.

Las fases iniciales del milenio en particular serán adornadas por una demostración externa de poder y gloria. Es imposible enfatizar demasiado el hecho de que Cristo regresará no solo con poder sino con "gran poder y gloria" (Mr. 13:26). La frase "con gran poder y gloria" (metà dynámeôs pollêis kaì dÁxeis), según dice el escritor D. Edmond Hiebert: "significa no solo que aquel que viene posee poder y gloria sino que viene acompañado de un despliegue visible de gran poder y gloria, ejercitando autoridad divina y vestido con gloria celestial".[65]

Como Jesús hombre, todo poder en el cielo y en la tierra le ha sido dado (Mt. 28:18); como Jehová no hay poder alguno que le sea denegado. Exhibiendo su ropaje glorioso, aplastará a sus enemigos, triunfará rotunda y decisivamente sobre ellos (Is. 63:14), y serán castigados con perdición eterna, excluidos de la gloria de su poder (2 Ts. 1:9). Ese poder es gradualmente convertido en el actual

64. H. A. A. Kennedy, *St. Paul's Conceptions of the Last Things*, p. 299.
65. Edmond Hiebert, *Mark: a Portrait of the Servant* (Chicago: Moody Press, 1979), p. 328.

gobierno del reino de Cristo cuando como "Jehová de los ejércitos reine en el monte de Sion y en Jerusalén, y delante de los ancianos sea glorioso" (Is. 24:23). Es una ocasión para la alabanza "porque has tomado tu gran poder, y has reinado" (Ap. 11:17), y el salmista exclama: "La gloria de tu reino digan, y hablen de tu poder, para hacer saber a los hijos de los hombres sus poderosos hechos, y la gloria de su magnificencia de su reino" (Sal. 145:11-12).

Ese despliegue externo de poder no carece de sus efectos internos en el corazón y la mente de los hombres, porque el salmista, recitando la alabanza gloriosa del Mesías dice: "Cantad la gloria de su nombre, poned gloria en su alabanza. Decid a Dios ¡Cuán asombrosas son tus obras! Por la grandeza de tu poder se someterán a ti tus enemigos" (Sal. 66:23), y respecto de la rebelde y dura de cerviz, Israel, declara: "tu pueblo se te ofrece voluntariamente en el día de tu poder, en la hermosura de la santidad" (Sal. 110:3). Aun así el reino será acompañado por un ejercicio de poder punitivo que servirá para anular finalmente todos los poderes enemigos, incluyendo al último enemigo, es decir, la muerte (1 Co. 15:24, 25). Es un mérito del premilenarismo que toma plenamente en cuenta el ejercicio del poder de la gloria de Cristo por el cual puede someter todas las cosas, ya sean materiales o espirituales, bajo su autoridad.

La gloria de la atribución de alabanza

Finalmente hay que hablar de la gloria atribuida, la que en su aspecto divino podría definirse como ese reconocimiento, honor y renombre legítimamente ofrecido a Dios por las criaturas. La gloria otorgada para que sea válida debe reflejar fielmente lo que Dios es en sí mismo y en su manifestación. Es simplemente una declaración de lo que ya es una realidad de Dios, ya sea que haya sido abiertamente reconocida o no. El milenio es prominente por la exhibición sin precedente de la gloria divina de Cristo y también por una declaración universal de esa gloria de parte de la criatura y de la creación. Arthur Michael Ramsey observa la prominencia que se le otorga a ese tema en los Salmos, los cuales:

> Usan el vocablo כָּבוֹד; en conexión con la manifestación futura de la gloria y el reconocimiento de la gloria por las naciones. Yavé es el "rey de la gloria" (Sal. 24:7-10), y el reconocimiento de esto en todo el mundo será la consumación de su propósito.[66]

Un ejemplo característico del papel que la atribución de gloria desempeñará en el reino milenario es el que tendrá lugar en la extensa aclamación que saludará a Cristo tal como se describe en Isaías 42:10-12:

> Cantad a Jehová un nuevo cántico, su alabanza desde el fin de la tierra, los que descendéis al mar, y cuanto hay en él, las costas y los moradores de ellas. Alcen la voz el desierto y sus ciudades, las aldeas donde habita Cedar; canten los moradores de Sela, y desde la cumbre de los montes den voces de júbilo. Den gloria a Jehová, y anuncien sus loores en las costas.

El Mesías será universalmente aclamado cuando haga su verdadera entrada triunfal a su regreso en gloria a la tierra. Su pueblo cantará un nuevo cántico que se escuchará de un extremo al otro de la tierra. Toda la naturaleza cantará de regocijo: ríos, bosques, montes, valles, praderas, lagos, mares y aun el desierto manifestará su alegría porque ha llegado la redención y la liberación en su plenitud más absoluta. "La gloria de Jehová está en juego" (Is. 42:8, 12)[67] y el Mesías vendrá para que brille con su resplandor más deslumbrante.

Las cumbres más altas se alzarán mientras que la alabanza se desborda, cubriendo toda la creación y abarcando los límites más lejanos del mundo natural como lo evidencia Isaías 44:23.[68]

---

66. Arthur Michael Ramsey, *The Glory of God and the Transfiguration*, p. 41.
67. George L. Robinson, *The Book of Isaiah* (Grand Rapids: Baker Book House, 1954), p. 134.
68. Franz Delitzsch, *Biblical Commentary on the Prophecy of Isaiah*, Vol. II, p. 214.

> Cantad loores, oh cielos, porque Jehová lo hizo, gritad con júbilo, profundidades de la tierra; prorrumpid montes en alabanza, bosque y todo árbol que en él está; porque Jehová redimió a Jacob, y en Israel será glorificado.

Con angustia a escala mundial entre las naciones y el resto de la creación gimiendo y con dolores de parto hasta ahora (Ro. 8:22), el amilenarismo agustiniano puede ser legítimamente desafiado a mostrar en qué lugar su sistema ha hecho provisión para la declaración de la gloria de Cristo no solo entre los hombres, sino también en la misma naturaleza. A la luz de una eternidad sin fin, un simple milenio de gloria parecería un insignificante momento. Aun así Cristo recibe esta alabanza porque es digno, y es una parte muy real de su gloria. Constituye, por lo tanto, una tergiversación de incalculable proporción negarle el más leve reconocimiento de la gloria que por derecho le pertenece.

Aunque se le ha dado una amplia consideración a los aspectos divinos del reconocimiento de la gloria, no debe pasarse por alto que, mezclada con la alabanza de su deidad, hay también una alabanza de las perfecciones de su humanidad. En el Salmo 24, donde como el Rey de la gloria es expresamente llamado Jehová de los ejércitos, al mismo tiempo es exaltado como aquel que es "el limpio de manos y puro de corazón; el que no ha elevado su alma a cosas vanas, ni jurado con engaño" (Sal. 24:4). En el Salmo 45, aunque personalmente se le alude mediante el vocativo "oh Dios" (45:6), las excelencias de su carácter humano son magnificadas también porque es "el más hermoso de los hijos de los hombres" (45:2) y "la gracia se derramó en tus labios" (45:2).

Resumen y conclusión

En este capítulo se ha considerado el tema de la *naturaleza de la gloria*, es decir, qué es o en qué consiste la gloria. Se ha definido la gloria divina como la revelación de la infinita plenitud de la naturaleza divina. El tema bajo consideración aquí se centra en la investigación de cómo se revela el ser de Dios. Se ha propuesto en este capítulo que un estudio sistemático de las Escrituras, del Antiguo y Nuevo Testamento, pone de manifiesto la existencia de una dualidad esencial en la naturaleza de la gloria. Por un lado, hay una manifestación material y por otro lado, se manifiesta un aspecto espiritual.

Hay quienes se han opuesto a la idea antes expresada y entienden que la manifestación de la gloria de Dios solo tiene un sentido espiritual o abstracto, como por ejemplo "honor", "respeto", "reputación". Quienes niegan el aspecto físico de la manifestación de la gloria de Jehová, evidentemente, no han examinado todos los pasajes afines al tema y han encontrado una refutación coherente en el trabajo de Israel Abrahams titulado *The Glory of God* [La gloria de Dios].

El tema se agudiza cuando se analiza la postura amilenarista. La escatología del sistema amilenarista niega rotundamente la enseñanza de un reino futuro en la tierra en el cual Cristo ha de reinar como Mesías Rey en el trono de David. Partiendo de San Agustín de Hipona (354–430 d.C.), los teólogos amilenaristas entienden que el milenio tiene que ver con la era presente y acusan a los premilenaristas (quienes enseñan que sí habrá un *reinado mesiánico* que durará mil años y en el que Cristo ocupará el trono de David) de enseñar un reino judaico o de promover un reino carnal y material vacío de espiritualidad.

La realidad es que tanto el Antiguo como el Nuevo Testamento enseñan que la gloria de Jehová tiene un aspecto físico, material, tangible, como también tiene otro aspecto espiritual. Ambos aspectos reciben el mismo énfasis porque son considerados igualmente importantes.

Es importante recordar en esta coyuntura el gran propósito de Dios para con su creación, incluyendo al hombre. Dios creó al hombre para que manifestara su gloria. La entrada del pecado imposibilitó que ese propósito se cumpliese en Adán. El primer Adán, el de Edén, fracasó; pero el postrer Adán, el Mesías, Dios encarnado, vino para efectuar la obra perfecta de redención. Cristo murió, resucitó, fue exaltado a la gloria y regresará con majestad, poder y gran gloria para reinar como soberano Rey mesiánico. Él vendrá en el cuerpo de su gloria (Fil. 3:21) para gobernar sobre las naciones con vara de hierro (Ap. 19:11-16). Durante su reinado glorioso "la tierra será llena del conocimiento de la gloria de Jehová como las aguas cubren el mar" (Hab. 2:14). Es de suma importancia entender que el punto culminante de la gloria en el milenio es la presencia del Jesús glorioso quien en su perfecta humanidad exhibirá visible y tangiblemente la perfección de todos sus atributos, los humanos y los divinos.

La gloria de Cristo que permaneció velada casi en su totalidad durante su vida terrenal, se manifestará en la plenitud de su fulgor en la era del reino. Cristo fue humillado de manera indescriptible durante su primera venida. Eso ocurrió dentro del tiempo y en la historia. Por lo tanto, es lógico prever que dentro del tiempo y de la historia Él sea exaltado, adorado y reconocido universalmente como Rey de reyes y Señor de señores (Fil. 2:9-11). En la era del reino su persona teantrópica será el centro de todas las cosas y el motivo principal de alabanza y adoración. La gloria humana inherente en el cuerpo humano del Cristo glorificado será manifiestamente tangible y real ante todos los que participen de las bendiciones del reino.

El profesor Ramesh P. Richard ha escrito un convincente resumen respecto de la necesidad de la gloria en el milenio y cómo Dios será glorificado en ese segmento de tiempo de una manera como no lo es ahora:

> Primero, toda noción que sugiera añadir gloria a las perfecciones de Dios debe ser rotundamente rechazada. Lo que Él posee, lo posee perfecta y plenamente. Lo mejor que el hombre puede hacer es reflejar su gloria de una manera mejor y apreciar su nombre entre los hombres mientras le otorga gloria a Él. En segundo lugar, todo lo que se argumenta desde este principio unificador es que el más grande *despliegue* de la gloria de Dios en la tierra tendrá lugar durante el milenio. La gloria de Dios no es plenamente

> visible ahora. Lo será, comenzando con la Parousía. Además, la extensión del principio doxológico tal como se evidencia especialmente en el reino milenario, se contempla en su relación con todos los aspectos de la creación. Con relación a la tierra, tendrá lugar la eliminación de la maldición antes de que sea plenamente renovada en la formación de la nueva tierra (Ro. 8:18-25). El mundo animal vivirá en armonía (Is. 11:69). El hombre vivirá en sujeción al Rey de la gloria. La iglesia compartirá en la gloria de la redención de Cristo (Ap. 19:7-9) como la esposa de Cristo. Satanás estará ausente durante ese tiempo (Ap. 20:13) y la gloria de Cristo no estará escondida. El pecado será juzgado inmediatamente y el hombre estará bajo la última y más grande prueba en el programa de Dios para la historia.[69]

La gloria del milenio está, por lo tanto, en función directa con la presencia personal de Cristo. Es la presencia de su persona teantrópica lo que da hermosura, santidad y gloria a esa edad dorada llamada milenio. La gloria de su persona, tanto en lo humano como en lo divino, proporcionará la belleza en el milenio que solo será superada por la del reino eterno. Sobre la base de esa verdad, el salmista exclama:

> Bendito Jehová Dios, el Dios de Israel, el único que hace maravillas. Bendito su nombre glorioso para siempre y toda la tierra sea llena de su gloria. Amén y Amén (Sal. 72:18-19).

El nombre glorioso de Jehová tiene que ver con su gloriosa persona. Recuérdese, como dice Juan 1:18, que a Dios nadie lo vio jamás sino que el Unigénito que está en el seno del Padre, le ha manifestado plenamente. Cristo es la revelación visible de Dios.

69. Ramesh P. Richard, "The Premillennial Interpretation of History", *Bibliotheca Sacra* (julio-septiembre, 1981), p. 807.

Es decir, Dios se hace visible en la persona de Cristo. La presencia personal y visible de Cristo en la tierra durante el milenio hará que los hombres vean la gloria divina manifestada a través de los atributos tanto de su humanidad como de su deidad. La presencia personal y física de Cristo en el milenio será la más grande, estupenda y maravillosa manifestación de Jehová que este universo jamás haya visto. Esa gloria visible y personal de Cristo estará acompañada de su correspondiente refulgencia en el ámbito del universo físico. El desierto florecerá como la rosa (Is. 35), los animales del campo convivirán sin destruirse el uno al otro (Is. 11), los montes y los valles "verán la gloria de Jehová y la hermosura de nuestro Dios" cuando contemplen el rostro del Mesías (Is. 35:2). La tierra física será llena de su gloria y la gloria espiritual del Mesías llenará toda la tierra.

En este momento es necesario hacer la siguiente observación: aunque no es del agrado de los amilenaristas escucharlo, se hace necesario repetir que el meollo de la cuestión yace en los principios hermenéuticos utilizados en el estudio de este importantísimo asunto.

Hay que decir con toda franqueza y humildad que los teólogos amilenaristas no aplican una hermenéutica natural o normal a la hora de interpretar las profecías del Antiguo Testamento. Prefieren utilizar en el área de la profecía escatológica los mismos principios utilizados por San Agustín. Interpretan los pasajes escatológicos usando el método alegórico y figurado.

Se sugiere aquí que solo una interpretación normal, natural, gramático-histórica, es decir, literal, puede proporcionar el significado del texto pretendido por el autor original.

> El *sentido literal* de cualquier pasaje de las Escrituras es ese que las palabras significan o requieren, en su aceptación natural y propia sin ningún adorno retórico, metáfora o figura y extraída de algún significado místico... *Literal* no es lo opuesto de *espiritual* sino de *figurado*... el *literalista* no niega que en la profecía se usen *figuras de dicción* y símbolos,

> ni tampoco niega que grandes verdades espirituales se plantean en la profecía; su postura es simplemente que las profecías deben ser normalmente interpretadas, es decir, según las leyes reconocidas del lenguaje.[70]

Si se admite que el significado literal de una palabra es ese sentido básico, cotidiano y socialmente reconocido de cualquier vocablo, es sumamente importante que el intérprete de la Biblia se aferre a la interpretación que sigue ese principio. Cualquier otra escuela de interpretación que se utilice alejaría al intérprete de lo que debe ser su propósito central, a saber, descubrir y asirse del mensaje que Dios ha dado al hombre a través de su Palabra. El intérprete fiel y bien entrenado procura desentrañar, exponer y justificar mediante una hermenéutica histórico-gramatical el propósito pretendido por el autor original. Una fiel interpretación es aquella que expone con claridad la intencionalidad del autor original.

Quien siga el principio normal, natural, histórico-gramatical, literal, de interpretación llegará a la conclusión de que así como Cristo nació en Belén, vivió y enseñó durante su ministerio terrenal de algo más de tres años, sufrió la ignominia de la cruz, resucitó de los muertos, ascendió a la diestra del Padre, todo eso en cumplimiento normal de las profecías de ese mismo modo es de esperarse que su promesa de regresar con "gran poder y gloria" (Mr. 13:26) y en su venida en gloria, sentarse en "su trono de gloria" (Mt. 25:31) como "Rey" (Mt. 25:34) se cumpla con el mismo grado de literalidad con el que se cumplieron las profecías relacionadas con su primera venida. El intérprete tiene que escoger el camino a seguir. Hay un solo camino que hace justicia al significado del texto de las Escrituras.

70. Bernard Ramm, *Protestant Biblical Interpretation* (citando a T. Horne y a Craven) (Boston: W. A. Wilde Company, 1956), pp. 9192.

Capítulo III

Cronología de la gloria

El aspecto temporal de la gloria de Cristo en el milenio es tan crucial para el progreso del argumento como lo es el aspecto cualitativo. El centro de la controversia con respecto al milenio es si el mismo ha de cumplirse literalmente en la era venidera como mantiene el premilenarismo o si se está cumpliendo ahora espiritualmente, ya sea en la iglesia o en el estado intermedio, como sostienen esas formas positivas del amilenarismo que no niega totalmente el concepto milenario. Está claro que dos posturas tan mutuamente excluyentes e incompatibles no se pueden corroborar mediante una base bíblica. El fundamento de la evaluación propuesta por estos respectivos sistemas, por lo tanto, es la eficacia de sus cronologías para explicar satisfactoriamente el tema central de la gloria de Cristo en el milenio tal como se enseña en las mismas Escrituras.

La cronología premilenarista examinada bíblicamente

Para comenzar, la orientación básica en la secuencia general de la cronología de la gloria es delineada con claro resplandor por varios versículos clave en el Nuevo Testamento, lo que proporciona una perspectiva nunca suplida por el punto de vista horizontal del Antiguo Testamento.

Programa de la gloria en líneas generales

El primer texto clave, que relata la experiencia de Emaús en Lucas 24:25-27, demuestra que la cronología de la gloria no pende de una tenue deducción de algún pasaje oscuro. Aquí la sucesión de tiempo es bosquejada con claridad indiscutible por el mismo Cristo resucitado quien, en orden de importancia, sitúa su gloria al mismo nivel que sus sufrimientos y su muerte.

> "Entonces les dijo: ¡Oh insensatos, y tardos de corazón para creer todo lo que los profetas han dicho! ¿No era necesario que el Cristo padeciera estas cosas, y que entrara en su gloria? Y comenzando desde Moisés, y siguiendo por todos los profetas, les declaraba en todas las Escrituras lo que de él decían".

Los siguientes puntos deben notarse: (1) Los detalles tanto del sufrimiento como de la gloria de Jesús como el Cristo o Mesías se encuentran en el Antiguo Testamento. (2) La naturaleza de las profecías se expone con un énfasis en el cumplimiento literal de las profecías respecto del sufrimiento. (3) El único elemento nuevo añadido es el de la cronología que el Antiguo Testamento no deja claro: la gloria de Cristo seguiría a sus sufrimientos y muerte. (4) Se afirma la seguridad del hecho de que Cristo debe entrar en su gloria.

Otro pasaje con enseñanza similar es 1 Pedro 1:10-11:

> "Los profetas que profetizaron de la gracia destinada a vosotros, inquirieron y diligentemente indagaron acerca de esta salvación, escudriñando qué persona y qué tiempo indicaba el Espíritu de Cristo que estaba en ellos, el cual anunciaba de antemano los sufrimientos de Cristo, y las glorias que vendrían tras ellos".

Como en el caso anterior, hay un número de datos pertinentes que deben notarse: (1) Los sufrimientos y las glorias de Cristo están relacionados con períodos de tiempo concretos o épocas, tivna e[ipoi`on kairovvn, "que tiempo o carácter de tiempo". (2) Otra vez las glorias siguen al período de sufrimientos. (3) Aunque un segmento sustancial del Nuevo Testamento ya había sido escrito para entonces (65 d.C.) como lo demuestra la familiarización de Pedro con las epístolas paulinas y con la carta de Santiago,[1] el contenido de la frase "las glorias que vendrían" más probablemente fue extraído de los escritos de los profetas del Antiguo Testamento, que de las epístolas del Nuevo Testamento.

Los videntes del Antiguo Testamento vislumbraron con claridad el cuadro de los sufrimientos y de las glorias del Mesías. "Es muy probable también que entendieron la secuencia de los acontecimientos: los sufrimientos vendrían primero, y las glorias les 'seguirían'. Pero la *extensión* del tiempo entre los dos sucesos era un problema insoluble para los profetas, aunque investigaron sus propios escritos para descubrir, si fuese posible, 'qué tiempo o qué característica de tiempo' indicaba el Espíritu de Cristo que estaba en ellos (1 P. 1:9-11)".[2]

Resumiendo, puede decirse que el Nuevo Testamento predice que Cristo entraría en la gloria después de sus sufrimientos y que esa gloria sería de la misma naturaleza como la que se profetiza en el Antiguo Testamento. El texto de 1 Pedro 1:11 habla de "los sufrimientos" (τά πάθηιματα) y de "las glorias" (τέ διχά). Ambas expresiones están en plural. "Los sufrimientos" vendrían primero y después de estos (μετά ταυτâ i.e. "estas cosas") tendrían lugar "las glorias" que seguramente incluyen su gloriosa resurrección, su majestuosa exaltación a la diestra del Padre y su regreso triunfal como Rey mesiánico. Los profetas del Antiguo Testamento no recibieron información respecto del tiempo que transcurriría entre

1. Henry Clarence Thiessen, *Introduction to the New Testament* (Grand Rapids: Eerdmans Publishing Company, 1960), pp. 284-285.
2. Alva J. McClain, *The Greatness of the Kingdom* (Grand Rapids: Zondervan Publishing House, 1959), p. 168.

"los sufrimientos" y "las glorias", pero si supieron que ambos hechos ocurrirían con absoluta certeza.

El problema premilenarista

El problema que se plantea es localizar un período en la historia en el que se manifestará la gloria de Cristo tal como fue profetizada en el Antiguo Testamento. La cuestión no es si Cristo ha entrado en la gloria como tal. Tanto amilenaristas como premilenaristas están de acuerdo en que eso ocurrió en su ascensión, cuando Cristo en su humanidad glorificada partió al cielo, reanudó su estado de gloria preencarnada, fue honrado en la gloria en su nuevo oficio como Salvador y Mediador, y fue exaltado en su persona teantrópica al dominio universal y al lugar de honor a la diestra del Padre. Los premilenaristas, sin embargo, se resisten a la idea de que esa gloria es equivalente a la gloria predicha en el Antiguo Testamento, en cambio interpretan la exaltación como la completa certificación y autorización al Cristo de tomar posesión de su gloria futura en el milenio y mientras tanto, esperar en su posición exaltada al lado del Padre hasta que sus enemigos sean hechos el estrado de sus pies.

Para corroborar esta postura, es claramente evidente que, en relación con el mundo, la gloria conferida a Cristo en su exaltación no logra alcanzar las características de la gloria en el milenio bosquejada en el capítulo anterior. Como se ha subrayado, allí consiste en la presencia personal visible de Cristo en la tierra en gran poder para consumar la obra final de la salvación para la iglesia y para Israel de manera tan evidente que asegure una respuesta universal de parte de la criatura y de la creación. En consonancia con esto se encuentra un importante versículo del Antiguo Testamento que describe la inauguración del reino y que específicamente requiere la gloriosa aparición visible del Mesías en la tierra: "Entonces las naciones temerán el nombre de Jehová, y todos los reyes de la tierra tu gloria; por cuanto Jehová habrá edificado a Sion, y en su gloria será visto" (Sal. 102:15, 16). El verbo "será visto" (ha;r; raah) está en la forma nifal que significa "dejarse ver" y por lo tanto, "aparecer". La frase "y en su gloria será visto", implica en realidad "una manifestación de Dios a los sentidos del hombre".[3] La revelación visible de Jehová es el Mesías, el *lógos* de Juan 1:12. De modo que "Jehová visto en su gloria" tiene que ver con la aparición del Mesías vestido con todo su atavío real como Rey de reyes.

Es, por lo tanto, imperativo investigar en qué era la Biblia establece la manifestación visible y gloriosa de la persona del Verbo encarnado en la tierra. Cualquier edad que no permita tal exhibición gloriosa del Mesías, por necesidad, tiene que ser descartada como el tiempo de su reinado milenario. El profeta Isaías afirma: "Tus ojos verán al Rey en su hermosura" (Is. 33:17). Más adelante declara: "Y se manifestará la gloria de Jehová, y toda carne juntamente la verá; porque la boca de Jehová ha hablado" (Is. 40:5). Jehová aparecerá visiblemente en la persona gloriosa del Mesías y "su gloria será revelada en una marcha a través del desierto... la tierra y sus habitantes lo verán".[4] El profeta expresa: "y habrá allí calzada y camino, y será llamado Camino de Santidad..." (Is. 35:8). Esa será la verdadera "entrada triunfal" del Mesías, quien regresará victorioso y glorioso para asumir su autoridad como Rey davídico. Tal suceso jamás ha tenido lugar en la historia. Su cumplimiento aguarda la segunda venida de Cristo.

Manifestaciones de la gloria en la era entre las dos venidas

El primer período es la era entre las dos venidas que se extiende desde la ascensión, que ya se ha considerado, hasta la segunda venida. George Douglas discierne en este período tres acontecimientos que presentan al Señor Jesús en la manifestación de su poder y gloria. La primera fue la visión permitida al mártir Esteban cuando contempló a Jesús de pie a la diestra de Dios en gloria (Hch. 7:54-56). La segunda fue el resplandor del Cristo glorificado que derribó a Saulo en el camino de Damasco (Hch. 9:17). La tercera fue la visión de uno semejante al Hijo del Hombre en medio de los siete candeleros

---

3. James G. Murphy, *Psalms* (Minneapolis: James Family Publishing, 1977), p. 529.
4. Francis Brown, S. R. Driver and Charles A. Briggs, *A Hebrew and English Lexicon of the Old Testament* (Oxford: Clarendon Press, 1962), p. 459.

que el apóstol Juan vio (Ap. 1:12-18).[5] Los tres casos se relacionan con el Cristo resucitado y glorificado, pero en su relación con la iglesia en vez del reino mesiánico. El primero describe a Cristo en su identificación con Esteban, un individuo creyente perteneciente a la iglesia. El segundo caso se relaciona con Cristo identificándose con los santos perseguidos; su cuerpo místico constituye la iglesia. El tercer ejemplo describe a Cristo identificado con los ángeles de las siete iglesias, los agentes debidamente autorizados y responsables de la iglesia. Esa época aporta tres ejemplos aislados de la manifestación de la gloria de Cristo, pero dichos ejemplos escasamente la califican como la época dorada del esplendor en el milenio.

La gloria visible en el milenio es introducida por la segunda venida

El premilenarista rechaza que la era entre los dos advenimientos sea el tiempo de la manifestación visible de la gloria de Cristo y naturalmente mantiene que esa gloria, conjuntamente con el reino milenario, se manifestarán en la era venidera inmediatamente después de la edad de la iglesia. En lo que respecta al mundo, puede decirse que durante la vida terrenal de Cristo su gloria estaba velada, durante la era presente está escondida, pero en la era venidera será revelada. Esa revelación coincidirá con la segunda venida que vendrá acompañada del glorioso reinado milenario.

La manifestación de la gloria en las epístolas del Nuevo Testamento siempre se considera como un suceso futuro anticipado por la iglesia. Hay tres vocablos griegos importantes usados para describir esa manifestación de la gloria:

El primero de ellos, ἀποκάλυψι" (*apokalipsis*), significa *remover una cubierta o un velo,* es decir, "poner al descubierto", "manifestar". En 2 Tesalonicenses. 1:7 se usa para indicar la aparición del Señor Jesús personalmente con sus poderosos ángeles. En 1 Pedro 4:13 se utiliza como una referencia específica a la gloria: "sino gozaos por

5. George Douglas, *The Eternal Glory of Christ* (Grand Rapids: Zondervan Publishing House, 1940), p. 76.

cuanto sois participantes de los padecimientos de Cristo, para que también en la revelación de su gloria os gocéis con gran alegría". Aquí, contrariamente a las expectaciones amilenaristas, las glorias de Cristo en el milenio no son realizadas a través de la iglesia sino de sus sufrimientos. No obstante, los santos sufrientes son consolados mediante la realidad de que su gloria, ahora escondida, será revelada por el "cielo abierto" descrito en Apocalipsis 19:11. En relación con ese libro, John F. Walvoord observa que el vocablo ajpokavluyi" aparece en el título y su contenido trata principalmente con la revelación de la gloria ajpokavluyi" de Cristo en la tierra.[6] Un escritor dice lo siguiente respecto del uso de ajpokavluyi" en el Nuevo Testamento:

> Este advenimiento es el día de la revelación de Cristo cuando aparezca en la plenitud de su poder (1 Co. 1:7; 2 Ts. 1:7). Con este se relaciona "la revelación de los hijos de Dios" y su gloria celestial que los sufrimientos de los tiempos les hizo olvidar (Ro. 8:18ss). Todas las veces que 1 Pedro usa el vocablo (excepto en 1:12) tiene a la vista la revelación final. La revelación de su gloria, en la que los cristianos que ahora pasan por sufrimientos y múltiples tentaciones tendrán una participación... Ese ajpokavluyi" es también el gran tema del Apocalipsis (1:1), que concluye su visión de futuro con la oración "Amén. Ven, Señor Jesús" (22:20).[7]

El segundo vocablo es ejpifavneia (*epifaneia*) que significa "traer a la luz", "manifestación", "aparición". En Tito 2:11 dicho término se usa con referencia a la primera venida y en el versículo trece del mismo capítulo se usa para la segunda venida. El versículo 11 dice:

---

6. John F. Walvoord, "New Testament Words for the Lord's Coming", *Bibliotheca Sacra* (julioseptiembre, 1944), pp. 286287.
7. W. Mundle, "Apokalypto", *The New International Dictionary of New Testament Theology,* Vol. 3, Colin Brown, General Editor (Grand Rapids: Zondervan Publishing House, 1979), pp. 315316.

"porque la gracia de Dios se ha manifestado para salvación a todos los hombres". El escritor Walter Lock, al igual que la mayoría de los comentaristas, interpreta esa aparición como "la vida total de Cristo, su encarnación y su muerte'.[8] En un claro contraste con esto, está el versículo 13: 'aguardando la esperanza bienaventurada y la manifestación gloriosa de nuestro gran Dios y Salvador Jesucristo'. Aquí, después de referirse a la esperanza bienaventurada del regreso de Cristo, el apóstol se adelanta a describir su segunda venida a la tierra en función de la luz que resplandece en medio de las tinieblas 'que cambiará' el 'mundo presente' de Tito 2:12 por las condiciones en el milenio".[9] De modo que la gracia de Dios ya ha aparecido en el mundo pasado, pero la aparición de la gloria del Señor Jesús aún aguarda un día futuro. Hay además, sobrada razón para creer que la segunda venida, tal como sucedió con la primera, será tan concreta y literal en sus manifestaciones. La era entre las dos venidas yace entre esos dos puntos como un tiempo de expectación y esperanza por aquello que aún no ha sucedido.

El tercer vocablo, parousiva (*parousía*), según Abbot-Smith[10], significa "estar presente", "presencia", "una venida", "llegada" o "advenimiento". Dicho vocablo se usaba como una designación técnica para la visita de un rey y en el Nuevo Testamento se refiere al advenimiento parousiva (*parousía*) o de Cristo.[11] Joseph Thayer la define como "la presencia de alguien que viene, de ahí, la venida, la llegada, el advenimiento [de alguien]. En el Nuevo Testamento se usa específicamente del advenimiento, i.e. el regreso futuro, visible de Jesús, el Mesías, del cielo para resucitar los muertos, efectuar el juicio final y establecer formal y gloriosamente el reino de Dios".[12] H. A. A. Kennedy llama la atención a las raíces proféticas y apocalípticas del Antiguo Testamento de este vocablo:

8. Walter Lock, *A Critical and Exegetical Commentary of the Pastoral Epistles* (Nueva York: Charles Scribner's Sons, 1924), p. 143.
9. John F. Walvoord, "New Testament Words", p. 288.
10. G. AbbottSmith, *A Manual Greek Lexicon of the New Testament* (Edinburgo: T. & T. Clark Ltd., 1994), p. 347.
11. *Ibíd.*
12. Joseph Henry Thayer, *A GreekEnglish Lexicon of the New Testament* (Grand Rapids: Zondervan Publishing House, 1970), p. 490.

> Dondequiera que la escatología mesiánica sobrevive una evidencia casual, es quizá, el uso constante del vocablo "llegada" parousiva (*parousía*) para denotar el regreso de Cristo. Se llama la atención aquí, no tanto a la *segunda* venida del Jesús histórico, como al advenimiento en gloria y poder del Mesías, una expectación que es, por supuesto, prometida por la carrera redentora de Jesús. De donde ninguna predicción del fin puede prescindir de la concepción de la parousiva (*parousía*).[13]

Esta es una evidencia adicional, pues, de que la gloria de Cristo en su segundo advenimiento tiene que estar en consonancia considerable con el contenido del Antiguo Testamento. La contribución principal de parousiva (*parousía*), sin embargo, es el hecho de que la presencia revelada de Cristo también es acompañada por una gloria visible. A la luz de esa realidad, el uso de parousiva (*parousía*) por Pedro es particularmente apropiado en su designación de la transfiguración como un anticipo del poder y la venida (parousiva: *parousía*) de nuestro Señor Jesucristo (2 P. 1:16). En ese suceso la presencia corporal visible de Cristo estaba acompañada de elementos de majestad, honor y gloria de las que los apóstoles fueron testigos. En 2 Tesalonicenses 2:8, ejpifavneia (*epifaneia*) y parousiva (*parousía*) aparecen conjuntamente, cuando el hombre de pecado se dice que es destruido por el resplandor de la presencia del Señor en su regreso.

Puede notarse de pasada que Arthur Michael Ramsey, quien posee una ligera inclinación a unir las connotaciones presentes y futuras de gloria, destaca el hecho de que ejpifavneia (*epifaneia*) se usa en 2 Ti. 1:10 para la primera venida y ajpokavluyi" (apokalipsis) en Ro. 16:25 y en Ef. 3:3 para la revelación del secreto divino del evangelio.[14] Eso no afecta materialmente el argumento, sin

13. H. A. A. Kennedy, *The Theology of the Epistles* (Londres: Duckworth Company, 1948) p. 246.
14. Arthur Michael Ramsey, *The Glory of God and The Transfiguration of Christ* (Londres: Longmans, Green, and co., 1949), p. 34.

embargo, porque en ninguno de los casos ni siquiera se cuestiona la manifestación de la gloria.

La teoría de que la aparición visible del Mesías será simultánea con la destrucción de la tierra, un juicio general y la introducción del estado eterno, es del todo extraña a las profecías del Antiguo Testamento tocante al reino mesiánico. Hay un sin número de pasajes del Antiguo Testamento que predicen que Él instaurará su glorioso reino davídico, y el último libro de la Biblia reafirma la verdad de que Cristo reinará en la tierra con sus santos por mil años (Ap. 20:4, 6). Jack S. Decre ha hecho la siguiente importante observación:

> En el contexto de Apocalipsis 20:46, el tiempo del reinado de los santos es expresado en tiempo futuro, comenzando con la segunda venida del Señor. Puesto que no existen razones exegéticas apremiantes en contra de esta postura, el lugar del reinado de los santos puede considerarse ahora. Por lo menos cuatro argumentos favorecen la tierra como el sitio del reinado de los santos: Primero, Cristo es considerado como personalmente presente en la tierra después de su regreso (Ap. 19:11-16) y los santos reinan con Él (20:4). En segundo lugar, al final de los mil años los santos aún están en la tierra porque ahí es donde Satanás viene a atacarlos (20:9). Tercero, Apocalipsis 5, afirma que los santos reinarán en la tierra. Por último, las profecías del Antiguo Testamento anticipan que el reino del Mesías será en la tierra.[15]

Si se ha de hacer provisión para la reanudación de la eternidad, el reino mesiánico forzosamente tiene que limitarse en su duración. Apocalipsis 20 muy concretamente suple esa parte final de información, sin la cual el relato de la Biblia estaría incompleto.

15. Jack S. Deere, "Premillennialism in Revelation 20:46", *Bibliotheca Sacra* (enero-marzo, 1978), p. 69.

La cronología de la gloria en el milenio, por lo tanto, no toma Apocalipsis 20 como su punto de partida, sino que más bien lo toma como el factor culminante que corrobora todo lo que ha precedido. Puede decirse, sin lugar a dudas, que Apocalipsis 20:1-10 no es la base de la postura premilenarista. La base tiene profundas raíces veterotestamentarias. Apocalipsis 20 aporta la duración concreta del reino mesiánico cuya base primaria está en los pactos con Abraham, David y el Nuevo Pacto.[16]

CRÍTICA DE LA CRONOLOGÍA AMILENARISTA DE LA GLORIA

Antes de concluir este capítulo, se dará atención de manera detallada a la postura de la cronología de la gloria aceptada por el sistema de interpretación amilenarista. Esta evaluación confronta sus dificultades por el hecho de que la cuestión no ha sido del todo aclarada ni incluso reconocida en gran medida por los propios amilenaristas.

El esquema amilenarista

Cualquier crítica del amilenarismo se complica debido a las numerosas variaciones y diversidades que prevalecen en el sistema como lo demuestra las citas comparativas cotejadas por Homer Payne. En general, Payne ha sido capaz de reducirlo a cuatro grupos. El amilenarismo agustino tradicional, con muchos adeptos, interpreta la sesión celestial de Cristo como el cumplimiento del milenio espiritualmente en la iglesia.[17] El punto de vista popularizado por Kliefoth y apoyado por expositores de la talla de Hendriksen, Masselink y Warfield, postula que el milenio se cumple en el reino de las almas de los santos que han muerto y están con Cristo en el estado intermedio. El tercer grupo, incluyendo a Kuyper y Milligan, cree que el milenio solo tiene un significado

16. Véase Harold W. Hoehner, "Evidence from Revelation 20", *A Case for Premillennialism; A New Consensus* (Chicago: Moody Press, 1992), pp. 235262.
17. Véase Oswald T. Allis, *Prophecy and the Church* (Filadelfia: The Presbyterian and Reformed Publishing Company, 1977), p. 3. Allis ha sido un seguidor de la postura de Agustín.

representativo. Finalmente, hay quienes como Louis Berkhof, Miller Borrows y S. J. Case despiden el concepto del milenio como un tema básicamente insostenible.[18]

Del resumen anterior se pueden recoger dos principios generales que constituyen el meollo del esquema amilenarista. En primer lugar, todas las formas del amilenarismo positivo de un modo u otro identifican el milenio con la edad presente. Este hecho, aunque admisiblemente más obvio en el desarrollo agustino, también puede discernirse fácilmente en la teoría de Kliefoth del estado intermedio donde, según dice, las almas están reinando ahora en el cielo durante la presente dispensación entre los dos advenimientos, esperando el fin. Incluso los seguidores de la postura simbólica hallan que su importancia se deriva de la era presente. A causa de esa limitación autoimpuesta, el sistema amilenarista se circunscribe a la era de la iglesia y como resultado, el milenio debía de acabarse y sus potencialidades agotarse para el final de dicha era y el comienzo del estado eterno. En segundo lugar, sobre la base de una interpretación figurada, el milenio debe cumplirse espiritualmente ya sea a través de la iglesia en la tierra o de las almas de los santos en el cielo. El ala más radical, insatisfecha con la mera alegorización, toma una actitud decididamente negativa y descarta amplias porciones del milenio o niega rotundamente dicho concepto. A través de esta segunda autolimitación, el sistema amilenarista emprende la tarea de explicar el contenido concreto de la gloria en el milenio sobre la base de una interpretación figurada o una negación dogmática. El profesor Anthony A. Hoekema del Calvin Theological Seminary de Grand Rapids, Michigan, expresa claramente la postura amilenarista, cuando dice:

> El período de mil años durante el cual esas almas viven y reinan [Ap. 20:4] con Cristo es, como hemos visto, la era completa del evangelio, desde la primera venida de Cristo

18. Véase Homer Lemuel Payne, "Contemporary Amillennial Literature", *Bibliotheca Sacra* (enero-marzo, 1950), pp. 103105.

> hasta su segunda venida. En otras palabras, el milenio es ahora, y el reino de Cristo con los creyentes durante ese milenio no es algo terrenal sino celestial.[19]

Sin cuestionar la sinceridad del profesor Hoekema, hay que señalar que si su postura es correcta, el milenio no tiene nada que ver con la iglesia en la tierra. Es decir, solo los santos que mueren y van al cielo disfrutan del milenio. Esa teoría carece de apoyo bíblico. Como ya se ha señalado, las Escrituras enseñan que Cristo desciende del cielo a la tierra para reinar (Ap. 19:11-16; Mt. 25:31). La tierra será llena de la gloria de su presencia. Además, el profesor Hoekema, por fuerza, tiene que alegorizar el significado del vocablo milenio. En el texto griego es *chília étei*, que significa "mil años". Amilenaristas como Hoekema se ven obligados a alegorizar el significado del término milenio y dicen que es un período largo de tiempo, es decir, le otorgan un valor simbólico. Por demás está decir que esa es una hermenéutica subjetiva que se aleja del significado del texto. Las Escrituras describen con lujo de detalles los cambios estupendos que se efectuarán en la tierra como tal cuando el Mesías reine (vea Is. 4:26; 9:67; 11:1-16; 33:12-24; 35:1-10; 65:17-25; Zac. 14:1-21). Si los mil años son simbólicos, entonces todo lo demás también lo es. Esa sería una hermenéutica tan lamentable como ridícula.

El dilema amilenarista

A pesar de la innata flexibilidad de la espiritualización como método de interpretación, el problema de acomodar los complejos detalles de una economía a una era para la que nunca fue diseñada, coloca una carga insoportable sobre el sistema amilenarista. Eso es especialmente evidente en lo que atañe al problema de hacer justicia a la gloria del milenio. Incluso, después de un intrincado proceso de espiritualización, amplios segmentos de la profecía expresados

---

19. Anthony A. Hoekema, *The Bible and the Future* (Grand Rapids: Eerdmans Publishing Company, 1989), p. 233.

en términos de gloria concreta no consiguen ser absorbidos por el sistema. El teólogo amilenarista confronta un serio problema al intentar hacer algo con esos segmentos no asimilados de pasajes proféticos.

Una solución del problema comúnmente aceptada en la práctica es sacrificar la estructura orgánica de la gloria en el milenio, en beneficio del amilenarismo, por el simple dispositivo de divorciar los elementos de la gloria del milenio en sí. En su forma más suave este dispositivo asume la oportuna demora y aplazamiento de elementos concretos de la gloria para la fase final de la era presente. Ese es un reconocimiento tácito de lo inadecuado de la interpretación amilenarista hasta la fecha, como también un abandono del principio de espiritualización. En su forma más rigurosa, este dispositivo exige un desmembramiento al por mayor del milenio para que todas las manifestaciones concretas de la gloria sean transpuestas a la constitución de los nuevos cielos y la nueva tierra. Para establecer la validez de la generalización anterior, se expondrán a continuación ejemplos típicos y un análisis más detallado.

La conveniencia de la demora y el aplazamiento

Miller Borrows, reconocido representante de la escuela liberal, es enfáticamente dogmático en su insistencia inequívoca de que toda idea de literalismo es absolutamente incompatible con el concepto de milenio. Por supuesto que Borrows no hace ningún esfuerzo por reconciliar su postura con la Biblia. Considera que el cuadro escatológico total de las Escrituras está en un estado de confusión. Su opinión es que "...de hecho es difícil hacer que cada libro sea congruente en sí mismo sin tratar de hacer que sea consonante con todos los demás".[20] De las ramas del amilenarismo, por lo tanto, la liberal posee la mayor latitud para ir en pos de su carrera de rechazo y negación, puesto que no se siente atada a la Palabra infalible, ni está bajo obligación alguna de hacer que las Escrituras armonicen

20. Miller Borrows, *An Outline of Biblical Theology* (Filadelfia: Westminster Press, 1946), p. 203.

entre sí o de hacerlas equivalentes a su propia norma irresponsable de incredulidad.

Aunque en teoría el liberalismo es relativamente libre de despojar al concepto del milenio de toda connotación literal, la base de esperanza provista por ese sistema sería demasiado árida para aportar una teología práctica. Por lo tanto, en la práctica el liberalismo retiene hasta cierto punto de implicaciones sociales de la paz mundial, justicia, igualdad y seguridad que son aspectos muy reales y concretos e integrales de la gloria en el milenio. Puesto que hasta ese grado limitado de literalismo está ausente del presente escenario mundial, no existe otro recurso que no sea el de la demora y el aplazamiento.

Una buena ilustración de esta norma de aplazamiento es la que aparece en las extensas conferencias sobre el reinado de Cristo (*The Kingship of Christ*) pronunciadas en 1947 por W. A. Visser't Hooft del Seminario Teológico de Princeton. Él cree que "desde la resurrección y la ascensión vivimos en la dispensación del reino de Cristo".[21] A la luz de la presente situación mundial, sin embargo, este reinado es interpretado como una simple fase transicional que anticipa la gloria futura en el establecimiento del reino que ahora está siendo introducido en medio de una situación mundial hostil. En las propias palabras de Visser't Hooft:

> En esta perspectiva se hace evidente por qué es un asunto de vida o muerte para la iglesia comprender el verdadero significado del reinado de Cristo. El *ya* nos recuerda que Cristo está reinando aquí y ahora. Pero el *todavía no* nos recuerda que ese reinado es un gobierno sacerdotal y profético. Conocemos al Rey solo por fe; no vemos su gloria y no actuamos como si ya estuviésemos trasplantados en el reino glorioso.[22]

21. W. A. Visser't Hooft, *The Kingship of Christ* (Nueva York: Harper and Brothers, 1948), p. 78.
22. *Ibíd.*, p. 99

Una cita tomada del erudito hebreo Israel Abrahams pone de manifiesto cuan imperativa es esta relegación de la manifestación de la gloria al más o menos futuro remoto para todas las ramas del amilenarismo liberal:

> La expectación de que la gloria divina será espléndidamente manifestada con la venida de la realeza de Dios, no es solo una esperanza natural sino también un fundamento sólido de optimismo. Porque después de todo, la realeza es de este mundo, aun cuando su venida y su reconocimiento inauguran un nuevo mundo. Como señala el doctor Charles, la profecía se diferencia del Apocalipsis en que, mientras que este último clama por justicia y felicidad terrenal, la profecía, mientras proyecta el gran día hacía un más o menos vago futuro, nunca ha divorciado el cielo de la tierra, aunque se considera que ambos necesitan renovación.[23]

Para implementar la esperanza optimista de que la gloria divina será espléndidamente manifestada en un futuro no muy lejano, Abrahams aconseja un programa de pragmatismo ético diferente de lo apocalíptico sobrenatural del amilenarismo conservador.

La transposición y la transferencia de la gloria al estado eterno

Oswald T. Allis, el más destacado vocero de su sistema durante la segunda mitad del siglo XX, define el amilenarismo así:

Esta es la enseñanza de que la única venida visible de Cristo a esta tierra que la iglesia debe esperar será para juicio y será seguida por el estado final. Esta es antichiliasta o amileniarista, porque rechaza la idea de que habrá dos resurrecciones con un intervalo de mil años (el reino milenario de Cristo con sus santos en la tierra) entre ellas [las resurrecciones].

---

23. Israel Abrahams, *The Glory of God* (Humphrey Malford: Oxford University Press, 1925), p. 42.

Algunos amilenaristas no se sienten muy cómodos con esa designación, pero no encuentran una solución feliz al problema. Anthony A. Hoekema, destacado vocero contemporáneo de esa postura teológica, ha escrito:

> El vocablo amilenarismo no es muy apropiado. Sugiere que los amilenarista o no creen en ningún tipo de milenio o que simplemente ignoran los primeros seis versículos de Apocalipsis 20, que hablan de un reino milenario. Ninguna de esas dos afirmaciones es correcta. Aunque es verdad que los amilenaristas no creen en un reinado literal de mil años en la tierra que seguirá al regreso de Cristo, el término amilenarismo no constituye una descripción certera de su posición.[24]

El profesor Hoekema implícitamente admite que tanto él como los demás amilenaristas no interpretan el pasaje de Apocalipsis 20:16 en su sentido normal, natural o literal. Dicho pasaje enseña que habrá un reinado terrenal después de la segunda venida de Cristo a la tierra. Solo utilizando una hermenéutica figurada producto de la alegorización del pasaje se puede negar el reinado terrenal del Mesías. Se ha apuntado con anterioridad que la enseñanza del reino milenario no tiene su base en Apocalipsis 20, sino que es una enseñanza con profundas raíces proféticas veterotestamentarias. Apocalipsis 20 es más bien la culminación de dicha doctrina. Cuando Anthony A. Hoekema declara que:

> Los amilenaristas, además, sostienen que el reino de Dios está ahora presente en el mundo ya que el Cristo victorioso gobierna su pueblo por su Palabra y por el Espíritu, aunque también anticipan un reino futuro, glorioso y perfecto en la nueva tierra en la vida venidera.[25]

---

24. Anthony A. Hoekema, *The Bible and the Future,* p. 173.
25. *Ibíd.,* p. 174.

Lo que Hoekema expresa confunde totalmente la cuestión: no se trata de si los redimidos participarán de un reino eterno. Los premilenaristas enseñan esa verdad sin ambigüedades de clase alguna. La cuestión es si las Escrituras, tanto del Antiguo como de Nuevo Testamento, enseñan que el Mesías regresará a la tierra y reinará desde el trono de David en cumplimiento estricto de los pactos y las promesas hechas por Dios a Abraham, David y en el Nuevo Pacto. Decir que el milenio o el reino mesiánico se está cumpliendo ahora en el cielo es un enorme yerro hermenéutico. Si el milenio es el estado presente de los santos en el cielo, entonces no tiene nada que ver con los cristianos que están en la tierra. Si, por otro lado, el reino mesiánico equivale a la era presente, el problema se agrava aún más porque en el reino "la voluntad de Dios será hecha en la tierra como en el cielo" (Mt. 6:10). Habrá paz, justicia y toda la tierra será llena del conocimiento de la gloria de Jehová. Cristo regirá las naciones con vara de hierro y el reino del mundo habrá pasado a ser del Señor y de su Mesías (Ap. 11:15-19). Lo cierto es que no existe ningún indicio ni señal que apoye la idea de que el reino mesiánico se está cumpliendo en la presente edad. Hoekema dice que "el Cristo victorioso está gobernando a su pueblo por su Palabra y su Espíritu". Uno se pregunta si eso es verdad cuando contempla tantas divisiones, polémicas, carnalidad y rebeldía espiritual entre los creyentes en cada generación. El profesor Hoekema, mediante la alegorización, relega a la nada de un plumazo toda la literatura bíblica y profética que enseña con claridad diáfana que habrá un reino terrenal e histórico cuando Cristo regrese a la tierra.

Si se acepta la definición amilenarista del milenio todas las manifestaciones visibles de la gloria para el presente, o como lo denominan los amilenaristas: la era milenaria, son descartadas. Al mismo tiempo, puesto que se excluye la posibilidad de cualquier otra era, toda la gloria visible queda limitada a la segunda venida, la que según la postura amilenarista lleva a su terminación el milenio espiritual que ahora está en progreso e introduce el estado eterno. Eso no le permite al amilenarista ninguna cantidad importante de gloria con la que trabajar. Como escribió John Owen, un amilenarista profundamente devoto, hace más de tres siglos: "la visión que tenemos de la gloria de Cristo por fe en este mundo es opaca, oscura, imperceptible, reflexiva".[26]

La difícil situación del amilenarismo ortodoxo es mucho más aguda que la de sus colegas liberales o moderadamente liberales. Por un lado se ve confrontado con una era supuestamente indicativa del reino milenario de Cristo, completamente despojado de todo vestigio de gloria visible. Por otro lado se ve obligado a dar explicaciones respecto de una sorprendente cantidad de pasajes bíblicos que profetizan una era dorada futura, que no ha sido asimilada en su sistema. En consecuencia, el conservador promedio que sigue la teoría agustina está obligado a relegar virtualmente todos los aspectos de la gloria al estado eterno. El destacado teólogo conservador y comentarista Charles Hodge ha hecho la siguiente observación:

> Existe una diversidad de opinión respecto del tiempo cuando este reino será inaugurado. Los chiliastas generalmente han mantenido que Cristo ha de venir mil años (o un período extenso) antes de la resurrección general y del juicio final, y reinar visiblemente en la tierra, y que ese es el reino al que especialmente se refieren las profecías y las promesas de las Escrituras...La doctrina común de la iglesia sobre este asunto es que la resurrección general, el juicio final y la inauguración del reino de gloria de Cristo son sucesos simultáneos.[27]

No es necesario ir muy lejos para encontrar ilustraciones de quienes defienden el reino de gloria en el estado eterno como una opción al reino chiliástico intermedio.

---

26. John Owen, *The Glory of Christ* (Chicago: Moody Press, 1949), p. 168.
27. Charles Hodge, *Systematic Theology* (Nueva York: Scribner, Armstrong, and Co., 1871), Vol. II, p. 609.

Por ejemplo, Oswald T. Allis no argumenta a favor de la simplicidad de la exégesis profética sino más bien por la supervivencia de su asediado sistema de espiritualización cuando plausiblemente sugiere:

> Repetimos, el problema se haría mucho más simple para el intérprete de la profecía si se admitiese que la edad de oro predicha por los profetas no debe de identificarse con el milenio de Apocalipsis 20:16 sino con el cuadro glorioso del estado eterno en los capítulos siguientes. Pero aun así quedarían algunas dificultades que los literalistas tendrían problemas para resolver.[28]

Nada podría ser más contundente que la abierta admisión de William Childs Robinson, quien en su libro *Christ: The Hope of Glory* incluye un capítulo completo titulado "El Rey en su trono invisible" que es situado en la era entre los advenimientos, pero que cuando trata con el aspecto de la gloria, escribe:

> Cristo y su reino de gloria vendrán de manera súbita, visible y catastrófica. Ese cambio será más exhaustivo y completo de lo que imaginan los chiliastas, y más visible de lo que declara Apocalipsis 19:11-16. Esta interpretación de las Escrituras no roba al creyente de la esperanza milenaria en la comprensión popular de la palabra como una era de justicia, amor y paz en la tierra, pero la sitúa en su lugar correcto y lo hace mucho más maravilloso y glorioso que un reinado de mil años que termina en un nuevo brote del poder de Satanás. En la Santa Ciudad Satanás nunca mostrará su rostro.[29]

---

28. Oswald T. Allis, *Prophecy and the Church*, p. 241.
29. William Childs Robinson, *Christ: The Hope of Glory* (Grand Rapids: Eerdmans Publishing Co., 1945), p. 322.

Uno es tentado a desviarse del tema y preguntar por cuál principio hermenéutico la venida de Cristo será "más visible de lo que declara Apocalipsis 19:11-16", pero lo verdaderamente importante de la postura de Robinson es que acepta un reino presente invisible mientras contempla todas las fases de gloria concreta como totalmente futura.

Henri de Vries incluye una extensa consideración del reino mediado de Cristo sobre Sión (la iglesia cristiana) en su libro *The Lord's Anointed* [El Ungido del Señor]. Al mismo tiempo declara que todas las glorias en el milenio se deben asociar con el estado eterno cuando "la gloria será visible, i.e. material; la deslumbrante reflexión, la eclipsante magnificencia de la invisible belleza interior".[30] En otro lugar declara: "y ese será el reino de gloria aproximadamente en el milenio en absoluta perfección en el nuevo cielo y la nueva tierra".[31]

Esta transferencia de la gloria al estado eterno es seriamente cuestionable. Al hacer esto, el reino es aislado del proceso histórico del cual es parte natural. Esa interpretación viola el concepto total del reino mesiánico. El profesor Miller Borrows da testimonio de ese hecho en su resumen de la enseñanza del Antiguo Testamento sobre el tema:

> La esperanza profética de un rey mesiánico (1.31) estaba circunscrita a la esfera de la historia humana. Elementos sobrenaturales estaban siempre más o menos implicados, sin embargo, y en tiempos postexílicos posteriores, mientras se desvanecía la esperanza de la liberación y la independencia política, la creencia en una transformación sobrenatural del mundo y una nueva era divina, incluyendo la resurrección de los muertos (1.69) se popularizó.[32]

30. Henri de Vries, *The Lord's Anointed* (Londres: Marshall Brothers, ltd., s.f.), p. 354.
31. *Ibíd.*, p. 355.
32. Miller Borrows, *An Outline of Biblical Theology*, p. 198.

De modo que no existe razón de fuerza para desconectar la esperanzadelahistoriahumanaycortarloselementossobrenaturales, i.e. la gloria implicada, del reino. No solo estaba la profecía del Antiguo Testamento respecto del reino mesiánico centrada en la historia humana, sino que la eternidad estaba completamente fuera de su alcance. Más allá de algunas insinuaciones de destellos ocasionales, el estado eterno, propiamente hablando, no está contenido en las figuras de dicción utilizadas en la profecía del Antiguo Testamento. Como ha escrito el comentarista Walter Scott: "El estado eterno no es tema ni de la promesa ni de profecía; no aparece revelado en ningún sitio del Antiguo Testamento, sino que es el fruto de lo que Dios es en sí mismo, 'Dios es luz' y 'Dios es amor' ".[33] De modo que en la eternidad el énfasis no está en el Mesías y su reino, sino en Dios. Del mismo modo se ha expresado el escritor Henry Barclay Swete, de tendencia claramente amilenarista: "El reinado del Cristo glorificado es preparatorio para el reino eterno de Dios", y cuando ese gran fin se haya alcanzado, "Dios será de nuevo todo en todos; Dios, no solo el Padre, sino en la plenitud del Nombre divino: Padre, Hijo y Espíritu Santo".[34] Propiamente hablando, por lo tanto, la eternidad se caracteriza no por la gloria del reino milenario de Cristo, sino por el reinado eterno de Dios. Eso, por supuesto, no descarta el hecho de que Cristo continuará gobernando de manera gloriosa.

Añádase que las condiciones en el milenio no presuponen la aniquilación del proceso histórico sino la consumación del mismo. Hace muchos años que W. G. Turner, escribiendo en *Age after Age* [Era tras era] expresa la misma idea: "Esta es la reunión de toda la historia de la humanidad en 'la mano del único Potentado'; cada una de las edades contribuye típicamente a las 'muchas diademas' que adornan su cabeza".[35] Hace medio siglo que el destacado

33. Walter Scott, *Prophetic Scenes and Coming Glories* (Londres: Morgan and Scott, Ltd., 1919), p. 83.
34. Henry Barclay Swete, *The Ascended Christ* (Londres: McMilland and Company, 1910), p. 168.
35. W. G. Turner, *Age after Age* (Londres: C. A. Hammond, s.f.), p. 63.

teólogo y escritor alemán, Erich Sauer, expresó lo siguiente tocante al milenio:

> Con todo eso debe observarse que en numerosos lugares la profecía bíblica contempla en conjunto el reino visible de Dios en la vieja tierra (es decir, el milenio) y las edades del eterno reino de gloria en la nueva tierra y el nuevo cielo (es decir, la condición eterna). Todo estereotipo unilateral del cuadro, por lo tanto, debe evitarse, como debe hacerse con cualquier énfasis exagerado del milenio. El reino visible de gloria en la vieja tierra no es la meta apropiada y principal de la expectación profética. Es la última etapa hacia la perfección, como el vestíbulo está dentro y pertenece al mismo palacio, pero no tiene la misma categoría que la sala del trono del rey, de la misma manera el milenio pertenece al reino de gloria, en verdad es en sí mismo el reino de gloria en el sentido correcto del vocablo, pero la principal brillantez de esa gloria y el triunfo total sin reservas yace más allá de los mil años en el reinado de Cristo y Dios (Ap. 22:1; Ef. 5:5), después de la catástrofe final de la vieja tierra, después de la renovación y la transfiguración del mundo (Ap. 21 y 22).[36]

Erich Sauer enfoca con claridad la cronología de la etapa final del plan de Dios. El Señor Jesucristo vendrá a la tierra y establecerá el reino mesiánico dentro del tiempo y de la historia. Ese acontecimiento tendrá lugar en la vieja tierra, es decir, la tierra en la que ahora vivimos. Jesús reinará en esta tierra por mil años. Ese reinado será el preámbulo histórico del reino eterno. La gloria del Mesías será manifestada entre los hombres y la tierra experimentará una etapa gloriosa, superada solo por la gloria del reino eterno en la nueva tierra y el nuevo cielo.

36. Erich Sauer, *The Triumph of the Crucified* (Grand Rapids: Eerdmans Publishing Company, 1960), p. 143.

Una era intermedia de gloria en el milenio antes de una eternidad de perfección infinita parece ser lógicamente demandada por la continuidad creciente del programa mesiánico a lo largo de los siglos. Ese tema ha sido desarrollado ampliamente por Jasper A. Huffman en su libro *The Progressive Unfolding of the Messianic Hope* [El desarrollo progresivo de la esperanza mesiánica] en el que escribe:

> Entre el estado presente de los asuntos del mundo y el estado eterno, entre un mundo dominado por el pecado y un mundo del que todo vestigio o cicatriz del pecado ha sido removido, yace una gran distancia. Un salto de un estado al otro será algo tremendo. Dios puede efectuarlo en lo que respecta a la posibilidad, pero habiendo observado a Dios en su obrar de un programa mesiánico progresivo, no es del todo improbable que algún paso en ese programa se encuentre situado entre el presente y el estado eterno.[37]

Una verdad relacionada con el tema es que la gloria del milenio nunca es considerada como absoluta. No es el estado perfecto final del hombre en la tierra. Por lo tanto, como expresa Alexander Patterson: "Las predicciones que hablan de la presencia de pecado o de muerte se refieren solo al milenio, porque estos están ausentes del estado eterno".[38] Un estudio cuidadoso solo puede resultar en la conclusión de que las condiciones en el milenio de ningún modo son intercambiables con las que predominan en la nueva tierra del estado eterno.

Divorciar el milenio de sus glorias carece tanto de precedente bíblico como de fundamento. No hay ni la más leve noción en el Antiguo Testamento de que las condiciones de un milenio glorioso existirán aparte del reino milenario de Cristo o que el reino

37. Jasper A. Huffman, *The Progressive Unfolding of the Messianic Hope* (Nueva York: George H. Doram Company, 1924), p. 168.
38. Alexander Patterson, *The Greater Life and Work of Christ* (Chicago: Fleming H. Revell Company, 1896), p. 371.

milenario de Cristo producirá cualquier cosa que esté por debajo de las glorias concomitantes. David Baron, conocido escritor hebreocristiano, muestra cómo el comienzo de los tiempos de los gentiles no solo señala la supresión de la supremacía gubernamental de Israel sino también de la gloria Shekinah:

> Pero en segundo lugar, simultáneamente con la supresión del poder gubernamental, el profeta [Ezequiel] vio la partida de la gloria de Jehová de Israel. La conexión es altamente significativa. El verdadero Rey de Israel, como ya se ha explicado, era Jehová, y la remoción de la corona y la mitra, y la partida del cetro de Judá, por lo tanto, realmente significaban el alejamiento de Dios de ellos.[39]

En virtud de la misma verdad no puede tener lugar el regreso del gobierno mesiánico sin la gloria mesiánica cuando "la luna se avergonzará, y el sol se confundirá, cuando Jehová de los ejércitos reine en el monte Sion y en Jerusalén, y delante de sus ancianos sea glorioso" (Is. 24:23).

Resumen y conclusión

A modo de repaso de la cronología amilenarista, puede decirse que teóricamente niega una manifestación visible de la gloria en el milenio, en la era del interadvenimiento, en la cual, sin embargo, sitúan el reino mediado de Cristo. No obstante, en la práctica no pocos amilenaristas liberales y liberales moderados, levemente matizados con la expectativa posmilenarista, tienen en cuenta un mínimo de gloria concreta mediante el simple recurso de trasladarlo para un más o menos vago futuro de la era presente. De ese modo al menos se mantiene una apariencia de relación entre un milenio espiritual algo intangible y sus glorias todavía más intangibles. Menos lógico es el argumento usado por un sector

39. David Baron, *The Ancient Scripture and the Modern Jew,* (Londres: Hodder and Stoughton, 1905), p. 50.

mayor de los amilenaristas conservadores quienes rescatan una gran parte de la gloria en el milenio al trasferirla completamente al estado eterno. Esta última práctica es fatal porque aísla la gloria del reino de su inherente proceso histórico, lo traslada de la esfera de la profecía, destruye la continuidad progresiva de la profecía y viola la constitución orgánica de la gloria en el milenio en sí misma.

La persistente actitud de los amilenaristas de trasladar el milenio al estado eterno o de equipararlo con la era presente, les obliga a abandonar las normas fundamentales de la hermenéutica y sustituirlas por una interpretación figurada y alegórica. Una interpretación normal conduce a la conclusión de que:

> En el reino milenario Cristo ocupará el trono de David (Lc. 1:32; Hch. 2:30). El trono de su antepasado es, entonces, su trono (Ap. 3:21, Mt. 19:28; 25:31), y Él mismo, como el verdadero perfecto David, gobernará sobre Israel y los pueblos de la tierra (Os. 3:5; Ez. 37:24, 25). Su reinado es entonces visible, nacionalmente universal desde la perspectiva tanto de la historia mundial como de la historia de la salvación. Ese es el *reino de gloria*.[40]

El rechazo amilenarista de la enseñanza del reinado terrenal del Mesías por mil años después de su segunda venida es un acto sumamente costoso. Por un lado, requiere el abandono del único método de interpretación que hace justicia a toda la Escritura. Por otro lado, les obliga a pasar por alto una cantidad importante de pasajes que explícitamente destacan la realidad de un reino terrenal. El Mesías reinará sobre la casa de Jacob (Israel), en la ciudad de Jerusalén, las naciones subirán para adorarle, los habitantes de la tierra en la era del reino edificarán sus casas y plantarán viñas (Am. 9:11-15). Todo eso y mucho más describe un ambiente terrenal (vea Is. 11:1-16). La enseñanza amilenarista, por lo tanto, se salta injustificadamente una etapa importantísima de desarrollo del

40. Erich Sauer, *The Triumph of the Crucified*, pp. 5354.

plan de Dios, a saber, el tiempo del glorioso reinado del Mesías en la tierra como Rey davídico. El trono de David tiene que ver con la tierra, no con el cielo. El descendiente por excelencia de David, Jesús el Mesías, ocupará ese trono (Sal. 72 y 89) cuando regrese a la tierra con gran poder y gloria.

CAPÍTULO IV

La gloria humana de Cristo en el milenio

En virtud de la unión hipostática, la segunda persona de la Trinidad vino a la tierra y tomó para sí una naturaleza humana sin sufrir la pérdida de ninguno de sus atributos de deidad. De manera que en su persona divina existe la perfecta unión de dos naturalezas, la divina y la humana, sin mezclarse ni confundirse. El resultado es que nuestro Señor Jesucristo es y siempre será una persona teantrópica. Es evidente, por lo tanto, que la gloria de la persona teantrópica de Cristo puede proceder tanto de su naturaleza divina como de la humana. En este capítulo se intentará investigar esa gloria que pertenece a Cristo primordialmente como el Hijo del Hombre en su humanidad.

Dar consideración a toda la variedad de las glorias de la humanidad de Cristo en el milenio será un tema extremadamente amplio. La discusión, por lo tanto, se limitará al estudio de su dominio, su gobierno, su herencia, su ley, su trono, su reino y su dignidad de ser adorado universalmente. Esos son los temas más pertinentes al período de tiempo en el que Cristo reinará en la tierra. Mientras que la gloria divina de Cristo es particularmente reveladora de su carácter a través de sus atributos divinos, el énfasis del significado de su gloria humana consiste en el honor y gloria adjuntos a su posición y responsabilidades como el Hijo del Hombre.

El rey David, hablando bajo la dirección del Espíritu Santo, dijo:

> El Espíritu de Jehová ha hablado por mí, Y su palabra ha estado en mi lengua, El Dios de Israel me ha dicho, Me habló la Roca de Israel: Habrá un justo que gobierne entre los hombres, Que gobierne en el temor de Dios. Será como la luz de la mañana, Como el resplandor del sol en una mañana sin nubes, Como la lluvia que hace brotar la hierba de la tierra.
>
> (2 S. 23:24).

El rey David habla por inspiración divina y destaca las características del Rey mesiánico que en los postreros tiempos se sentará en el trono que él ocupaba. Será un "rey justo" que gobernará "en el temor de Dios", será como "la luz de la mañana", "como el resplandor del sol" en una mañana clara, y como la lluvia que da fertilidad a la tierra y produce el verdor de la hierba y de las plantas. Ese rey ideal descrito por las palabras de David es el Señor Jesucristo, quien hará brillar la gloria de Jehová de un extremo al otro de la tierra.

Un dominio glorioso

En el Evangelio según Lucas la perfecta humanidad de Cristo es trazada directamente hasta Adán (Lc. 3:38). En 1 Corintios, definitivamente, se le llama el Último Adán (15:45), y como el sucesor de Adán está perfectamente calificado para cumplir el destino originalmente establecido para Él como cabeza de la raza.

Incluso antes de la creación, se hizo el anuncio de que el dominio era específicamente otorgado a Adán:

> Entonces dijo Dios: Hagamos al hombre a nuestra imagen,

> conforme a nuestra semejanza; y señoree en los peces del mar, en las aves de los cielos, en las bestias, en toda la tierra, y en todo animal que se arrastra sobre la tierra (Gn. 1:26).

Después de la creación, el propósito de Dios fue confirmado por un solemne encargo (Gn. 1:28), seguido por la ceremonia de investidura cuando Adán puso nombre a todas las criaturas vivientes que eran traídas delante de él. El vocablo hebreo traducido "señoread", significa "pisotear", "hollar". Es un vocablo más fuerte que "sojuzgar".[1] Un autor señala que "la vida humana fue diseñada con relación a Dios por el plan divino ('hagamos al hombre'), por el patrón divino ('en nuestra imagen') y por el propósito divino ('señoread')... Los humanos han de tener dominio sobre el mundo. Los vocablos usados sugieren la derrota de la oposición y quizá fueron usados en anticipación del conflicto con el mal".[2] Aunque la tarea era relativamente sencilla para el hombre antes de pecar, esa sujeción de la creación se ha convertido en una tarea insuperable para la raza caída y una de las principales características del programa redentor de Cristo.

En el Nuevo Testamento, el dominio limitado de Adán sobre el mundo animal es ampliado a un absoluto dominio universal como galardón por la obediencia de Cristo hasta su muerte como el Hijo del Hombre. La exaltación, sin embargo, de ninguna manera anula el dominio original conferido en Adán, sino que más bien garantiza su ejecución como una fase de la esfera mayor de autoridad de Cristo. Un versículo clave que evidencia el hecho de que Cristo ejecutará el dominio perdido por Adán es Hebreos 2:9: "Pero vemos a aquel que fue hecho un poco menor que los ángeles, a Jesús, coronado de gloria y de honra, a causa del padecimiento de la muerte, para que por la gloria de Dios gustase la muerte por todos". Debe observarse

1. Véase H. C. Leupold, *Exposition of Genesis* (Grand Rapids: Baker Book House, 1974), p. 95.
2. Allen P. Ross, *Creation and Blessing: A Guide to the Study and Exposition of Genesis* (Grand Rapids: Baker Book House, 1988), pp. 112, 113.

que en la parte final de 2:8 dice: "pero todavía no vemos que todas las cosas le sean sujetas".

Los amilenaristas, por lo general, han concluido que la descripción de Cristo coronado y glorificado se refiere a su ejercicio activo de dominio que hubo de recibir en el momento de su ascensión y exaltación.[3] Ese dominio, según Calvino, se enfrenta con una estruendosa oposición, equivalente a una guerra virtual. Pero el hecho de la entronización es garantía suficiente para la inevitable victoria que tendrá lugar.[4] Loraine Boettner, teólogo posmilenarista, identifica ese dominio con el Reino de poder de Cristo, el cual:

> Se relaciona con el universo en general, en virtud de su naturaleza divina y su obra como Creador, puesto que sostiene (es decir, preserva en existencia) todas las cosas visibles e invisibles, gobierna (a través del ámbito de la naturaleza, como también de los asuntos del hombre) y pasa juicio sobre la totalidad de la raza humana.[5]

La postura de Boettner es, por lo tanto, que el dominio de Cristo está primordialmente incluido bajo las categorías de preservación y providencia. El cúmulo de autoridad expuesto por George Douglas es más general pero más amplio:

> El dominio de Cristo es universal. Incluye todas las criaturas sin excepción; no solo la iglesia, visible e invisible, sino todas las cosas, animadas e inanimadas, racional, individual y social, eclesiástica y política.[6]

---

3. Louis Berkhof, *Teología sistemática* (Grand Rapids: T. E. L. L., 1976), pp. 323, 417, 418.
4. Juan Calvino, *Commentaries on the Epistle of Paul to the Hebrews* (Edimburgo: Printed for the Calvin Translation Society, 1853), pp. 5960.
5. Loraine Boettner, *Studies in Theology* (Grand Rapids: Eerdmans Publishing Company, 1947), p. 250.
6. George Douglas, *The Eternal Glory of Christ* (Grand Rapids: Zondervan Publishing House, 1940), p. 57.

En la postura de Douglas parece que no hay algo más definido que la total soberanía de Dios.

La interpretación amilenarista está abierta a numerosas y serias objeciones: (1) Correctamente hablando, lo que se cuestiona no es el dominio de Cristo, sino el dominio del Padre compartido por Cristo desde su ascensión y exaltación. (2) Es improbable que el dominio pretendido para Adán incluyese el ejercicio de la soberanía, preservación y providencia de Dios reservados exclusivamente para la deidad. Tampoco el ejercicio de las facultades mencionadas implica que el dominio pretendido por Adán se está cumpliendo ahora. (3) Charles Hodge, un posmilenarista conservador, señala con referencia al dominio perdido que Dios había designado a Adán "gobernador de la tierra" y que Adán "representaba a Dios en la tierra".[7] Esa intención permanece inalterable para Cristo, como lo demuestra Hebreos 2:5, donde el dominio es idéntico con thvvn oijkou'mvevnvhn thn mevllousan, "el mundo venidero" (lit. "la tierra habitada venidera"). Esa esfera terrenal no sostiene ninguna relación con la sesión de Cristo en los lugares celestiales a la diestra del Padre. (4) El dominio de Adán era inmediato, no mediato. Adán debía actuar directamente como el agente de Dios en la sujeción de la tierra, algo que de ningún modo se corresponde con la soberanía de Cristo, controlando e influyendo en los gobiernos existentes en el mundo. George N. H. Peters observa que Cristo mantuvo una relación directa con la humanidad a través de la encarnación en su primera venida y no será hasta la segunda venida que Cristo nuevamente mantendrá una relación teocrática directa con la humanidad mediante la cual puede ejercer su dominio prometido.[8] (5) Si el dominio se hizo efectivo con la exaltación, entonces un cambio correspondiente debió de haberse hecho evidente en la naturaleza y en el reino animal; pero la creación todavía gime, la maldición no ha sido quitada, el reino animal permanece carnívoro

7. Charles Hodge, *Systematic Theology* (Nueva York: Scribner, Armstrong & Co., 1871), Vol. II, p. 102.
8. George N. H. Peters, *The Theocratic Kingdom* (Grand Rapids: Kregel Publications, 1972), Vol. I, p. 546; Vol. III, p. 584.

y el hombre mantiene una batalla incesante de supervivencia contra un ambiente hostil. (6) La imposibilidad de equiparar esta postura con los hechos de la historia primero condujo al rechazo del significado primario del milenio como un "vocablo de tiempo" que significa mil años,[9] y ahora el resultado en el desperdicio de cualquier significado resultante mediante la acomodación de su cumplimiento a los caprichos de la hipótesis evolutiva. En la opinión de Swete, mil años pudo haber sido suficiente para San Juan, pero en lo que a él respecta puede considerar la posibilidad de "innumerables edades" de desarrollo para la raza humana sin ninguna preocupación. Los creyentes en la ascensión "pueden ser testigos del progreso material del mundo sin sospechar que puede suplantar la soberanía espiritual de Cristo".[10] El doctor Theodore H. Robinson, de igual manera, se muestra impávido al afirmar:

> Visto durante un año el progreso es imperceptible, y aún siglos podrían sugerir estancamiento o, posiblemente, retroceso. Pero, en general, cuando períodos más largos son contemplados, se hace evidente que hay una actividad del espíritu del hombre, y podríamos ser ratificados en nuestra confianza de que al fin *todas las cosas* estarán *bajo sus pies.*[11]

(7) En respuesta a la teoría de Calvino, el dominio de Cristo no será un período interminable de guerras prolongadas, sino que sus enemigos serán inmediatamente consumidos tanto al comienzo como en la terminación del milenio (2 Ts. 1:9; 2:8; Ap. 20:9) y una pronta retribución será impuesta al transgresor durante el desarrollo del reino. El dominio de Cristo en el milenio, en realidad, asumirá el carácter del despliegue de una serie de

9. Oswald T. Allis, *Prophecy and the Church*, p. 3.
10. Henry Barclay Swete, *The Ascended Christ* (Londres: MacMillan & Company, 1910), pp. 32, 33.
11. Theodore H. Robinson, *The Epistle to the Hebrews* (Nueva York: Harper and Brothers Publishers, 1933), p. 17.

triunfos, pero cualquier resistencia real de parte de sus enemigos es insostenible. (8) La sustitución que hace Berkhof del reinado de Cristo sobre la iglesia, confunde la cuestión. En el contexto de Hebreos 2, el vocablo *hermanos* asocia la iglesia con Cristo en su posición de honor y gloria. Así como Eva estaba personalmente sujeta a Adán, su cabeza (1 Co. 11:3), así también la iglesia está sujeta a Cristo como su Señor y Cabeza. Así todo, al mismo tiempo en Gn. 1:26, Dios dijo: "Tengan ellos dominio..." (heb. יִרְדּוּ, que procede del verbo *radah* y significa "tener dominio"). Aunque la Reina-Valera usa el singular ("señoree"), la forma hebrea antes expresada está en plural. Eso significa que incluía a Adán y Eva. Ambos debían "señorear", es decir, tener dominio sobre toda la tierra. El texto dice que "el ejercicio del dominio real sobre la tierra como el representante de Dios es el propósito básico por el cual Dios creó al hombre".[12] Justamente así en relación con el resto de la creación, la iglesia compartirá en el dominio de Cristo quien es su Cabeza. Hablar de Cristo como Rey sobre la iglesia es usar el término equivocado: (9) La declaración bíblica: "Pero todavía no vemos que todas las cosas le sean sujetas", no se refiere a un proceso parcialmente completado de sujeción por el que algunas cosas están bajo la autoridad de Cristo y otras no, sino al hecho de que el proceso como tal aún no ha comenzado. "La soberanía original de dominio sobre todas las cosas dada a Adán en la creación (Gn. 1:28) y perdida a causa del pecado es restaurada por el Segundo Adán (Sal. 8:6; He. 2:8)",[13] pero esa soberanía original será hecha visible en toda la tierra cuando el Mesías inaugure su reino de gloria y su voluntad sea hecha en la tierra como en el cielo. Entonces se verá que todas las cosas le son sujetas.

John F. Walvoord, quien fuera el segundo presidente del Seminario Teológico de Dallas, al comentar Efesios 1:22, un pasaje paralelo con el Salmo 8 y con Hebreos 2, sugiere lo siguiente:

12. I. Hart, citado por Bruce K. Waltke, *Genesis: A Commentary* (Grand Rapids: Zondervan, 2001), p. 66.
13. George N. H. Peters, *The Theocratic Kingdom*, Vol. II, p. 142.

> Aunque hay rebelión manifiesta en el mundo hoy, este pasaje revela que Cristo tiene poder y autoridad para terminarla, solamente espera el tiempo apropiado para la consumación de ese propósito de Dios. La expresión *sometió* (ὑπέρταξεν) se usa con el sentido de un aoristo ingresivo posicional, *i.e.* con referencia al hecho de que Cristo ha heredado esa posición. La absoluta sujeción de toda la creación, que a la postre sobreviene, es revelada como algo aún futuro (1 Co. 15:25).[14]

Tanto el pasaje de Hebreos 2:8 como Efesios 1:22 reflejan la enseñanza del Salmo 8 y de Génesis 1:26-28. El propósito divino en la creación del hombre era que, como representante de Dios, ejerciese dominio de gobierno en el nombre del Creador. El primer Adán perdió ese privilegio que le fue otorgado. El plan original de Dios, sin embargo, no es ni cancelado ni cambiado. El Postrer Adán, Jesucristo, vendrá como el perfecto heredero del trono de David y ejercerá total y perfecto dominio en la tierra. Como Mesías, exhibirá su prerrogativa imperial y todas las cosas estarán sometidas bajo sus pies.

Para concluir la discusión del glorioso dominio de Cristo, solo resta ofrecer una sencilla reafirmación de la postura premilenarista que ya ha sido expresada en las proposiciones usadas para refutar la posición amilenarista. En concordancia con Calvino, la entronización de Cristo puede considerarse como una promesa o señal de cierto triunfo; pero por otro lado, la autoridad real, excepto su supremacía como Cabeza de la Iglesia, es mantenida en suspenso hasta la segunda venida, cuando toda potencialidad, es decir, todo poder latente y toda capacidad se convertirá en realidad gloriosa y Cristo disfrutará el dominio universal directamente sobre toda la tierra. Como lo ha expresado el profesor y comentarista Kenneth S. Wuest:

14. John F. Walvoord, *Outline of Christology* (notas de clase inéditas, Dallas Theological Seminary), p. 82.

> La visión de Jesús que el escritor desea llevar a sus lectores es la del Hijo encarnado, glorificado, coronado de gloria y honor, sentado a la diestra de Dios, una posición de gloria y honor que los salvados de la raza humana (la Iglesia) disfrutarán con Él en su futura gloria en el milenio y en dominio terrenal.[15]

UN GOBIERNO GLORIOSO

Otra importante responsabilidad del hombre que aún aguarda su perfecta ejecución en el milenio se encuentra en el contexto del pacto con Noé: "El que derramare sangre del hombre, por el hombre su sangre será derramada; porque a imagen de Dios es hecho el hombre" (Gn. 9:6). "Ese fue el primer mandamiento", dice Lutero, "al referirse al poder temporal. Mediante esas palabras se estableció el gobierno temporal, y la espada fue puesta en sus manos por Dios".[16] Más allá de una estructura general para un autogobierno mutuo, los detalles precisos para la ejecución del plan están aún ausentes. Ciertos factores determinantes, sin embargo, son explícitos. En primer lugar, el gobierno es contemplado en su función más elevada, es decir, el ejercicio judicial de quitar la vida mediante la espada. Además, el hombre es el único agente responsable. H. C. Leupold, citando la sintaxis de Koenig, señala que en la expresión "por el hombre" (*be=adham*), la preposición es una *beth instrumentalis,* especificando que la acción debe ser ejecutada por el hombre.[17] El hombre es designado como agente de Dios para llevar a cabo el castigo e imponer la debida compensación sobre el culpable.[18]

La falta de espacio imposibilita extender el argumento para demostrar que el hombre se ha mostrado ser totalmente incapaz

15. Kenneth S. Wuest, *Hebrews in the Greek New Testament* (Grand Rapids: Eerdmans Publishing Company, 1947), p. 58.
16. Citado por C. F. Keil y F. Delitzsch, *Biblical Commentary on the Old Testament* (Edinburgo: T. & T. Clark, 1891), Vol. I, p. 153.
17. H. C. Leupold, *Exposition of Genesis* (Grand Rapids: Baker Books House, 1974), Vol. I, p. 334.
18. Véase Bruce K. Waltke, *Genesis,* p. 145.

de esgrimir la espada magisterial colocada en sus manos. Noé, quien recibió el derecho de gobernar a otros, carecía de poder para gobernarse a sí mismo. La prueba de la raza tocante al gobierno terminó con la confusión de las lenguas en Babel, el fracaso de los judíos resultó en los cautiverios, el caos y el desafío a ley de los gobiernos gentiles contemporáneos aguarda el juicio seguro de la mano del Señor. Algunos teólogos modernos prefieren no hablar de los juicios futuros y concentrarse en los aspectos felices de los últimos días.[19]

Si el hombre no es capaz de empuñar la espada, hay uno que sí puede y el principado o gobierno estará sobre su hombro (Is. 9:6). En el Salmo 45:3 se alza esta petición: "Ciñe tu espada sobre el muslo, oh valiente, con tu gloria y con tu majestad". Cuando los cielos se abren en respuesta, el Cristo triunfante desciende y "de su boca sale una espada aguda, para herir con ella a las naciones" (Ap. 19:15).

En otro sitio, la espada del Mesías se describe como deslumbrante y "reluciente" (Dt. 32:41), y estará motivada por los cielos: "Porque en los cielos se embriagará mi espada; he aquí que descenderá sobre Edom en juicio, y sobre el pueblo de mi anatema". El escritor J. G. Bellet observa que "las *fuentes* del mal, igual que los agentes, son escudriñados y visitados por la espada", y después exclama: "¿No está una espada como esa solo en su gloria? ¿Podría la de Josué o la de David haber realizado conquistas como esas?"[20] Ford G. Ottman llama la atención a la inflexible justicia que entra en acción:

> Ciertamente esa espada está sola en su gloria como lo está la persona de aquel que la empuña. No hay ningún brote, ni hay el menor indicio de ira incontrolable en la ejecución de esos juicios. Deliberadamente caen, en su debido orden, golpe sobre golpe.[21]

19. Véase Jürgen Moltmann, *The Coming of God* (Minneapolis: Fortress Press, 1996).
20. J. G. Bellet, *The Son of God* (Nueva York: Loizeaux Brothers, s.f.), p. 103.
21. Ford G. Ottman, *Imperialism and Christ* (Nueva York: Our Hope, 1912), p. 288.

Los juicios primitivos son seguidos de la más ordenada rutina del mismo milenio, pero aun así hay la ejecución de la ira sobre los que practiquen el mal. El Mesías "juzgará con justicia a los pobres, y argüirá con equidad por los mansos de la tierra; y herirá la tierra con la vara de su boca, y con el espíritu de sus labios matará al impío" (Is. 11:4). "Juzgará a los afligidos de su pueblo, salvará a los hijos del menesteroso, y aplastará al opresor" (Sal. 72:4). La pena capital será aplicada:

> No habrá más allí niño que muera de pocos días, ni viejo que sus días no cumpla; porque el niño morirá de cien años, y el pecador de cien años será maldito (Is. 65:20).

La disparidad entre el cuadro bíblico de la gloria del gobierno en el milenio y la postura amilenarista respecto de esta es sorprendente. Loraine Boettner, un teólogo posmilenarista, confiesa: "Según la ley y el título, Jesús es digno de recibir obediencia universal. En honor a la verdad, relativamente hablando solo unos pocos le rinden la obediencia que le pertenece por ley y por derecho".[22]

En un esfuerzo para remediar la situación, W. A. Visser't Hooft atribuye el fracaso de la reforma calvinista a su intento de influir el mundo mediante métodos seculares para la que la subsiguiente reacción del gobierno de Cristo sobre el mundo tiene la apariencia de una superstición medieval. Para reactualizar la cristología se necesita una recuperación, Visser't Hooft concuerda con H. Berkhof, pero en esta ocasión un avivamiento del mandamiento teocrático no requerirá forzar las convicciones al estado, sino más bien el uso de la persuasión moral unida con una actitud de tolerancia.[23] Hay que congratularse por el hecho de que el gobierno de Cristo no tiene necesidad de implementarse mediante el uso de tales improvisaciones teológicas, por ingeniosas que estas sean, sino que será establecido en su tiempo en todo poder, gloria, dominio y capacidad sobrenatural.

---

22. Loraine Boettner, *Studies in Theology*, p. 255.
23. W. A. Visser't Hooft, *The Kingship of Christ*, pp. 133134.

El último factor a discutir es la relación del gobierno con la preservación de la imagen de Dios en el hombre. James Orr, un destacado teólogo conservador, ha escrito extensamente tocante a las implicaciones físicas del pecado y la muerte en la desfiguración de la imagen de Dios en el hombre y la necesidad de redención de toda la persona, incluyendo la regeneración espiritual con la resurrección del cuerpo, que ha sido posible a través de la encarnación de Cristo.[24]

El profesor Orr, sin embargo, hace poco caso del hecho de que Dios pretendía que la imagen divina se efectuase por el hombre dentro de su propia esfera terrenal. Tal realización tendrá su cumplimiento en un grado sustancial en el milenio, cuando Cristo esté a la cabeza del gobierno, "la realización perfecta de la imagen divina en el hombre".[25] Los santos de la Iglesia estarán gobernando con Él en gloria, en quienes la imagen divina habrá sido perfectamente restaurada a través de la resurrección y la glorificación. Los verdaderos súbditos del reino habrán experimentado la regeneración espiritual como lo indica Ezequiel 36:2531 y Juan 3:121.[26] Otra condición proporcionada por Orr, la disminución de la muerte y la asombrosa longevidad, será una característica preeminente. Pero más importante aún es el factor gubernamental, ilustrado por un principio enunciado en Proverbios 28:12: "Cuando los justos se alegran, grande es la gloria; mas cuando se levantan los impíos, tienen que esconderse los hombres". El verbo "alegrarse" significa "triunfar", "levantarse", "tomar el poder". La idea del texto es que cuando los justos triunfan, hay gran alegría; pero cuando el malvado ocupa el poder, sus semejantes buscan donde esconderse.[27] Sobre esa base, juicio instantáneo y cierto caerá sobre cualquiera que se atreva a profanar o impedir la imagen divina tal como se refleja en

24. Véase James Orr, *God's Image in Man* (Grand Rapids: Eerdmans Publishing Company, 1948), pp. 248-283.
25. *Ibíd.*, p. 248.
26. John F. Walvoord, *The Doctrine of the Holy Spirit* (Dallas: Dallas Seminary Press, 1943), p. 263.
27. Véase Allen P. Ross, "Proverbs", *The Expositor's Bible Commentary,* Vol. 5 (Grand Rapids: The Zondervan Corporation, 1991), p. 1104.

los habitantes del reino mesiánico a quienes Dios ha prometido: "Mas a vosotros los que teméis mi nombre, nacerá el Sol de justicia, y en sus alas traerá salvación; y saldréis, y saltaréis como becerros de la manada. Hollaréis a los malos, los cuales serán ceniza bajo las plantas de vuestros pies, en el día en que yo actúe, ha dicho Jehová de los ejércitos" (Mal. 4:23). "Entonces los justos resplandecerán como el sol en el reino de su Padre..." (Mt. 13:43). Las implicaciones escatológicas del texto son claras. "La futura bendición escatológica del justo será 'en el reino de su Padre'. El reino del Hijo mencionado en Mt. 13:41 y el reino del Padre se refieren a la misma realidad y son esencialmente intercambiables".[28]

La gloriosa presencia del Mesías en la tierra traerá consigo un gobierno perfecto y "los entendidos (los justos) resplandecerán como el resplandor del firmamento..." (Dn. 12:3). Solo entonces, en la perfecta ejecución de un gobierno justo, se hará realidad el mandado divino: "al que derramare sangre de hombre, por el hombre su sangre será derramada; porque a imagen de Dios es hecho el hombre" (Gn. 9:6).

UNA GLORIOSA HERENCIA

No está desprovisto de importancia que cuando Jehová apareció a Abraham en Ur de los caldeos para llamarlo a la tierra que le mostraría, se le manifestó como "el Dios de la gloria" (Hch. 7:2). A su llegada a la tierra, Dios dijo a Abraham: "Y te daré a ti, y a tu descendencia después de ti, la tierra en la que moras, toda la tierra de Canaán en heredad perpetua..." (Gn. 17:8). El comentarista Herbert Carl Leupold, quien fue profesor de Antiguo Testamento en el Seminario Teológico Luterano de Capital University, cuando traduce el vocablo *OLAM* en Génesis 13:15 y 17:8, rehúsa traducirlo como "eterno", "para siempre" o "por los siglos". El profesor Leupold prefiere la traducción "por un largo tiempo" y "en el futuro recóndito".[29] La razón de por qué ofrece esa traducción es que,

28. Donald A. Hagner, "Mathew 113", *World Biblical Commentary* (Dallas: Word Books Publishers, 1993), p. 394.
29. Herbert C. Leupold, *Exposition of Genesis*, pp. 440, 441, 519.

siguiendo a Lutero y a Calvino, entiende que la promesa de Dios a Abraham es condicional y que requiere fe para su cumplimiento.[30] El mismo escritor reconoce, sin embargo, que dicha expresión "puede realmente significar eternidad".[31]

La interpretación de Leupold carece de fundamento exegético, porque la promesa tiene su origen en la intención soberana del mismo Jehová: "Y te daré a ti..." (Gn. 17:8) y: "Y le dijo: Yo soy Jehová, que te saqué de Ur de los caldeos, para darte a heredar esta tierra" (Gn. 15:7). Además, Abraham no tuvo parte en la ratificación humana del pacto, sino que "sólo Dios pasó entre los animales divididos (los sacrificios), en una representación simbólica de sí mismo, sin incluir a Abraham".[32] En el pacto abrahámico, solo Dios se compromete a garantizar el cumplimiento cierto de las estipulaciones de dicho pacto.[33] El elemento de la fe tiene que ver con el disfrute de las bendiciones derivadas del pacto. El cumplimiento del pacto descansa sobre el compromiso personal de Jehová Dios. La obligación personal de Dios se manifiesta en el hecho de que solo Él camina entre los sacrificios, ya que Abraham ha quedado dormido. "En la formación de tal pacto, quien pasa a través de (los sacrificios) se compromete a sí mismo mediante ese simbolismo, bajo castigo de muerte, a cumplir el juramento o promesa".[34]

Debe decirse, además, que el cumplimiento del pacto no depende ni de la dignidad ni de la indignidad de Abraham ni de la de su simiente, la cual en muchas ocasiones fue desobediente. El cumplimiento depende de la dignidad del último recipiente, es decir, la *Simiente* por excelencia, Jesús el Mesías. "Ahora bien, a Abraham fueron hechas las promesas, y a su simiente. No dice: Y a las simientes, como si hablase de muchos, sino como de uno: Y a tu simiente, la cual es Cristo" (Gá. 3:16). El apóstol Pablo

30. *Ibíd.*, p. 441.
31. *Ibíd.*
32. Keil y Delitzsch, *Biblical Commentary on the Old Testament,* Vol. I, p. 217.
33. Véase Cleon L. Rogers Jr., "The Covenant with Abraham and Its Historical Setting", *Bibliotheca Sacra* (julioseptiembre, 1970), pp. 241256.
34. Allen P. Ross, *Creation and Blessing,* p. 312.

evidentemente cita tanto Génesis 3:15 como 17:8,[35] como también lo indica la expresión "las promesas" (aJi eppangellivai). El uso del plural sugiere que el propósito de Dios de dar la tierra como herencia a *la Simiente*, Cristo, fue repetidamente confirmado y reafirmado en una variedad de formas y ocasiones.[36] Obsérvese el contraste entre "las promesas" y "la simiente". La promesa hecha a Abraham es reiterada repetidas veces (vea Gn. 12:2ss; 13:14-17; 15:1-18; 17:28; 26:15; 28:15; 35:9-15). *La Simiente* es el Mesías, quien es el "heredero de todo" (He. 1:2). Él implementará todos los preceptos del pacto abrahámico.

Las Escrituras no dejan lugar a duda en lo que respecta a la naturaleza gloriosa de la herencia que es nombrada dos veces por su título pleno, "la tierra gloriosa" (Dn. 11:16, 41), lo cual también se implica en Daniel 8:9:

> Hacia la *hatzebi* (el esplendor, la gloria), *i.e.* hacia la tierra gloriosa. *Hatz=bi=Aretz hatzebi,* cap. 11:16, 41. Esta designación de la tierra de Israel está enmarcada en armonía con Jer. 3:19 y Ez. 20:6, 15, donde esta tierra es llamada "la más hermosa de todas las tierras", *i.e.* la tierra más gloriosa que un pueblo pudiese poseer.[37]

Este título como tal es descriptivo del propósito profético inmutable de Jehová hacia la tierra a pesar de las desolaciones sufridas a través de los siglos. Dios prometió dar esa tierra a Abraham y a su simiente en perpetuidad y los dones de Dios son irrevocables (Ro. 11:29).

Ninguna consideración de la gloria futura de la tierra estaría completa sin el reconocimiento de que Israel jamás ha ocupado más que una fracción de la tierra,[38] y que los límites aún tendrán

35. Miller Borrows, *An Outline of Biblical Theology,* p. 52.
36. Véase C. F. Hogg y W. E. Vine, *The Epistle of Paul to the Galatians* (Londres: Pickering & Inglis, s.f.), p. 140.
37. C. F. Keil, *The Book of the Prophet Daniel* (Edinburgo: T. & T. Clark, 1877), p. 295.
38. Véase Rollin T. Chafer, "The Boundaries of Greater Canaan", *Bibliotheca Sacra* (abril-junio, 1938), p. 234.

que armonizar con la magnífica extensión otorgada en Génesis 15:18-21.

Entonces, además de las glorias generales de la tierra producidas por la presencia de Cristo en medio de una creación redimida, habrá las glorias peculiares a la tierra del Mesías, la cual experimentará grandes cambios físicos y topográficos que alterarán drásticamente el contorno mismo del país. Manantiales de "aguas vivas" refrescantes fluirán de Jerusalén que vivificarán el desierto y embellecerán las abatidas regiones del Mar Muerto (Zac. 14:68; Ez. 47; Sal. 46:4). Los manantiales de "aguas vivas" (*mayim hayyim*) "son aguas que están en el acto de vivir, es decir, manifiestan señales de vida porque se mueven con frescura y fuerza como el agua corriente de un arroyo o como el murmullo perenne de un manantial".[39] La ciudad de Jerusalén será gloriosamente enaltecida por encima de todo el territorio circundante. Ese cambio topográfico coincidirá con la venida en gloria del Mesías. Un maravilloso inventario de la "tierra gloriosa" aparece en el Salmo 85:9-13:

> Ciertamente cercana está su salvación a los que le temen, para que habite la gloria en nuestra tierra. La misericordia y la verdad se encontraron. La justicia y la paz se besaron. La verdad brotará de la tierra, y la justicia mirará desde los cielos. Jehová dará también el bien, y nuestra tierra dará su fruto. La justicia irá delante de él, y sus pasos nos pondrá por camino

Ningún estudio de la herencia de Abraham estaría completo sin Romanos 4:13: "Porque no por la ley fue dada a Abraham o a su descendencia la promesa de que sería heredero del mundo, sino por la justicia de la fe". Los elementos importantes de este versículo son los siguientes: (1) Esta promesa como la de la tierra, fue hecha a Abraham y a su simiente, pero en realidad aguarda su cumplimiento final en la Simiente, es decir, el Mesías. (2) Charles Hodge afirma

39. Merrill F. Unger, *Commentary on Zechariah* (Grand Rapids: Zondervan Publishing House, 1963), p. 255.

que el vocablo *heredero* (klhronovmo"), frecuentemente significa *poseedor seguro,* probablemente porque entre los judíos la posesión mediante herencia era mucho más segura y permanente que la que se obtenía mediante una compra.[40] Hermann Cremer concuerda en que el énfasis radica en tener o mantener una posesión.[41] (3) La herencia es el mundo (kovsmo"). Ese vocablo ha conducido a una interminable confusión y discusión entre los comentaristas, quienes universalmente lo han considerado como una referencia a la tierra de Palestina propiamente o a la tierra física. Hodge se acerca a la verdad al mantener que se refiere "a la posesión real del mundo por la simiente espiritual de Abraham y de Cristo, quien es su cabeza".[42] Charles Hodge anticipa "su realización literal cuando los reinos de este mundo sean dados a los santos del Dios Altísimo" (Dn. 7:27), y cuando "los confines de la tierra lleguen a ser la posesión de Cristo".[43] La declaración de Hodge debe calificarse por el significado primario de kovsmo" como orden, regularidad, disposición y arreglo, de modo que las naciones y los reinos que han de ser heredados sean vistos principalmente en razón del vasto orden o sistema de la civilización mundial en los que se encuentran.[44] El conocido escritor de principios del siglo pasado, W. H. Griffith Thomas dice: "Es la promesa de la herencia del mundo; la promesa de que Abraham y su simiente tendrían dominio universal. No salvación, por lo tanto, sino herencia, es la cuestión, y el mismo vocablo "mundo" necesariamente tiene que incluir tanto a gentiles como a judíos. La cuestión ya no es la de la fe personal de Abraham, sino que es Abraham en relación con el mundo. Es una cuestión de universalidad".[45] (4) No son pocos los comentaristas que siguen

40. Charles Hodge, *A Commentary on the Epistle to the Romans* (Grand Rapids: Louis Kregel, 1882), p. 185.
41. Hermann Cremer, *BiblicalTheological Lexicon of the New Testament Greek* (Edinburgo: T. & T. Clark, 1883), pp. 359360.
42. Charles Hodge, *A Commentary on the Epistle to the Romans,* p. 187.
43. *Loc. cit.*
44. Véase Lewis Sperry Chafer, *Systematic Theology,* Vol. II, pp. 76, 78.
45. W. H. Griffith Thomas, *St. Paul's Epistle to the Romans: A Devotional Commentary* (Grand Rapids: Eerdmans Publishing Company, 1966), pp. 136137.

las trazas de la promesa a Génesis 22:18a: "En tu simiente serán benditas todas las naciones de la tierra..."

En la interpretación eficaz de la evidencia, Hodge, con el optimismo característico posmilenarista, esperaba el cumplimiento en "el predominio universal de la verdadera religión", como también lo hace James Denney, quien escribió: "La religión que está conquistando al mundo desciende de él (Abraham), su poder yace en esa fe que él también tenía, y en la proporción en la que se extiende hereda el mundo".[46] Otras ideas erróneas contemporáneas se manifiestan en las comisiones liberales tocante al orden mundial cristiano y los bien intencionados intentos de los evangélicos para formular una civilización cristiana occidental.

No es difícil demostrar mediante un estudio inductivo de todos los pasajes bíblicos relevantes que esas suposiciones son fundamentalmente vanas ilusiones que basan sus premisas en conceptos filosóficos y no bíblicos. El teólogo Lewis Sperry Chafer muestra claramente que la civilización mundial presente (kovsmo") como ahora funciona, aunque refleja unos pocos destellos de ética cristiana, está completamente divorciada de Dios y es totalmente maligna (Gá. 1:4; 2 P. 1:4; 2:20; Stg. 1:27; 4:4; 1 Jn. 5:19; Ro. 12:2). En vez de que la iglesia se posesione del mundo, debe tener presente que "el mundo entero está bajo el maligno" (1 Jn. 5:19), con el resultado de que el kovsmo" existente en toda su magnitud está destinado a completa destrucción (Sal. 2; Dn. 2:7; Mt. 25:31-46; 2 Ts. 1:7-10).[47]

Las Escrituras, sin embargo, son explícitas cuando declaran que no son las naciones en sí las que serán destruidas, sino la armazón o sistema en el que funcionan. En la tentación, Cristo recibió la oferta de los reinos del kovsmo" y la gloria de ellos bajo el continuo dominio de Satanás. Jesús rehusó la oferta, sabiendo perfectamente bien que el reino del mundo es suyo por derecho y propiedad y que con la inauguración de la era milenaria cuando un nuevo orden

46. James Denney, "St. Paul's Epistle to the Romans", *The Expositor's Greek Testament* (Grand Rapids: Eerdmans Publishing Company, s.f.), Vol. III, p. 618.

47. L. S. Chafer, *Systematic Theology,* Vol. II, pp. 8490.

ha de prevalecer, el reino de este kovsmo"" vendrá a ser de nuestro Señor y de su Cristo (Ap. 11:15). Entonces Sión tendrá "...paz como un río, y la gloria de las naciones como torrente que se desborda" (Is. 66:12), y sus habitantes "comerán las riquezas de las naciones, y con su gloria seréis sublimes" (Is. 61:6). Entonces, también, todas las naciones de la tierra serán benditas.

Aunque los comentaristas se han imaginado que esto ya se ha cumplido, considerando que todos los beneficios espirituales genuinos con los que las naciones son y siempre serán benditas proceden de Cristo. Sin embargo, existe una gran diferencia entre el hecho de que algunas naciones disfrutan un grado muy limitado de bendición espiritual y la liberación de todas las naciones de la esclavitud de este presente kovsmo" maligno a la plena bendición y gloria del reino mesiánico. No es de sorprenderse que como muestra de gratitud, la gloria de las naciones fluirá hacia Él: "Los reyes de Tarsis y de las costas traerán presentes; los reyes de Sabá y de Seba ofrecerán dones. Todos los reyes se postrarán delante de él; todas las naciones le servirán" (Sal. 72:10-11).

UNA GLORIOSA JUDICATURA

Una de las profecías mesiánicas más sobresalientes escrita por Moisés es la que describe a un profeta que se levantará semejante a él y actuará en la misma capacidad en una escala mucho más grande. La promesa concreta de Jehová dice:

> Profeta les levantaré de en medio de sus hermanos, como tú; y pondré mis palabras en su boca, y él les hablarla todo lo que yo le mandare. Mas a cualquiera que no oyere mis palabras que él hablare en mi nombre, yo le pediré cuenta (Dt. 18:18-19).

No hay dudas tocante al énfasis claramente mesiánico de esta profecía. En toda la larga línea de sucesión profética después de Moisés, ningún personaje posterior jamás se le acercó ni en oficio ni en posición. La singular reclamación de ser ese profeta como

Moisés pertenece exclusivamente a Cristo. La grandeza de Moisés como profeta, es decir, un hombre a través de quien Dios habló, es absolutamente indiscutible. Él era el punto de referencia de todos los profetas del Antiguo Testamento. Pero "el profeta definitivo como Moisés (18:15, 18) es Jesucristo, Aquel que habló las palabras de Dios y provee liberación para su pueblo. Ni Josué pudo compararse con Moisés, porque desde Moisés ningún profeta se ha levantado en Israel como él (Dt. 34:10) con semejante poder delante de los hombres y tal intimidad con Dios. Por muy distinguido que fuese el papel de un futuro profeta, ninguno sería como Moisés hasta la venida del Mediador del nuevo pacto, Jesús el Mesías".[48]

Cristo vino como un profeta dado por Dios en el verdadero sentido de la palabra. Como el hijo de David y de Abraham (Mt. 1:1), fue reconocido como judío (Jn. 4:9) y tiene todo el derecho de ser contado entre los hermanos de Moisés. Hasta la venida de Cristo, ningún otro profeta jamás se atrevió a asumir la misma relación mediatoria entre Dios y la nación que Moisés había asumido en Horeb. Al igual que Moisés, Él había disfrutado el elevado privilegio de tener comunión con Jehová cara a cara, no en las alturas de Horeb, sino más bien en lo más elevado de los cielos. Como profeta, Cristo no habló nada de sí mismo, sino que se aferró estrictamente al mandamiento del Padre, lo que debía hablar y lo que debía decir (Jn. 12:49). Aun hoy, de parte de la desobediente nación de Israel como un todo, se sigue demandando el terrible castigo de los que rehúsan oír la voz del Profeta. Por sorprendente que estas semejanzas sean, el verdadero cumplimiento yace en el futuro, cuando en todos sus logros Cristo todavía sobrepasará a Moisés, a pesar de haber sido honrado como gran libertador, solo fundador, estadista, legislador, mediador y profeta de la nación.

Sobre todo lo demás, Cristo es el legislador por excelencia. Él mismo profetizó tocante a esa gran emergencia nacional, mucho peor que la esclavitud en Egipto, que hará memoria de Él desde

48. Jack S. Deere, "Deuteronomy", *The Bible Knowledge Commentary* (Wheaton: Victor Books, 1985), pp. 296297.

el cielo para librar a su pueblo en su hora de angustia más negra y establezca su reino sobre los preceptos de eterna justicia y verdad (Mt. 24—25). Esos preceptos no vendrán como una nueva revelación, puesto que ya han sido anunciados simultáneamente con la presentación del reino tal como es bosquejado en el Sermón del Monte; que es la proclamación de la constitución del reino de los cielos hecho visible en la tierra.[49] Más allá del interés escatológico de esa constitución está la evidencia incuestionable que presenta que Cristo es en verdad ese Profeta semejante, pero aún mayor que Moisés en su oficio como legislador. La naturaleza revolucionaria de ese edicto es apenas apreciada por el lector moderno, quien está remotamente familiarizado con el conservatismo fanático tocante a las prerrogativas de Moisés como la autoridad legal final que prevalecía en ese tiempo. William H. Thompson ha escrito:

> A esa vasta multitud de oyentes, entrenada totalmente en el mundo del pensamiento judío; a los escribas presentes en aquella ocasión, quienes consideraban incluso las letras de la ley como inefablemente sagradas; tales expresiones como "no penséis que he venido a abrogar la ley o los profetas" debieran haber sonado sorprendentes. ¿Cuál de los antiguos profetas hubiera imaginado cosa tal de sí mismo? ¿De qué hombre pudo haberse pensado posible que pudiese destruir la ley?...También observad su constante comentario tocante a la ley en sí: "Mas yo os digo..."; y finalmente, su resuelta aceptación por fin de su judicatura: "No todo aquel que me dice, Señor, Señor, entrará en el reino de los cielos".[50]

49. El Sermón del Monte, sin duda, tiene vigencia para el pueblo de Dios hoy. Los principios de justicia, humildad, santidad, paz, sinceridad y solidaridad enseñados por el Señor en dicho Sermón deben formar parte integral de la ética cristiana. Tampoco debe dudarse que los preceptos enunciados por el Mesías en ese maravilloso Sermón tendrán un cumplimiento literal en la era del reino mesiánico.
50. William H. Thompson, *Christ in the Old Testament* (Nueva York: Harper and Brothers, 1888), p. 477.

Hay tres factores importantes que se deben tener presentes respecto del Sermón del Monte. En primer lugar, tiene que ver con enseñanza dirigida a personas que ya son discípulos. En segundo lugar, establece la ética de aquellos que anticipan entrar en el reino. Además, "en el Sermón del Monte, Cristo utiliza legítimamente la Ley para revelar la santidad de Dios y las demandas que esta santidad de Dios hace a aquellos que quieran andar en comunión con Él".[51] El Sermón del Monte supera y expande la ley mosaica. "En este sermón, Jesús contempla la vida total de un discípulo, desde su origen hasta su culminación. Es una vida que comienza con el arrepentimiento y de ahí en adelante se distingue por el buen fruto. Ese es el porqué el Señor enfatiza las obras que deben caracterizar a sus seguidores".[52] El profesor Toussaint añade: "El sermón es *primordialmente* dirigido a los discípulos, exhortándoles a una vida justa ante la realidad del reino venidero".[53]

Es evidente que el Sermón del Monte debe ser predicado y enseñado a los cristianos hoy. Los preceptos y máximas del Sermón contienen verdades sumamente necesarias para la vida de la iglesia en el mundo presente. La otra realidad, sin embargo, es que nadie hoy día está cumpliendo las exigencias del Sermón del Monte ni dentro ni fuera de la iglesia. Las preguntas que necesariamente deben formularse son las siguientes: ¿Fue dado el Sermón del Monte para que se cumpliese? ¿Se ha de cumplir dentro de una hermenéutica normal o natural? ¿Cuándo tendrá su cumplimiento cabal? Una respuesta franca a estas preguntas mostrará la necesidad de la presencia del Mesías, aplicando una judicatura perfecta en un ambiente como el del reino milenario.

A la luz del análisis que se ha presentado en el capítulo anterior tocante a la transfiguración como una descripción en miniatura de la era milenaria de gloria, el siguiente comentario por Matthew

51. J. Dwight Pentecost, *El Sermón del Monte* (Grand Rapids: Editorial Portavoz, 1981), p. 19.
52. Stanley D. Toussaint, *Behold the King: A Study of Matthew* (Grand Rapids: Kregel Publications, 1980), p. 93.
53. *Ibíd.*, p. 94.

Henry respecto de la frase "a él oiréis" (Dt. 18:15), adquiere un interés adicional:

> Dios mismo aplicó esto a nuestro Señor Jesús en *la voz que vino de la excelente gloria* (Mt. 17:5), *a él oíd,* es decir, este es aquel acerca de quien fue dicho por Moisés *a él oiréis;* y Moisés y Elías estaban presentes y asintieron a lo dicho.[54]

Otra referencia importante con relación al tema se encuentra en Hch. 3:19-24, donde Cristo como el profeta semejante a Moisés se menciona en relación con los tiempos de la restauración de todas las cosas de la economía judeomesiánica tal como fue profetizado por todos los profetas del Antiguo Testamento después de Moisés, comenzando con Samuel. La rigidez de la obediencia exigida por Cristo en esa capacidad es retenida incluso en el contexto de la cita en el Nuevo Testamento: "a él oiréis en todas las cosas que hable" (Hch. 3:22), como el comentarista luterano Lenski muestra:

> El tiempo futuro con el sentido imperativo de leyes: "harás", "no harás". El aoristo es constativo y resume todas sus declaraciones en una unidad, mientras que "todas las cosas, cuantas sean" las distribuye en cuanto a su número. El indefinido oJsa avn transmite la idea de que no importa lo que ese Profeta diga, se exige una obediencia sin cuestionamiento.[55]

La amenaza añadida de total destrucción para toda persona desobediente entre el pueblo pactado de Dios sirve para intensificar en vez de mitigar la austeridad legal de mismo mandamiento. A pesar de toda la espiritualización, es difícil ver cómo la estricta legalidad de esta profecía puede ser disipada aún en el Nuevo Testamento. Sin

54. Matthew Henry, *Commentary on the Whole Bible* (Nueva York: Fleming H. Revell Company, s.f.).
55. R. C. H. Lenski, *The Interpretation of the Acts of the Apostles* (Columbus: Wartburg Press, 1944), p. 146.

embargo, Wyergaarden, quien ve con alarma la idea de que Cristo como el Profeta semejante a Moisés ejecute juicio en el milenio, no ve ningún problema en aplicar esta profecía de justicia vengativa de Deuteronomio como el ministerio presente de Cristo para la Iglesia.[56] Aunque se admita con toda justicia que en cierto sentido una aplicación secundaria de una futura condenación espiritual de los incrédulos que ahora rechazan a Cristo es permisible, la referencia primaria todavía sigue siendo la de la era milenaria cuando la ejecución del castigo será llevada a cabo literalmente de manera abierta y pública tal como ha sido predicha.

Una pequeña idea de la gloria legal de Cristo se puede extraer del avance inspirado presentado por Isaías:

> Porque ciertamente allí será Jehová para con nosotros fuerte, lugar de ríos, de arroyos muy anchos, por el cual no andará galera de remos, ni por él pasará gran nave. Porque Jehová es nuestro Juez, Jehová es nuestro Legislador, Jehová es nuestro Rey; él mismo nos salvará (Is. 33:21-22).

El programa judicial del gobierno de Cristo será como una protección eficaz para Sión, ya que las amplias trincheras de defensa contra las poderosas galeras de guerra son para otras ciudades. El escritor Franz Delitzsch explica lo siguiente: "En el conocimiento de esta inaccesible e impenetrable defensa los habitantes de Jerusalén se gloriaban en su Dios, quien velaba como un *shôphêt* (centinela) sobre los derechos y el honor de Israel".[57]

A diferencia de Moisés, sin embargo, el Mesías no administrará justicia solamente a Israel. Jerusalén será el centro mismo de un radio en constante expansión: "Y vendrán muchos pueblos, y dirán: Venid, y subamos al monte de Jehová, a la casa del Dios de Jacob; y os enseñará sus caminos, y caminaremos por sus sendas. Porque

56. Martin J. Wyergaarden, *The Future of the Kingdom in Prophecy and Fulfillment* (Grand Rapids: Zondervan Publishing House, 1934), p. 25.
57. Franz Delitzsch, *Biblical Commentary on the Prophecies of Isaiah* (Grand Rapids: Eerdmans Publishing Company, 1949), Vol. II, p. 65.

de Sion saldrá la ley, y de Jerusalén la palabra de Jehová. Y juzgará entre las naciones, y reprenderá a muchos pueblos..." (Is. 2:34a). En las palabras de un escritor:

> La Jerusalén del profeta será la luz del mundo, la escuela y el templo de la tierra, el asiento del juicio del Señor, cuando Él reine sobre las naciones, y toda la humanidad habitará en paz bajo su autoridad. Este es un destino glorioso, y mientras su luz brilla desde el horizonte lejano, *los postreros días,* en los que el profeta lo ve, se maravilla y grita: ¡Oh casa de Jacob, venid, y caminaremos a la luz de Jehová![58]

No cabe duda que Isaías reconoce que el reino glorioso del Mesías tiene implicaciones sociopolíticas. Los profetas no escriben de "sueños maravillosos", sino de realidades palpables. Aquellos portavoces de Dios "estaban profundamente interesados en los aspectos políticos del reino futuro y hablaron con gran definición acerca de esas cuestiones".[59] Isaías y los demás profetas estaban conscientes de las injusticias existentes en la civilización humana presente. Ellos mismos fueron víctimas de persecuciones, limitaciones e incluso la muerte. Eran conscientes, sin embargo, de que con la venida del Mesías habría justicia universal, aunque no entendían los detalles relacionados con la implantación de esa nueva y ansiada situación.

Una característica destacadísima de la presencia del Mesías en la tierra es que habrá una autoridad central y justicia equitativa entre los súbditos del reino. Habrá un cambio radical en el renglón tanto de la aplicación de la justicia como de quien la aplica. Isaías dice que Jehová "juzgará entre las naciones, y reprenderá a muchos pueblos" (Is. 2:4). Si se toma en serio el mensaje de los profetas, no debe dudarse el cumplimiento normal de dicho mensaje. Dios

58. George Adam Smith, "The Book of Isaiah", *The Expositor's Bible* (Nueva York: Eaton & Mains, s.f.), Vol. I., p. 26.
59. Alva J. McClain, *The Greatness of the Kingdom* (Grand Rapids: Zondervan Publishing House, 1959), p. 228.

afirma a través de sus portavoces que "de Sion saldrá la ley" (Is. 2:3). Esa ley saldrá con perfecta nitidez poniendo de manifiesto la gloria de Aquel que la dispensa, es decir, el Mesías. Obsérvese que el centro del gobierno del Mesías será Sión, es decir, Jerusalén. La misma ciudad donde el Señor fue crucificado. Dicha ciudad será limpia de su iniquidad por el mismo Mesías:

> Vino a mí palabra de Jehová de los ejércitos, diciendo: Así ha dicho Jehová de los ejércitos: Celé a Sion con gran celo, y con gran ira la celé. Así dice Jehová: Yo he restaurado (regresado),[60] y moraré en medio de Jerusalén; y Jerusalén se llamará ciudad de Verdad, y el monte de Jehová de los ejércitos, Monte de Santidad (Zac. 8:13; vea Is. 1:26-27).

El Rey Mesías morará en medio de su pueblo en la ciudad de Jerusalén que habrá sido restaurada. Desde allí impartirá justicia universal: "...reinará como Rey, el cual será dichoso, y hará juicio y justicia en la tierra. En sus días será salvo Judá, e Israel habitará confiado y este será su nombre con el cual le llamarán: Jehová justicia nuestra" (Jer. 23:56).

Sobre la base del Salmo 68:17, Delitzsch considera que la santidad del Sinaí es transferida a Sión y dice: "Lo que fue comenzado en Sinaí para Israel, será completado en Sión para el mundo".[61] Delitzsch, por supuesto, se refiere a la frase "el Señor viene del Sinaí a su santuario" que, al parecer, tiene una proyección mesiánica. El principio usado por Delitzsch es muy significativo si se retiene literalmente como una referencia a la misión futura de Israel a través de su Mesías, porque, a pesar de lo dicho por Delitzsch, la Iglesia es la antítesis y no el equivalente de Sinaí, y su jurisdicción se extiende no a naciones ni a la abolición de sus espadas y lanzas o sus bombas de hidrógeno. Pero de Cristo, como el Siervo de Jehová, está escrito:

60. El texto hebreo usa el verbo *shuv*, que significa "regresar". Véase la *Sagrada Biblia* traducida por Francisco Cantera Burgos y Manuel Iglesias González.

61. Delitzsch, *Biblical Commentary on the Prophecies of Isaiah*, Vol. II, pp. 115116.

> No se cansará ni desmayará, hasta que establezca en la tierra justicia; y las costas esperarán su ley (Is. 42:4).

La Nueva Versión Internacional dice: "No vacilará ni se desanimará hasta implantar la justicia en la tierra. Las costas lejanas esperan su enseñanza". El Mesías vendrá a ocupar el lugar que le pertenece por derecho y por justicia. Será exaltado de manera universal y visible, y toda criatura viviente contemplará la excelsa hermosura de su gloria. Todos "verán al Rey en su hermosura" (Is. 33:17). Si el ministerio de Moisés fue glorioso (2 Co. 3:7), y nadie lo duda, infinitamente más gloriosa será la ministración del gran Profeta como Moisés que llenará la tierra del conocimiento de la gloria de Jehová.

UNA GLORIOSA CASA Y UN GLORIOSO TRONO

El *pacto davídico,* registrado en 2 Samuel 7:12-16, promete a David que su casa, trono y reino serían establecidos para siempre. "Ese acontecimiento clave se construye sobre los pactos anteriores y se proyecta al establecimiento definitivo del reino de Dios en la tierra".[62] Este pacto es importante tanto para Israel en el Antiguo Testamento como lo es esencial para la cristología del Nuevo Testamento.[63] El Salmo 89 deja en claro que los castigos temporales que vendrían sobre la casa de David de ninguna manera revocan la naturaleza eterna del pacto.

La casa de David, la primera gran estipulación del pacto, es interpretada por John F. Walvoord como la posteridad o descendientes físicos de David que nunca serían exterminados ni desplazados completamente como la línea real.[64] En otro sitio, el mismo autor dice: "La 'casa' de David iba a ser su posteridad y a

62. Michael A. Grisanti, "The Davidic Covenant", *The Master's Seminary Journal* (otoño, 1999), p. 233.
63. Véase Cleon L. Rogers Jr., "The Davidic Covenant in the Gospels", *Bibliotheca Sacra* (octubre-diciembre, 1993), pp. 458-478.
64. John F. Walvoord, "The Fulfillment of the Davidic Covenant", *Bibliotheca Sacra* (abril-junio, 1945), p. 154.

través de ella su trono y su reino continuarían para siempre".[65] Los exégetas Keil y Delitzsch sostienen que la posteridad de David solo podría ser eterna si acaba en una persona que vive para siempre, i.e. el Mesías, y por lo tanto, tiene que consistir de toda la posteridad física de David, comenzando por Salomón y terminando con Cristo.[66] Por esa causa la profecía de Isaías tocante a la concepción virginal no va dirigida al infiel Acaz, sino a "la casa de David" (Is. 7:13-14). "La promesa va a 'la casa de David'. La señal será para todas las generaciones de la casa de David. El rey Acaz ya no forma parte de la consideración de Dios. La gran señal que sigue es enormemente superior a una circunstancia local. Es una señal sobrenatural a la casa de David que maravillará a todos los hombres".[67] El Príncipe de Paz, aunque es Dios fuerte, así todo tiene que nacer como un niño antes de que pueda sentarse en el trono de David (Is. 9:67). La culminación histórica de la promesa está marcada por la anunciación hecha a María de que ella debía dar a luz un hijo, Jesús, a quien Dios daría el trono de su padre David (Lc. 1:31-33). La realidad de la humanidad de Cristo como la posteridad prometida es atestiguada al describírsele como la simiente de David y como el fruto de sus entrañas según la carne (Ro. 1:3). Dios mismo juró a David "que de su descendencia, en cuanto a la carne, levantará al Cristo para que se sentase en su trono" (Hch. 2:30). Es evidente que el argumento apela a las Escrituras de Sal. 89:34 y 132:11. La resurrección de Cristo guarda relación directa con la promesa de Dios a David de que un descendiente suyo se sentaría en su trono para siempre. Sobre la base de su gloriosa resurrección, el Mesías vive para siempre y por ser la simiente de David tiene incuestionable derecho al trono (Lc. 1:31-33). La designación de Cristo como *Hijo de David* (Mt. 1:1) es un título pleno de significado que confirma la exactitud de la Palabra profética.

---

65. John F. Walvoord, *The Millennial Kingdom* (Findlay: Dunham Publishing Company, 1959), p. 195.
66. Keil y Delitzsch, *Old Testament Commentaries: Judges to Ezra* (Grand Rapids: Associated Publishing and Authors, s.f.), p. 389.
67. Stewart Custer, "The Messianic King", *Biblical Viewpoint* (noviembre, 1978), p. 114.

Hasta este punto los amilenaristas están tan preocupados respecto de la verdadera humanidad de Cristo en el cumplimiento del concepto de la casa de David como los premilenaristas, sin embargo, no logran enfrentar las plenas implicaciones de esta verdad. Como el Hijo de David, Cristo tiene el derecho al honor y la gloria igual de real como la humanidad sobre la cual es predicada. El reconocimiento perteneciente a Cristo en esa capacidad tiene que venir primero de la propia nación judía, ya que el título no está relacionado con las naciones gentiles como tales. El caso de la mujer cananea es un buen ejemplo de que el título "Hijo de David" no guarda relación con los gentiles. El profesor Toussaint lo explica así:

> La madre gentil se dirige a Jesús como "Señor, Hijo de David", y Cristo no le hace ningún caso. Esa mujer era descendiente de los cananeos que debieron ser destruidos cuando Israel ocupó la tierra (Dt. 20:17). Era de una familia maldita que no tenía ningún derecho a las bendiciones mesiánicas; así todo, se acercó al Señor sobre la base de que era el Mesías y Cristo no le respondió sino hasta que se dirigió a Él solo como Señor.[68]

El Evangelio de Juan ofrece evidencia irrefutable de que la nación judía nunca otorgó a Cristo la gloria que correctamente le pertenece como el Hijo de David: "A lo suyo vino, y los suyos no le recibieron" (Jn. 1:11).

> Vino a su pueblo, los judíos, ofreciéndoles hacer la obra del Mesías. La razón de por qué su pueblo le rechazó es clara. Ellos tenían una idea preconcebida de lo que el Mesías debía ser y hacer. Su inevitable conclusión se basaba en una lectura superficial de las Escrituras. Estaban listos para

68. Stanley D. Toussaint, *Behold the King*, p. 195.

aceptar a un Mesías que cumpliese su ideal de lo que debía ser, pero no estaban preparados para aceptar a un Mesías que viviese con las verdades que Cristo predicó.[69]

En solo una ocasión aislada, y eso de manera momentánea, Cristo fue, en cierta medida, aclamado como el hijo mayor de David cuando realizó la llamada "entrada triunfal" en Jerusalén con los gritos de la multitud: "Y la gente que iba delante y la que iba detrás aclamaba, diciendo: ¡Hosanna al Hijo de David! ¡Bendito el que viene en el nombre del Señor! ¡Hosanna en las alturas!" (Mt. 21:9). Incluso entonces la imperfecta comprensión de la multitud se manifestó mediante su identificación del Él como nada más que "Jesús el profeta, de Nazaret de Galilea" (Mt. 21:11). Los requisitos de las Escrituras proféticas nunca pueden ser satisfechos por una recepción tan limitada e insatisfactoria del Hijo de David, la cual es realmente preparatoria del categórico rechazo. El caso en sí exige un cumplimiento mucho más glorioso.

En consonancia con esta idea, Cristo mismo dijo: "He aquí vuestra casa es dejada desierta. Porque os digo que desde ahora no me veréis hasta que digáis: Bendito el que viene en el nombre del Señor" (Mt. 23:38-39). El exégeta luterano R. C. H. Lenski interpreta la fuerza de este pasaje como que de tiempo en tiempo judíos individuales verán a Cristo por fe en el proceso de su conversión.[70] Con esa interpretación, Lenski pasa por alto el hecho de que él mismo anteriormente en su discusión interpreta el lamento como dirigido no a individuos sino a Jerusalén, que "representa a la nación cuya capital y ciudadela religiosa era esa ciudad".[71]

Más ajustado al texto es interpretar el lamento del Señor como la expresión del rechazo que ha recibido de la nación de Israel. El Señor Jesucristo se dirige a Jerusalén como la representante de las autoridades religiosas y del pueblo en general. Ese rechazo tendrá su

69. Donald Grey Barnhouse, *His Own Received Him Not, But…* (Nueva York: Fleming H. Revell Company, 1933), pp. 16-17.

70. R. H. C. Lenski, *Interpretation of St. Matthew's Gospel*, p. 925.

71. *Ibíd.*, p. 921.

culminación en la cruz. Delante de Poncio Pilato, la nación de Israel, representada por sus líderes, condenó a Jesús a ser crucificado (Mt. 27:21-23) y más adelante exclamó: "Su sangre sea sobre nosotros, y sobre nuestros hijos" (Mt. 27:25). Esas palabras no fueron pronunciadas por unos cuantos, sino "por todo el pueblo" (pa`" oJ lavo"). Esa fue una terrible manifestación de autocondenación.[72]

Además, los judíos vieron a Cristo con la vista física la primera vez y de la misma manera lo verán cuando venga otra vez en el futuro. El Señor afirma: "Porque os digo que desde ahora no me veréis, hasta que digáis: Bendito el que viene en el nombre del Señor" (Mt. 23:39). El reconocido teólogo y escritor Leon Morris comenta lo siguiente:

> "No me veréis más" señala el fin del ministerio terrenal de Jesús. Ha venido a la ciudad por última vez y, aunque hubo algo parecido a una bienvenida cuando entró, eso solo fue un entusiasmo momentáneo. No fue una recepción permanente de lo que Él era y de lo que representaba. Los habitantes tuvieron su última oportunidad de recibir a Jesús, y rehusaron aceptarlo. No habría otra oportunidad. Jesús habla de un tiempo cuando pronunciarán las palabras del Salmo 118:26. Algunos estudiosos sostienen que eso se refiere a la entrada triunfal, cuando en realidad esas palabras fueron pronunciadas por la multitud (21:9). Pero es más que difícil pensar que Mateo usase palabras que naturalmente se refieren al futuro si se está refiriendo a lo que acaba de describir como que ya ha sucedido. Seguramente se refiere a algún acontecimiento futuro. Lo mejor es tomar esas palabras como una referencia a alguna realidad escatológica. Cuando el reino postrero sea establecido en toda su gloria, Jesús será saludado como *Aquel que viene en el nombre del Señor.* Es entonces

72. Toussaint, *Behold the King*, p. 310.

> cuando los habitantes de Jerusalén reconocerán la realidad de la visitación divina que tuvo lugar cuando Jesús vino a ellos.[73]

Los verbos "veréis" (ἴδητε) y "digáis" (εἴπητε) son aoristos subjuntivos e implican un hecho histórico definido de algo futuro, como mantiene el escritor Henry Alford:

> Hasta aquel día, el tema de toda profecía, cuando vuestro pueblo arrepentido se volverá con verdaderos leales hosannas para saludar a "Aquel a quien traspasaron" (vea Dt. 4:30-31; Os. 3:45; Zac: 12:10; 14:8-11). Stier destaca correctamente "quien no lea esto en los profetas no lee todavía los profetas correctamente".[74]

Aunque la entrada triunfal tiene que ser rechazada como un cumplimiento, sí puede considerarse como un anticipo parcial de la futura recepción gloriosa del triunfante Hijo de David en todos sus derechos y dignidades sobre la tierra.[75] La sanidad del ciego Bartimeo es una ilustración del levantamiento de la ceguera de Israel antes del reconocimiento de su rey davídico. Las ramas de palmeras y los mantos que extendían en el camino prefiguran el homenaje y el gozo de las multitudes de Israel en el milenio cuando celebren la fiesta de los tabernáculos en toda su plenitud. Mediante el clamor de "Hosanna" (¡sálvanos ahora!), Israel confesará que toda salvación y prosperidad (vea Sal. 118:2526) del reino venidero de nuestro padre David (Mr. 11:10) depende de Cristo, el hijo de David (Mt. 21:9) y rey celestial (Lc. 19:38). "Bendito" no es una simple bendición verbal, sino que significa que Jesús trae consigo todas las ricas bendiciones de Jehová para dispensar sus riquezas

73. Leon Morris, *The Gospel According to Matthew* (Grand Rapids: Eerdmans Publishing Company, 1992), p. 592.
74. Henry Alford, *The Greek Testament* (Londres: Longmans, Green & Co., 1892), Vol. I, p. 234.
75. Véase J. G. Bellet, *The Son of God* (Nueva York: Loizeaux Brothers, s.f.), pp. 108109.

sobre la capital sagrada de la nación.[76] "Paz en el cielo" (Lc. 19:38) habla de la armonía espiritual existente entre el cielo y la tierra en el milenio (vea Sal. 85:10; Lc. 2:40), y "gloria en las alturas" sugiere la perfección de alabanza que redundará para el honor de Dios. La maldición de la higuera estéril describe lo inadecuado de una mera profesión para entrar en el reino, algo que demanda una justicia que exceda la externalidad ceremonial de los escribas y fariseos (Mt. 5:20). La purificación del templo inmediatamente después de la entrada de Cristo en la ciudad es trascendente respecto de la obra de la limpieza nacional y de la santificación efectuada por Cristo como Cabeza del reino teocrático en su segunda venida.

El trono es la segunda estipulación importante en el pacto davídico. Este, tal como lo define John F. Walvoord, no se refiere a un trono nacional como un objeto mobiliario literal, sino más bien a la dignidad y poder que eran supremos y soberanos en David como rey. En virtud de este, la simiente de David siempre tendría el derecho a gobernar.[77] Dios otorgó el trono a David y a su posteridad mediante juramento: "En verdad juró Jehová a David, y no se retractará de ello: de tu descendencia pondré sobre tu trono" (Sal. 132:11). La absoluta promesa del trono davídico a Cristo ha ocasionado poca dificultad, pero no puede decirse lo mismo con relación a la pregunta de cuándo y cómo dicha promesa ha de cumplirse. La postura amilenarista puede resumirse así:

> Lucas comienza su primer libro (Lc. 1:32-33) con esta promesa y su segundo libro abre con la declaración de Pedro de que la promesa se cumple en la resurrección y ascensión de Jesucristo a la diestra de Dios. De ese modo, Dios ha mantenido su promesa a David, sentando a Jesucristo, el Hijo y Señor de David, sobre el trono de David.[78]

---

76. Lenski, *Interpretation of Saint Matthew's Gospel*, p. 809.
77. John F. Walvoord, *The Millennial Kingdom*, p. 196.
78. William Childs Robinson, *ChristThe Hope of Glory* (Grand Rapids: Eerdmans Publishing Company, 1945), p. 138.

Martin J. Wyergaarden destaca las expresiones *en su trono* y *siéntate a mi diestra* en el contexto de Hch. 2:29-36, y sobre esa base declara: "Ahora bien, ¿no parece como si el sentarse de Cristo en el trono de David aquí es curiosamente identificado con su sentarse a la diestra del Padre para gobernar su Sión espiritual, es decir, la Iglesia?"[79] Ese argumento es poco convincente, ya que exactamente sobre la misma promesa puede demostrarse que la retención de las dos terminologías distintas parece demandar dos tronos diferentes. Además, aparte de la conclusión de Wyergaarden, en ningún sitio del Nuevo Testamento es la diestra del Padre expresamente identificada con el trono de David.

El exégeta sensato notará que el pacto davídico (2 S. 7:12-16) claramente establece que Dios promete a David "afirmar para siempre el trono de su reino" (v. 13) y añade "tu trono será estable eternamente" (v. 16). Se trata, por lo tanto, del trono de David en la tierra y no del trono del Padre en el cielo. El teólogo y misionero Cleon Rogers hijo lo ha expresado de esta manera:

> Puesto que Jesús era el Hijo de David, el Mesías, quien ha de gobernar sobre el reino de David por siempre, el pasaje (Hch. 2:24-35) tiene que referirse a Él (v. 31). Un reino eterno demanda un rey eterno. Esto no quiere decir que Jesús está en el tiempo presente gobernando desde el trono de David, sino que está ahora a "la diestra del Padre" hasta que sus enemigos sean derrotados (Hch. 2:33-35). Vendrá otra vez para "restaurar el reino a Israel". La "diestra de Dios" no se refiere al trono de David, sino al lugar de autoridad, prominencia y privilegio (1 R. 2:19; Sal. 45:9; Mt. 20:21; Mr. 10:37; 14:62; He. 1:13).[80]

Apocalipsis 3:21 evidentemente diferencia entre los dos tronos:

---

79. Martin J. Wyergaarden, *The Future of the Kingdom in Prophecy and Fulfillment*, pp. 159-160.
80. Cleon Rogers Jr. "The Davidic Covenant in ActsRevelation", *Bibliotheca Sacra* (enero-marzo, 1994), p. 74.

"Al que venciere, le daré que se siente conmigo en mi trono, así como yo he vencido y me he sentado con mi Padre en su trono". W. Trotter considera la conclusión de Wyergaarden no solo infundada, sino también diametralmente opuesta al sentido normal de la declaración de Pedro:

> *No dice* que "la promesa a David de la sucesión del Mesías a su trono ha recibido su pretendido cumplimiento". *No dice* que "su primer ejercicio de autoridad real *desde el trono de Israel* fue enviar al Espíritu, como ocurrió aquel día". Dice: "A este Jesús Dios ha resucitado", pero no dice "y lo ha puesto en el trono de David". Lejos de eso, ¡declara la exaltación de Jesús a un lugar que, nos dice, *David nunca ocupó!* Porque David *no* subió a los cielos; pero él mismo dice: Dijo el Señor a mi Señor, siéntate a mi diestra, hasta que ponga a tus enemigos por estrado de tus pies.[81]

John F. Walvoord también ofrece numerosas buenas razones de por qué la sesión presente no puede identificarse con el reinado de Cristo en el trono de David:

> Está claro, según el Antiguo Testamento, que el trono de David tiene que ver con el gobierno terrenal. También es igualmente claro según el Nuevo Testamento que el trono del Padre está en el cielo. En cuanto al tiempo, el trono del Padre es eterno, mientras que el trono de David comenzó con su reinado. El trono de David no puede identificarse con el trono del Padre, ya que eso significaría que David se sentaría en el trono del Padre.[82]

En años recientes, concretamente desde el 20 de noviembre de 1986, ha surgido una escuela de pensamiento que ha llegado a ser

81. W. Trotter, *Plain Papers on Prophetic Subjects* (Nueva York: Loizeaux Brothers, s.f.), p. 550.
82. John F. Walvoord, "Christology Notes" (Notas de cristología inéditas), p. 81.

conocida como "dispensacionalismo progresivo".[83] Uno de los principales postulados del dispensacionalismo progresivo es que Cristo ya está reinando en el trono davídico.[84] Según Bock "la distinción de los tronos en Apocalipsis (3:21) no es una distinción, sino una ecuación".[85] El mencionado autor hace una diferencia entre la *inauguración* del reino, algo que según él es presente, y la *consumación* de dicho reino, que tendrá lugar en el futuro.[86] El dispensacionalismo progresivo sostiene que la Iglesia es la revelación presente del reino que Dios pactó con David.

> Su entronización y autoridad presente es *mesiánica*. Es como *el Cristo* que está activo al presente. Hemos visto que el Nuevo Testamento proclama que ese Cristo es Dios. Pero es Dios encarnado, y *encarnado* no como humanidad genérica, sino como el hijo de David. En ese tiempo de su ascensión, no se ha vuelto, ni actúa como Dios desencarnado. En el lenguaje del Nuevo Testamento, todas sus actividades, incluyendo todas sus relaciones con la Iglesia, son atribuidas a *Jesús* (su nombre humano) *Cristo* (su título de realeza davídica).[87]

El presente trabajo no permite profundizar en los postulados del dispensacionalismo progresivo. Eso requeriría más tiempo y espacio del permitido en esta obra. Sí cabe destacar que esta escuela de pensamiento se aleja del dispensacionalismo clásico sin renunciar a muchos de los postulados del dispensacionalismo tradicional. No es difícil observar un acercamiento del dispensacionalismo progresivo al campo conocido como premilenarismo del pacto.

---

83. Véase Craig A. Blaising & Darrell L. Bock, *Progressive Dispensacionalism* (Wheaton: Victor Books, 1993).
84. Véase Darrell L Bock, "The Reign of the Lord Christ", *Dispensationalism, Israel and the Church* (Grand Rapids: Zondervan Publishing House, 1992), pp. 5051.
85. *Ibíd.*, p. 51
86. *Ibíd.*
87. Blaising & Bock, *Progresive Dispensacionalism*, p. 257.

En un reciente artículo, John F. Walvoord se desmarca de la nueva escuela dispensacionalista con estas palabras:

> Un desarrollo reciente en el dispensacionalismo es el llamado dispensacionalismo progresivo. Los defensores de esta postura mantienen que Jesucristo ahora está cumpliendo parcialmente el pacto davídico, sentado en el cielo en el trono de David y gobernando sobre su reino como Mesías y Rey. Creo, sin embargo, que el presente ministerio de Jesús en el cielo implica su obra intercesora para los creyentes como su Gran Sumo Sacerdote, y que su gobierno mesiánico no está ocurriendo ahora, sino que ocurrirá en el milenio. Los dispensacionalistas progresivos afirman, sin embargo, su creencia de que Cristo reinará sobre Israel en su reinado de mil años en la tierra.[88]

Una observación adicional es que hay una notable coincidencia entre la postura reciente (1986 en adelante) del dispensacionalismo progresista y la más antigua posición de la llamada teología premilenarista del pacto. Un antiguo teólogo premilenarista del pacto escribió hace más de un cuarto de siglo lo siguiente:

> Pedro transfiere el trono davídico mesiánico de Jerusalén a la diestra de Dios en el cielo. Jesús ha sido ahora entronizado como el Mesías davídico en el trono de David y está aguardando la consumación final de su reino mesiánico.[89]

Lo que Ladd dijo hace más de 25 años es precisamente lo que los dispensacionalistas progresistas como Darrell Bock, Craig Blaising y Robert Saucy están diciendo hoy: que Cristo está ocupando ya el trono de David en el cielo. Dicen, en efecto, que el trono del

88. John F. Walvoord, "Reflections on Dispensacionalism", *Bibliotheca Sacra* (abriljunio, 2001), p. 137.
89. George Eldon Ladd, *A Theology of the New Testament* (Grand Rapids: Eerdmans Publishing Company, 1975) (segunda edición), p. 336.

Padre (Ap. 3:21) y el trono de David (Sal. 89:34; Sal. 132:11) son el mismo trono. La promesa de Dios a David en el Salmo 132:11 tiene que ver con el hecho de que uno de los descendientes del gran rey ocuparía *su trono.* El *Hijo Mayor,* es decir el Mesías, es ese descendiente que un día ocupará el trono de David su padre y reinará sobre la casa de Jacob (nación de Israel) para siempre. El trono de David, por lo tanto, guarda relación directa con la nación de Israel, no con la Iglesia. Decir que el trono del Padre, donde Cristo está ahora sentado, es equivalente al trono de David es decir lo que las Escrituras no dicen en ningún sitio. El sentarse con el Padre celestial en su trono (Ap. 3:21) tiene que ver con la victoria de Cristo mediante su muerte y su resurrección. A raíz de su triunfo sobre el pecado y sobre la muerte, Cristo fue exaltado al lugar de honor, la diestra del Padre (Sal. 110:1). Esa exaltación es "hasta que ponga a tus enemigos por estrado de tus pies", no para que comience a reinar como rey davídico. Su reinado como Mesías en el trono de David es un acontecimiento que aguarda su segunda venida en gloria (Mt. 19:28; 25:31).[90]

La postura premilenarista, congruente con las demandas de las Escrituras y con su propio sistema, espera un cumplimiento literal del trono davídico. La gloria futura de este trono se menciona en Mateo 25:31: "Cuando el Hijo del Hombre venga en su gloria, y todos los santos ángeles con él, entonces se sentará en su trono de gloria" y también en Mt. 19:28: "De cierto os digo que en la

---

90. La escuela premilenarista reconoce la diferencia entre el reino glorioso del Mesías que tendrá lugar en la tierra presente y durante el cual Cristo reinará como rey mesiánico, en cumplimiento de los pactos abrahámico y davídico. Ese reino es conocido como el milenio, es decir, 1000 años. Durante ese período Cristo manifestará su gloria, tanto la humana como la divina. Es en ese tiempo que el Mesías se sentará en el trono de David y reinará particularmente en cumplimiento de las profecías mesiánicas.

Muchos escritores reconocen el hecho de que "Cristo es el descendiente legítimo que debe ocupar el trono de David", pero seguidamente, de manera desconcertante, se añade: "Pero... este trono (*thrónos*) no se limita al poder terreno, sino que es un trono que se halla en el cielo y que entrona el título al dominio universal" (D. Säuger, "Thrónos", *Diccionario exegético del Nuevo Testamento,* tomo I (Salamanca: Ediciones Sígueme, 1996), p. 1906). Decir que el trono de David "se halla en el cielo" carece totalmente de fundamento exegético.

regeneración, cuando el Hijo del Hombre se siente en el trono de su gloria, vosotros que me habéis seguido también os sentaréis sobre doce tronos, para juzgar a las doce tribus de Israel".

N. Arthur Woyckuck identifica correctamente "el trono de gloria" con el trono terrenal de Cristo en Jerusalén.[91] Los amilenaristas, en su esfuerzo por explicar el trono de gloria, lo han confundido con el gran trono blanco (Ap. 20:11-15). Este trono, sin embargo, implica la resurrección de los inicuos que han muerto, algo que tiene lugar en el espacio después del milenio. El trono de gloria se relaciona con el juicio y el gobierno de las naciones que aún vivan y es inaugurado en la tierra en el comienzo del milenio.[92]

El trono del Mesías es un estrado de gloria en el sentido de que a través de su autoridad y poder todas las realidades gloriosas del reino milenario son introducidas y mantenidas. Esa interpretación es apoyada por Is. 22:22-24, donde Eliaquim, habiendo recibido la llave de la casa de David en lugar del innoble Sebna, se le denomina "clavo" y "asiento de honra" (lit. "trono de gloria") sobre el cual toda la gloria de su padre depende. Eliaquim reemplaza a Sebna, el orgulloso usurpador, y se convierte en un tipo de Cristo investido con la plena autoridad de "la llave de la casa de David", removiendo al falso hombre de pecado e inaugurando su propio reino glorioso en el trono de David. Esta analogía está en completa armonía con la supremacía y la indispensabilidad de la casa y el trono de David presentados en otro lugar de las Escrituras. La discusión de la última expresión importante, "el reino eterno", ha sido reservada para la próxima sección, donde será tratada en relación con Salomón.

UN REINO GLORIOSO

El cenit de gloria del reino en el Antiguo Testamento se consiguió durante el reino de Salomón en toda su gloria. Así todo, "más allá de todo lo que la gloria de Salomón tipificaba, la gloria terrenal

91. N. Arthur Woychuck, "The Gentile Nations in their Relation to God and to Israel" (Tesis doctoral inédita, Dallas Theological Seminary, Dallas, Texas, 1944), p. 168.
92. N. Arthur Woychuck, *op. cit.*

de Cristo será suprema cuando establezca su reino en la tierra".[93] Debe notarse que, aunque la gloria terrenal de Salomón tipifica la gloria del reino milenario y Salomón es un tipo de Cristo, el mismo Señor Jesucristo dijo: "...y he aquí más que Salomón en este lugar" (Mt. 12:42). No es correcto decir que el reino de Salomón en sí mismo es típico del reino de Cristo. Esta distinción surge del hecho de que Cristo como el Hijo de David vendrá a ser heredero del mismo reino davídico que Salomón heredó antes de Él. La postura premilenarista se diferencia de la teoría amilenarista que mantiene que el reino salomónico es un tipo de la Iglesia.[94]

El Salmo 72 es una descripción de la gloria del reino salomónico, pero al mismo tiempo encuentra su perfecto cumplimiento en el reino milenario de Cristo.[95] A la luz de la profecía del Antiguo Testamento, es absolutamente posible concebir la consumación del reino de Salomón en la más grande gloria terrenal del reino milenario de Cristo, pero no es posible que profeta alguno del Antiguo Testamento jamás pensara del reino davídico como cumplido en la Iglesia. Todas las principales características que estuvieron escondidas de la esfera de la revelación del Antiguo Testamento y de su constitución orgánica de la que es completamente diferente de la organización gubernamental tanto del reino davídico como del mesiánico. Por un lado, incluso las terminologías de los reinos salomónico y mesiánico son tan similares que los liberales generalmente han considerado este último ni más ni menos que la idealización del primero.[96]

Las conquistas de David, un hombre de guerra, son típicas de los triunfos de conquista requeridos para la introducción del reino en la segunda venida, pero la promesa respecto de Salomón dice:

93. Lewis Sperry Chafer, *Systematic Theology* (Dallas: Dallas Seminary Press, 1948), Vol. VII, p. 173.
94. Martin J. Wyergaarden, *The Future Kingdom in Prophecy and Fulfillment,* pp. 4748.
95. A. M. Hodgkin, *Christ in All the Scripture* (Londres: Pickering & Inglis, Ltd., 1945), p. 73.
96. Véase Miller Borrows, *An Outline of Biblical Theology,* p. 90; y Charles A. Briggs, "The Book of Psalms", *The International Critical Commentary* (Nueva York: Charles Scribner's Sons, 1967), Vol. II, pp. 131-140.

"He aquí te nacerá un hijo, el cual será varón de paz, porque yo le daré paz de todos sus enemigos en derredor; por tanto, su nombre será Salomón (pacífico) y yo daré paz y reposo sobre Israel en sus días" (1 Cr. 22:9). En consonancia con la promesa, "Judá e Israel vivirán seguros, cada uno debajo de su parra y debajo de su higuera, desde Dan hasta Beerseba, todos los días de Salomón" (1 R. 4:25). Respecto del Príncipe de Paz en su reino, se ha profetizado: "...Su habitación será gloriosa" (Is. 11:10). En ese día cada uno convidará a su compañero, debajo de su vid y debajo de su higuera (Zac. 3:10). El Mesías, en su venida gloriosa, removerá la iniquidad y limpiará a su pueblo, de manera que la paz será universal. Será un tiempo de comunión entre los redimidos del Señor: "Cada uno convidará a su compañero" y debajo de su vid y de su higuera compartirán las bendiciones de Jehová con una frescura incomparable. Además, Judá será salvo e Israel habitará confiado (en seguridad) (Jer. 26:3), y su paz no tendrá límite (Is. 9:7).

Tanto Simpson[97] como Havershom[98] notan el significado tipológico del acto cuádruplo de justicia vengadora que tuvo lugar durante la coronación de Salomón. Aunque era un príncipe de paz, ese hecho no impidió que Salomón utilizase la fuerza para eliminar a Adonías, quien prefigura a los poderes políticos rebeldes; Joab, quien representa las alianzas militares hostiles; Abiatar, quien es un reflejo de las falsas religiones, antidios y corruptas; y Simei, quien tipifica al burlador profano. Todas esas categorías estarán presentes en los postreros días. De modo que Aquel que es mayor que Salomón "recogerá de su reino a todos los que sirven de tropiezo, y a los que hacen iniquidad" (Mt. 13:41).

Las Escrituras otorgan una doble clasificación de la gloria personal de Salomón: "Así excedía el rey Salomón a todos los reyes de la tierra en riquezas y en sabiduría" (1 R. 10:23). Dios cumplió su promesa de dar a Salomón "riquezas y gloria, de tal manera

97. A. B. Simpson, *Christ in the Bible* (Nueva York: Alliance Press Company, 1903), Vol. V, pp. 269-273.

98. Ada R. Havershom, *The Study of the Types* (Londres: Pickering & Inglis, Ltd., 1915), p. 25.

que entre los reyes ninguno haya como tú en todos tus días" (1 R. 3:13). Respecto de la sabiduría dada al rey Salomón, las Escrituras dicen: "Y Dios dio a Salomón sabiduría y prudencia muy grandes, y anchura de corazón como la arena que está a la orilla del mar" (1 R. 4:29). Salomón fue dotado con sabiduría sobrenatural y de igual manera, en el milenio el Espíritu del Señor reposará en Cristo en su más absoluta plenitud de sabiduría, inteligencia, consejo, poder, conocimiento y temor de Jehová (Is. 11:2). F. W. Farrar describe la sabiduría de Salomón como práctica, intelectual y moral. "Sabiduría práctica", dice, "era principalmente necesaria para el oficio de juez. La principal función de la realeza oriental era juzgar, y los reyes eran llamados *shoperim* o jueces".[99] Temprano en su carrera, Salomón demostró sabiduría práctica en la decisión que tomó cuando las dos rameras contendían sobre la posesión de un niño (1 R. 3:16-28). Todo eso es un leve reflejo del Rey que "no juzgará según la vista de sus ojos, ni argüirá por lo que oigan sus oídos; sino que juzgará con justicia a los pobres, y argüirá con equidad por los mansos de la tierra..." (Is. 11:3b-4a). El conocimiento intelectual de Salomón era asombroso en variedad y extensión. Sobrepasó a los hijos de oriente y de Egipto. Era más sabio que Etán el ezraíta, y Hemán, Calcol y Darda, hijos de Mahol, celebrado en poesías sagrada, música y cantos, llegó a componer unos cinco mil cantares (1 R. 4:31-32). Sin embargo, la perfección de la alabanza aguarda al milenio, cuando el Mesías, como Jehová, se convierta en la canción de su pueblo (Is. 12:26). Cristo personalmente dirigirá la alabanza de la gran congregación con el resultado de que todos los confines de la tierra se volverán a Jehová y todos los pueblos de las naciones adorarán delante de Él (Sal. 22:25, 27). En la esfera de la naturaleza, como lo expresa en muchos de sus tres mil proverbios, Salomón "también disertó sobre los árboles, desde el cedro del Líbano hasta el hisopo que nace en la pared. Asimismo disertó sobre los animales, sobre las aves, sobre los reptiles y sobre los peces" (1 R. 4:33). Arno C. Gaebelein observa que aunque esa sabiduría de la creación no era

99. F. W. Farrar, *Solomon: His Life and Times* (Londres: Wilkes & Co., s.f.), p. 61.

un conocimiento perfecto, habla "del tiempo glorioso cuando los secretos de la naturaleza, perdida a causa de la caída del hombre, serán restaurados a través de Aquel que ha de librar la creación de su gemir (Ro. 8:21)".[100] Finalmente, la sabiduría de Salomón se resume en Pr. 1:7: "El principio de la sabiduría es el temor de Jehová". En la conclusión de su reinado, Salomón fracasó miserablemente en ese respecto, pero Cristo como rey mesiánico poseerá perfectamente ese espíritu de conocimiento y de temor de Jehová que "hará entender diligente en el temor de Jehová" (Is. 11:23).

Tan renombradas como la sabiduría de Salomón eran sus riquezas, honor y el esplendor que llenaban su reino. Era requisito indispensable que todas las vasijas del palacio real fuesen de oro puro, ya que la plata no era apreciada en aquellos tiempos. La plata era distribuida entre la clase popular, entre quienes era tan abundante como las piedras de las calles (1 R. 10:21, 27). En la Sión del milenio, el oro será el sustituto del bronce, la plata del hierro, el bronce por la madera y el hierro reemplazará a las piedras (Is. 60:17). Bajo el reinado de Salomón la prosperidad y riqueza de la nación eran tales que "Judá e Israel eran muchos, como la arena que está junto al mar en multitud, comiendo, bebiendo y alegrándose" (1 R. 4:20).

> El crecimiento de la nación, numérica y territorialmente, la prosperidad del pueblo y su felicidad, todo ello daba testimonio de la bendición de Dios. El reino de Salomón en su amplia delineación y en el apoyo de su grandeza, era un anticipo, un tipo del aún futuro y muchísimo más grande cumplimiento de la promesa de Dios en el reino milenario de Cristo.[101]

100. Arno C. Gaebelein, *The Annotated Bible* (Nueva York: Our Hope, 1915), Vol. II, pp. 256257.
101. Richard D. Patterson & Hermann J. Austel, "1, 2 Kings", *The Expositor's Bible Commentary* (Grand Rapids: Zondervan Publishing House, 1988), p. 53.

La reina de Sabá confesó: "Jehová tu Dios sea bendito, que se agradó de ti para ponerte en el trono de Israel; porque Jehová ha amado siempre a Israel, te ha puesto por rey, para que hagas derecho y justicia" (1 R. 10:9). En el milenio habrá de nuevo un gran avivamiento de la gloria nacional de Israel. Considérese las palabras de Jer. 30:18-19, por ejemplo:

> Así ha dicho Jehová: He aquí yo hago volver los cautivos de las tiendas de Jacob, y de sus tiendas tendré misericordia, y la ciudad será edificada sobre su colina y el templo será asentado según su forma. Y saldrá de ellos acción de gracias, y voz de nación que está en regocijo, y los multiplicaré, y no serán menoscabados.

En su mayoría, los amilenaristas no están poco ofendidos de que tal inapropiada preeminencia le sea otra vez otorgada al judío. Así todo, debe tenerse en mente que una de las posesiones intransferibles perteneciente a Israel es "la gloria" (Ro. 9:4). Dios se reveló de manera sobrenatural y personal a Israel como no lo ha hecho con ninguna otra nación. La gloria tiene que ver con la presencia misma de Dios o "el aspecto visible del Dios invisible" en medio de su pueblo.[102] Jehová habla de la nación como "mi gloria en Israel" (lit. "Israel mi gloria") (Is. 46:13), y aguarda el día del milenio, cuando puede anunciar: "Cantad loores, oh cielos, porque Jehová lo hizo; gritad con júbilo, profundidades de la tierra; prorrumpid, montes, en alabanza; bosque, y todo árbol que en él está; porque Jehová redimió a Jacob, y en Israel será glorificado" (Is. 44:23). El secreto de la gloria, sin embargo, no reside en la pobre Israel, porque ella es solo una exhibición de la obra de las manos del Mesías, el retoño que Él ha plantado, para que Él sea glorificado (Is. 60:21). Hay una inviolable interacción entre la persona del rey y el destino de su nación. No se puede robar la gloria de Israel en

102. C. E. B. Cranfield, "The Epistle to the Romans", *The International Critical Commentary* (Edinburgo: T. & T. Clark Limited, 1979), p. 462.

el milenio sin, al mismo tiempo, negar la gloria humana de Cristo como el Rey de los judíos. Si bien es cierto que la nación de Israel vive hoy en ceguera judicial a causa de su apostasía, también es cierto que su caída no es ni total ni final.[103] Cuando el remanente de la nación alce sus ojos al Mesías, habrá una gloriosa liberación para ese pueblo.

Otro factor digno de notarse es que bajo Salomón, por un tiempo breve en la historia de la nación, los límites del reino comenzaron a aproximarse a los que Dios prometió a Abraham (Gn. 15:18-21), de modo que "Salomón señoreaba sobre todos los reinos desde el Eufrates hasta la tierra de los filisteos y el límite con Egipto; y traían presentes, y sirvieron a Salomón todos los días que vivió" (1 R. 4:21). Ese sorprendente fenómeno de sumisión gentil y de bendición se multiplicará grandemente en el milenio, cuando todos los reyes de la tierra se postrarán delante del Mesías y todas las naciones le servirán, cuando la gloria de los gentiles fluirá hacia Israel como las aguas de un torrente que se desborda (vea Sal. 72:8-11; Is. 61:6; 66:12).

La corona de gloria del reinado de Salomón fue la construcción del templo. La profecía respecto del Mesías en el milenio dice: "Él edificará el templo de Jehová, y él llevará gloria, y se sentará y dominará en su trono, y habrá sacerdote a su lado; y consejo de paz habrá entre ambos" (Zac. 6:13). Cuando Zacarías pronunció esa profecía, el segundo templo aún estaba bajo construcción. El profeta, sin embargo, vislumbra la venida del Mesías: "El varón cuyo nombre es el Renuevo, el cual brotará de sus raíces, y edificará el templo de Jehová" (Zac. 6:12). El profeta Zacarías utiliza un pleonasmo en 6:13 para enfatizar su declaración: "Él y no otro o él mismo edificará el templo de Jehová, y él llevará gloria, y se sentará y dominará en su trono..." El vocablo "gloria" (הוֹדְךָ) denota "majestad, honor, belleza. Se usa casi exclusivamente del esplendor divino (vea Sal. 8:1; 45:3; 148:13; Hab. 3:3)".[104]

103. Véase S. Lewis Johnson Jr., "Evidence from Romans 911", *A Case for Premillennialism: A New Consensus* (Chicago: Moody Press, 1992), pp. 199-223.

104. Merrill F. Unger, *Commentary on Zechariah*, p. 113.

En la dedicación del templo de Salomón, los sacerdotes no pudieron ministrar a causa de la gloria *Shekinah* que llenaba la casa. Eso estaba en consonancia con la promesa tocante al templo del milenio: "Y haré temblar a todas las naciones, y vendrá el Deseado de todas las naciones; y llenaré de gloria esta casa, ha dicho Jehová de los ejércitos" (Hag. 2:7). A. C. Gaebelein ha escrito lo siguiente respecto de la cubierta o enchapado de oro en el templo y todo lo visible:

> El oro es el emblema de la justicia divina. Por lo tanto, todo el santuario daba testimonio de la justicia que está en conformidad con las anticipaciones proféticas de esta casa.[105]

Aun así, en toda su magnificencia, el templo de Salomón no era sino una débil sombra del templo futuro. "La gloria postrera de esta casa será mayor que la primera, ha dicho Jehová de los ejércitos; y daré paz en este lugar, dice Jehová de los ejércitos" (Hag. 2:9). La repetición de la expresión "ha dicho" y "dice Jehová de los ejércitos" es una manera de reafirmar la certeza del cumplimiento de la promesa. "La gloria y la manifestación de la justicia divina cuando el verdadero Rey construya la casa y manifiesta su gloria"[106] es imposible de describir con palabras humanas.

Además del templo, Salomón también construyó edificios lujosos (quizás un solo edificio) para albergar el palacio real, la casa del bosque del Líbano, un pórtico de columnas, el pórtico del trono en que había de juzgar y una casa para la hija de Faraón. A. G. Gaebelein comenta lo siguiente tocante a la importancia de esta provisión para la esposa gentil que compartía la gloria de Salomón:

> Y en la medida en que la casa de la hija de Faraón estaba estrechamente conectada con la casa de Salomón y está

105. A. C. Gaebelein, *The Annotated Bible,* Vol. II, pp. 261262.
106. *Ibíd.*, p. 262.

> escrito "la cual casa somos nosotros" (He. 3:6), aquí tenemos una anticipación de la asociación de la Iglesia en su futuro reinado de gloria. Todo en el templo y en los edificios del palacio era glorioso y revelaba las inmensas riquezas del gran Rey. ¡Qué gran día será aquel cuando las riquezas y gloria de Cristo se manifestarán y cuando los santos de Dios las compartirán en toda su plenitud![107]

Por razones de administración, Salomón diseñó uno de los sistemas más centralizados y complicados de burocracia en la historia de Israel (1 R. 4:1-19). Los oficiales principales en el gabinete, compuesto de unos treinta hombres, se llamaban *sarim* o príncipes. Salomón nunca sufrió pérdida de poder, más bien reinó como un absoluto autócrata. Esto puede proporcionar alguna pista para responder la teoría de algunos que creen que Cristo será destituido en su gloria milenaria por el rey David o alguno de sus descendientes, mencionado en otro sitio como "el Príncipe" (vea Is. 55:3; Jer. 30:9; Ez. 34:23; 37:24; Os. 3:5). El aspecto organizativo del milenio no es transparentemente sencillo. Cristo prometió a sus discípulos que se sentarían en doce tronos (qrovnou") para juzgar a las doce tribus de Israel (Mt. 19:28). Uno de los títulos de Cristo en el milenio es *Sar Sarim,* "el Príncipe de príncipes" (Dn. 8:25). Dicha expresión es muy similar a los títulos "Rey de reyes" o "Señor de señores" que regularmente son atribuidos a Cristo (vea 1 Ti. 6:15; Ap. 1:5; 17:14; 19:16).[108] El príncipe *nasiah* mencionado en Ezequiel es un término general usado tanto de reyes como de capitanes o líderes de tribus y familias.[109] En Ezequiel 37:2425, *melek* o "rey" se usa como sinónimo de *nasiah* o "príncipe", con referencia a "mi siervo David". Las pocas referencias dispersas al príncipe y a David deben ser interpretadas a la luz de cientos de

---

107. *Ibíd.*, p. 263.
108. Véase Leon Wood, *A Commentary on Daniel* (Grand Rapids: Zondervan Publishing House, 1973), p. 228.
109. Samuel Prideaux Tregelles, traductor, *Gesenius's Hebrew and Chaldee Lexicon* (Londres: Samuel Bagster & Sons, 1881), p. 569.

otras referencias que describen a Cristo como el supremo Señor gobernador de la tierra.[110] De acuerdo con Raymond N. Ohman, si se admite que el príncipe es una personalidad diferente de Cristo, entonces gobernará como un sátrapa o como un vicerregente.[111] Como tal no sería demasiado suponer que podría haber una referencia a David como tal resucitado de los muertos. Como lo imagina A. Whitman, más bien curiosamente:

> David y Salomón duermen con sus padres en la esperanza de una resurrección. David dice: "Estaré satisfecho cuando despierte en tu semejanza". David y Salomón esperaban regresar a la tierra con el Redentor: "Cuando los justos posean la tierra y se deleiten en la abundancia de paz". "Cuando el malo será cortado y ellos lo vean".
>
> "Cuando el siervo de Dios e hijo de David...reine de mar a mar, y desde los ríos hasta los confines de la tierra, cuando todas las naciones lo llamarán bendito".[112]

Resumen y conclusión

En este capítulo se ha considerado el tema de la gloria humana de Cristo en la era del milenio. Los atributos de su perfecta humanidad serán exhibidos en toda la plenitud y el Mesías será adorado como persona teantrópica. Dios creó al hombre y lo puso en la tierra para que fuese su administrador o virrey. Adán y Eva debieron administrar los bienes de la casa de Dios, es decir, la tierra, con justicia y rectitud. El centro y la base de ese gobierno debió ser siempre la majestad de Dios.

---

110. Véase George Virginius Spellman, "The Old Testament Doctrine of Messianic Despotism" (Tesis de licenciatura inédita; Dallas Theological Seminary, Dallas, Texas, 1945), pp. 4850.
111. Raymond Norman Ohman, "The Biblical Doctrine of the Millennium" (Tesis doctoral inédita; Dallas Theological Seminary, Dallas, Texas, 1949), pp. 119121.
112. A. Whitman, *Prophecy Opened* (Carthage, Missouri: Advance Book & Job Printing House, 1874), p. 152.

La entrada del pecado, sin embargo, descalificó al primer Adán. El hombre falló el blanco y se quedó corto de la gloria de Dios. Debe destacarse que el fracaso de Adán no significaba el fracaso de Dios. El plan del Dios Todopoderoso es inmutable. Ese plan original de Dios se cumplirá no en el primer Adán, sino en el postrero; es decir, el Mesías. La segunda persona de la Trinidad, o sea Jehová mismo, se encarnó y tomó los atributos propios de humanidad. El Verbo, la revelación personal de Dios, se hizo carne semejante a los hombres para cumplir el propósito eterno de Dios.

El Mesías vendría como simiente de la mujer (Gn. 3:15), de la familia de Sem (Gn. 9:26-27), de la simiente de Abraham (Gn. 12:13), de la tribu de Judá (Gn. 49:10; Mi. 5:2), de la descendencia de David (2 S. 7:12-17; Lc. 1:30-33). En la persona de Jesucristo se cumplen todas las profecías respecto del Mesías y del reino que Dios prometió establecer en la tierra (Dn. 2:44). El dominio que Adán debió haber ejercido pero no pudo a causa de su desobediencia, el Mesías lo realizará por su perfecta obediencia a la voluntad del Padre y por su rotunda victoria sobre el pecado, la muerte y Satanás.

En su primera venida, Cristo fue rechazado por los hombres y por su nación: "A lo suyo vino, y los suyos no le recibieron" (Jn. 1:11). Su muerte y su resurrección han hecho posible que el pecador sea perdonado y restaurado. Como ha escrito un teólogo contemporáneo:

> El pecado pervierte la buena creación, la gracia restaura; al final, hay creación otra vez, tal como lo fue originalmente: "He aquí que es muy buena".[113]

No solo habrá una nueva condición terrenal donde impere la justicia, sino que habrá un glorioso dominio en el que el Mesías, el Postrer Adán exhibirá todas las glorias de su perfecta humanidad.

En segundo lugar, el gobierno del Mesías será glorioso. Dios

113. Jürgen Moltmann, *The Coming of God* (Minneapolis: Fortress Press, 1996), p. 262.

otorgó al hombre la responsabilidad de gobernar la sociedad humana. El hombre necesita ser gobernado. Una sociedad sin gobierno produce caos. Está demostrado que el hombre sin Dios es incapaz de gobernar su comunidad. Tanto los amilenaristas como los posmilenaristas que equiparan el reino futuro del Mesías con la era presente, no dejan espacio en el tiempo y en la historia para la realización del gobierno glorioso anunciado por los profetas cuando "florecerá en sus días justicia y muchedumbre de paz, hasta que no haya luna" (Sal. 72:7). El teólogo alemán Jürgen Moltmann tiene razón cuando dice:

> Al excluir la esperanza futura del reino de Cristo en la historia, las iglesias establecidas condenarán también parte de su propia esperanza, de modo que todo lo que les quedó fue la esperanza para almas en el cielo de un mundo más allá de este mundo. También pudo pasar que las iglesias del imperio cristiano condenaran la esperanza para un reino venidero de Cristo, porque pensaron que ellas mismas ya eran ese reino; así que la esperanza de que el reino aún estuviera por venir e iba a reemplazarlas tenía que ser vista como una crítica subversiva de su propia autoridad.[114]

La profecía referente al Mesías claramente dice que "el principado (el gobierno estará) sobre su hombro" (Is. 9:6). La cuestión que se ha debatido es si eso se cumplió en la primera venda o si aguarda su cumplimiento literal cuando el Mesías venga la segunda vez. Los amilenaristas afirman que esta era presente es el reino. No habrá, dicen, otro reino milenario que el que existe ahora. Dicha afirmación es producto de una interpretación figurada de los pasajes proféticos relacionados con el milenio. Cuando el reino venga la voluntad de Dios será hecha "en la tierra como en el cielo" (Mt. 6:10), algo de lo que no hay evidencia alguna en el mundo presente.

Otro aspecto importante del reinado del Mesías tiene que ver

114. *Ibíd.*, p. 147.

con la gloriosa herencia prometida a Abraham o a su descendencia. La promesa dice que "sería heredero del mundo" (Ro. 4:13). La mencionada promesa tendrá su cumplimiento literal cuando Jesús regrese con poder y gloria para tomar posesión de su herencia. Los reinos (o "el reino") del mundo vendrán a ser del Señor y su Mesías y Él reinará por los siglos de los siglos. Ni Adán ni Noé fueron capaces de administrar la heredad del Señor. El Mesías vendrá y "regirá las naciones con vara de hierro" (Ap. 19:15).

De vital importancia en el reino es el hecho de que habrá una administración de justicia que emanará de la persona misma del Mesías. "He aquí que para justicia reinará un rey, y príncipes presidirán en juicio" (Is. 32:1). "Porque de Sion saldrá la ley, y de Jerusalén la palabra de Jehová" (Is. 2:3). Moisés recibió la ley en el monte Sinaí. Él fue el gran profeta a través de quien Dios habló a su pueblo en el Antiguo Testamento. El Mesías es infinitamente superior a Moisés. El gran legislador de Israel era siervo en la casa de Dios, pero el Mesías actúa como hijo sobre su casa (He. 3:16). En el reino del Mesías habrá una justicia santa y equitativa para todos los súbditos del reino. Uno de sus nombres será: "Jehová justicia nuestra" (Jer. 23:6). "La justicia será cinto de sus lomos" (Is. 11:5). No existe ninguna condición en la tierra presente, ni dentro ni fuera de la Iglesia, donde la justicia se asemeje a la que existirá durante el reinado glorioso del Mesías en la tierra.

Un aspecto esencial del reino del Mesías es el cumplimiento del pacto davídico. A través de ese pacto, Dios prometió darle a David: (1) Una *casa,* es decir, una dinastía o posteridad. La descendencia de David no será jamás exterminada. (2) Un *trono,* o sea, la dignidad y el poder que era soberano y supremo en David como rey. "El derecho a reinar siempre pertenecerá a la simiente de David".[115] (3) Un *reino,* es decir, el reinado político de David sobre Israel. Dios asegura que tanto la *casa* como el *trono* y el *reino* de David serían "para siempre" (2 S. 7:13). Esa promesa fue reiterada por el ángel Gabriel a la virgen María, indicando que el hijo que le nacería sería

115. John F. Walvoord, *The Millennial Kingdom,* p. 196.

Aquel en quien se cumpliría la promesa hecha a David (Lc. 1:30-33).

Algunos teólogos enseñan que Cristo ya ocupa el trono de David. Tanto los llamados premilenaristas del pacto como los dispensacionalistas progresivos creen que la presente sesión de Cristo en el cielo es la inauguración del reino davídico. Según ellos, la consumación de dicho reino tendrá lugar con el regreso a la tierra del Mesías. Los dispensacionalistas progresivos creen que el trono del Padre que el Señor comparte ahora (Ap. 3:21), equivale al trono de David. Esa conclusión carece de fundamento exegético y es más bien una deducción de dicha escuela de pensamiento. Las Escrituras diferencian ambos tronos. La enseñanza más clara y congruente de la Biblia es que Cristo ocupará el trono de David en su segunda venida a la tierra. Su sesión presente a la diestra del Padre tiene que ver con su ministerio sumo sacerdotal, intercediendo por sus redimidos (He. 4:14-16; 7:23-28) y no como rey mesiánico reinando sobre la tierra. Las naciones y reinos de los hombres continúan en rebeldía. Cuando Él reine "lo dilatado de su imperio y la paz no tendrán límite, sobre el trono de David y sobre su reino disponiéndolo y confirmándolo en juicio y en justicia desde ahora y para siempre. El celo de Jehová de los ejércitos hará esto" (Is. 9:7). Cristo no está ahora sentado en el trono de David reinando sobre la nación de Israel. Está sentado con el Padre en su trono, aguardando el momento cuando todos sus enemigos serán derrotados y puestos por estrado de sus pies (Hch. 2:33-35).

En el transcurso de esta discusión no se ha dado consideración a la triple división del ministerio del Mesías como profeta, sacerdote y rey en lo que respecta a la manifestación de su gloria humana en el milenio. Sin duda alguna, Cristo retiene esa triple función en el milenio, pero el énfasis primordial es en su reinado. De modo que es visto, en primer lugar, como rey y en segundo término, como profeta o como sacerdote en la ejecución de sus funciones reales.

Por ejemplo, ya se ha mostrado que Cristo se levantará como el Profeta como Moisés, dotado de autoridad gubernamental en la promulgación de la ley y en la ejecución de juicios. Otro indicio importante del Mesías en una capacidad profética es proporcionado en la figura del siervo de Jehová tan preeminente en Isaías. Aunque en la primera venida el énfasis principal recae sobre el ministerio profético y el sacrificio sacerdotal del siervo de Jehová, en su segunda venida la majestad imperial del siervo ocupa el primer plano al ser exaltado hasta lo sumo, de modo que reyes se levantarán y enmudecerán delante de Él (Is. 40:10) y establecerá su juicio en la tierra y las islas esperarán su ley.

Un ejemplo de la preponderancia del aspecto real sobre el sacerdotal puede verse en Melquisedec quien, por interpretación de su título real, era rey de justicia y al mismo tiempo, como regidor de Salem, era rey de paz, haciéndole un tipo de Cristo en su reino milenario de absoluta justicia y paz. Además, se dice que es sacerdote del Dios Altísimo, el título de Dios en la era milenaria futura de manifiesta supremacía sobre todas las naciones del mundo. El cuadro completo del Génesis 14, por lo tanto, es el de un rey de justicia y paz reinando en una capacidad de mediador por el Dios de toda la tierra. El resumen del Salmo 110, el otro pasaje importante en el Antiguo Testamento respecto de Melquisedec, ofrecido por Harry Friesen, difícilmente puede considerarse como el concepto convencional del trabajo de un sacerdote. Este es, según cree él:

> Un cuadro profético de cómo el futuro Melquisedec, el Mesías, gobernará desde el mismo sitio (Salem o Jerusalén) como el Melquisedec antiguo y producirá el establecimiento del reino milenario davídico mediante la ejecución de un juicio justo sobre los malos.[116]

En la profecía de Zacarías 6:9-15, el Mesías es nuevamente contemplado como sacerdote, pero aquí una vez más en la forma inesperada de estar sentado y gobernando sobre un trono.

---

116. Harry Friesen, "Melchizedek a Type of Christ" (Tesis de licenciatura inédita; Dallas Theological Seminary, Dallas, Texas, 1949).

En cada uno de los casos, por lo tanto, no es el oficio de profeta o el de sacerdote que constituye el tema principal, sino la obra de Cristo como el rey teocrático. El oficio profético culmina en la obra de la enunciación y ejecución de las leyes del reino, mientras que el oficio sacerdotal es requerido por el carácter mediador del reino en el que Dios reinará a través de Cristo. Por supuesto que esos oficios son vistos en cada caso en relación con los factores humanos en vez de los factores divinos.

Capítulo V

La gloria divina de Cristo en el milenio

El milenio es esencialmente un período de tiempo definido que presenta una revelación particular de la persona y la obra de Cristo. Ha habido en el pasado una gran cantidad de controversia centrada en la obra de Cristo en el milenio y sus correspondientes resultados mientras que se ha ignorado considerablemente la relación de esa obra con su persona. En muchas ocasiones la discusión se ha centrado en problemas menores en vez de ocuparse de las cuestiones principales. Se ha pasado por alto en innumerables debates que el centro mismo del milenio es la persona gloriosa del Mesías en una dimensión jamás vista por los hombres. La presencia de su bendita persona en la tierra dará lugar a lo que G. C. Berkouwer, teólogo de la escuela reformada, ha escrito:

> Ese reino de paz interrumpirá el curso de la historia de una manera muy especial e insospechada. En otras palabras, en esta postura (milenarista) no solo hay la perspectiva bíblica final de un nuevo cielo y una nueva tierra donde mora la justicia (2 P. 3:13), definitiva y total, sino también una

> postura de lo que podría llamarse un *eschatón temporal.* Será la revelación de un misterio hasta ahora desconocido. El señorío de Cristo será dado a conocer *en la tierra* a todos los habitantes en un interludio de la historia. El milenio no es otra cosa sino la realidad del triunfo de Cristo en la tierra.[1]

El triunfo de Cristo aludido por Berkouwer no es producto del obrar de los hombres ni siquiera de la Iglesia. Es, ni más ni menos, que el resultado directo de la obra del Mesías: su muerte, su resurrección, su exaltación y su gloriosa venida a la tierra en cumplimiento estricto de todas las profecías y en particular de los pactos de Dios con Abraham y David.

En general, los amilenaristas han objetado a ciertos factores relacionados con el milenio, tales como la cuestión del avivamiento de peculiaridades judías, el ofrecimiento de sacrificios cruentos, la mezcla de personas glorificadas con aquellos que aún poseen cuerpos naturales y la presencia del mal en el milenio. Todo eso es considerado como contradictorio, ilógico e improbable.

Debe cuestionarse si un simple examen de esos elementos en sí mismos servirá para establecer su incongruencia o improbabilidad. Por ejemplo, los liberales han argumentado en contra de la obra redentora de Cristo sobre la base de su razonamiento con resultados desastrosos. El rechazo indiscriminado de la naturaleza propiciatoria de la muerte sustituta de Cristo solo se ha realizado a costa de sacrificar la santidad intrínseca y la justicia de la persona de Dios, quien estaba en Cristo reconciliando al mundo consigo (2 Co. 5:19). La muerte vicaria de Cristo, aunque en contradicción con la razón humana, está en perfecta armonía con el carácter de Dios.

El hecho del carácter penal de la muerte de Cristo ha sido admirablemente demostrado por William Bates (1625-1699).

1. G. C. Berkouwer, *The Return of Christ* (Grand Rapids: Eerdmans Publishing Company, 1972), p. 292.

Este destacado pastor y teólogo presbiteriano escribió una obra considerada como un trabajo clásico cuyo título es *The Harmony of the Divine Attributes* [La armonía de los atributos divinos].

En su estupendo trabajo teológico, Bates muestra que la redención de Cristo está en absoluta armonía con los atributos divinos de sabiduría, misericordia, justicia, santidad, poder y verdad.[2] Se ha propuesto sobre la misma base, la cual está lejos de ser nueva o novedosa, evaluar la obra de Cristo tal como es bosquejada en el sistema premilenarista. La correlación de la obra de Cristo en el milenio con la manifestación de su persona tal como se revela en los atributos divinos, es un argumento importante a favor del premilenarismo en comparación con el problema de las aparentes pequeñas discrepancias, que también existen en casi todas las áreas de investigación teológica.

El método del acercamiento es algo simplificado en que la obra de Cristo en el milenio no necesita ser igualada con los atributos de Dios como si fuese alguna norma o criterio externo, pero la obra en sí tiene que ser una manifestación de esos atributos. En las palabras de James Cooke Seymour: "¿Cuál es el verdadero carácter de Dios? Lo que Dios es, se determina mejor por lo que hace. Cristo en acción es el Apocalipsis del carácter de Dios".[3] Hay toda razón para esperar, por lo tanto, que el milenio, que es el Apocalipsis de Cristo en el sentido más completo, de igual manera dará lugar a un perfecto Apocalipsis del carácter de Dios en los atributos divinos. Es exactamente de esa forma que T. R. Birks describe la persona de Cristo en el milenio:

> Aparecerá en la gloria del Padre, y todos los ángeles le adorarán. El Hijo manifiestamente ejercerá todas las prerrogativas divinas, y reinará con autoridad suprema sobre el mundo entero, sin ninguna apelación de su

2. William Bates, *The Harmony of the Divine Attributes* (Filadelfia: Presbyterian Board of Publication, s.f.), pp. 2394.
3. James Cooke Seymour, *Christ the Apocalypse* (Cincinnati: Jennings & Pie, 1902), p. 18.

mandado, y ninguna adoración aceptable que no se centre directamente en su persona. Es el reinado de la deidad hecha visible, en su persona divina, "en quien habita la plenitud de la deidad corporalmente".[4]

La manifestación gloriosa de la deidad

No es difícil encontrar ejemplos específicos para sustanciar la tesis de Birks. Por ejemplo, esto puede verse en primer lugar, en algunas ilustraciones de la naturaleza general de la deidad de Cristo como se manifestará en el milenio. Isaías 66:15, 18 ofrece evidencia inequívoca del ejercicio de omnisciencia:

> Porque he aquí que Jehová vendrá con fuego, y sus carros como torbellino, para descargar su ira con furor, y su reprensión con llama de fuego... Porque yo conozco tus obras y sus pensamientos; tiempo vendrá para juntar a todas las naciones y lenguas; y vendrán, y verán mi gloria.

Aunque el verbo *conocer* (v. 18) ha sido convenientemente suplido en este contexto por los traductores, es inmaterial que se use *conocer, castigar, tener presente* o cualquier otra expresión, puesto que después de todo el contraste es proporcionado por el espectáculo del infinito Mesías que regresa en ira vengadora no solo para hacer frente a las malas obras, sino también a los malos pensamientos de sus débiles adversarios. No es de sorprenderse que Aquel que, como el manso y humilde siervo podía discernir con perfecta facilidad los pensamientos de amigos y adversarios por igual (vea Mt. 9:4; 12:27; 16:8; Jn. 2:24; 6:64; 18:14), cuando regrese en gloria como el Mesías triunfante debe exhibir el mismo conocimiento ilimitado del corazón humano.

> Las naciones del mundo han visto al Rey venir en humillación, el humilde Carpintero de Nazaret; Varón

4. T. R. Birks, *Outlines of Unfulfilled Prophecy* (Londres: Seeleys, 1854), p. 192.

> de dolores experimentado en quebrando; despreciado y desechado de los hombres. Le han visto coronado de espinas delante de Poncio Pilato. Ahora tienen que verlo venir en su gloria real; y tendrán que comparecer delante de su trono de juicio.[5]

La convocatoria de "todas las naciones", según Franz Delitzsch, es definitivamente para juicio,[6] evidentemente el juicio de las naciones delante del trono de su gloria como lo sugiere la parte final del versículo 18: "vendrán y verán mi gloria". El hecho en sí de que "todas las naciones y lenguas" son el objeto del juicio exige nada menos que la sabiduría de Cristo como el juez divino. La judicatura de Cristo, un factor continuo a través del milenio, será un testimonio constante de su infalible omnisciencia.

Además está el testimonio de la omnisciencia de Cristo debido a la naturaleza misma del milenio propiamente hablando. Cualquier erudito que quiera hacer justicia a un estudio de esa era tiene que hacer frente a una asombrosa cantidad de detalles que demandan correlación e integración. Solo en la obra de G. N. H. Peter, *The Theocratic Kingdom* [El reino teocrático], hay un total de 2.175 páginas. Requerirá nada menos que la absoluta omnisciencia de Cristo para sincronizar y cumplir los innumerables detalles de la profecía del Antiguo Testamento tocante al reino.

Respecto de la omnisciencia de Cristo en el milenio, la siguiente selección es extraída de la mencionada obra, *The Theocratic Kingdom:*

> ¿*Cómo* puede la maldición abrogarse; *cómo* puede la muerte ser vencida; *cómo* pueden removerse todos los temores malignos relacionados con el hombre y la naturaleza; *cómo* puede obtenerse la indescriptible gran bendición: todas las

5. Alva J. McClain, *The Greatness of the Kingdom* (Grand Rapids: Zondervan Publishing House, 1959), p. 203.
6. Franz Delitzsch, *Biblical Commentary on the Prophecies of Isaiah* (Grand Rapids: Eerdmans Publishing Company, 1949), Vol. II, pp. 508509.

> cuales han de realizarse en ese reino bajo el reinado del Mesías, *sin un poderoso despliegue de poder sobrenatural* más allá de lo que el mundo haya jamás contemplado, y más allá de la comprensión del hombre débil y mortal con sus limitados poderes? Si hay una verdad conspicuamente exhibida en las Sagradas Escrituras es que ese reino, el tabernáculo de David ahora en ruinas pero entonces gloriosamente reedificado bajo el Hijo de David, no puede ser manifestado más que con la maravillosa exhibición de energía del Todopoderoso.[7]

Uno solo puede compartir el asombro de Peters de que los amilenaristas que aceptan literalmente las plagas de Egipto, la división del Mar Rojo y la caída de Jericó, junto con todas las profecías que predicen los milagros de poder que acompañaron la primera venida, puedan, sin embargo, tropezar al llegar al milenio porque el literalismo de su carácter milagroso no encuentra cabida dentro de su idea de la naturaleza espiritual de la Biblia.[8] Si los milagros realizados por Cristo durante su primera venida son un testimonio indiscutible de su omnipotente deidad, cuánto más los mayores milagros del futuro darán un testimonio incluso más convincente de ese hecho.

Es solo natural que la presencia humana de Cristo localizada en su cuerpo glorificado deba recibir un énfasis fundamental en el milenio. Aun así, esto no excluye el ejercicio intacto de su divina omnipresencia. Es imposible para Él ejercitar omnisciencia y omnipotencia ilimitada sin, al mismo tiempo, ser omnipresente, de tal manera que llene la tierra con su autoridad, poder e influencia. A su propio pueblo, Israel, da esta promesa:

> No temas, porque yo estoy contigo; no desmayes, porque yo soy tu Dios que te esfuerzo; siempre te ayudaré, siempre

7. George N. H. Peters, *The Theocratic Kingdom* (Grand Rapids: Kregel, 1972), p. 220-221.
8. *Ibíd.*

> te sustentaré con la diestra de mi justicia. Los afligidos y menesterosos buscan las aguas, y no las hay;... yo Jehová los oiré... En las alturas abriré ríos,... y manantiales de aguas en la tierra seca (Is. 41:10, 17, 18). No temas, porque yo estoy contigo; del oriente traeré tu generación, y del occidente te recogeré (Is. 43:5; vea también, Is. 27:23; Sal. 46:1, 5).

Debido a la manifestación de la deidad, Cristo será el objeto de adoración divina en el milenio. En el Sal. 45:6, es aclamado como Dios: "Tu trono, oh Dios, es eterno y para siempre". Cristo personalmente hará que las naciones se acerquen y adoren la gloria de su deidad. "Todas las naciones que estarán bajo su dominio y gozarán sus bendiciones deberán adorar públicamente a su rey, reconociendo así su dependencia, deuda, gratitud, amor y reverencia como súbditos".[9] Como lo expresa Isaías: "Y de mes en mes, y de día de reposo en día de reposo, vendrán todos a adorar delante de mí, dijo Jehová" (Is. 66:23; vea también, Sal. 86:9; Zac. 14:15-19).

La manifestación gloriosa de justicia

Los teólogos reformados generalmente han clasificado la justicia de Dios como absoluta o relativa. El teólogo Louis Berkhof ha escrito lo siguiente:

> Se ha hecho por regla general, una distinción entre la justicia absoluta de Dios y la relativa. La primera es aquella rectitud de la divina naturaleza, en virtud de la cual Dios es infinitamente justo en sí mismo, mientras que la segunda es aquella perfección de Dios por medio de la cual Él se mantiene en contra de toda violación de su santidad y deja ver en todo sentido que Él es santo.[10]

9. *Ibíd.*, p. 596.
10. Louis Berkhof, *Teología sistemática* (Grand Rapids: T.E.L.L., 1976), p. 87.

Otra clasificación de la justicia de Dios es la que se conoce como *gubernativa,* o sea, la que Dios manifiesta como soberano sobre buenos y malos. La justicia gubernativa tiene que ver como lo que Él demanda de sus criaturas. La ley de Dios sobre el hombre es justa y contiene promesas de recompensa para el que obedece y advertencia de castigo para el rebelde. También está la justicia *distributiva* o aquella que se manifiesta en el reparto de galardón o castigo (vea Is. 3:10; Ro. 2:6; 1 P. 1:17).[11]

La discrepancia entre las demandas justas del Creador y la respuesta injusta de la criatura naturalmente establece un problema. La clásica teodicea reformada ha hallado la solución en la satisfacción hecha a la justicia divina por la muerte propiciatoria de Cristo en la cruz. La actitud tomada por el hombre hacia esa muerte sustituta determina, por consiguiente, si ha de perderse o ser salvo. La mayoría de las apologéticas reformadas no profundizan en el problema de la justicia más allá de este punto. El método de la dogmática reformada hasta este punto, aunque proporciona una solución definitiva, de ningún modo es completo en sí mismo. La muerte forense de Cristo para satisfacer la justicia de Dios es una cosa; la conclusión práctica de esta justicia es otra cosa. Esto resulta del hecho de que los aspectos finales de la justicia gubernativa y distributiva no son exactamente iguales que la inmediata y la local.

A modo de ilustración, el aspecto final de la justicia gubernativa es siempre el mismo. Los hombres o fracasan o son ayudados a cumplir sus demandas, dependiendo de su rechazo o aceptación de la justicia derivada del único acto justo realizado en la cruz. El aspecto final de la justicia distributiva, de igual manera, es inalterable, resultando en salvación eterna o perdición eterna.

Por otro lado, los aspectos inmediatos de la justicia gubernativa y del gobierno moral son inconfundiblemente variados, dependiendo de la respectiva regla de vida impuesta en el hombre. En el huerto del Edén, por ejemplo, la justicia gubernativa prohibió al hombre

11. *Ibíd.*

comer del fruto del árbol; la justicia distributiva impuso la muerte espiritual y física. Bajo la ley mosaica la justicia gubernativa requería conformidad con las ordenanzas morales y ceremoniales, mientras que la justicia distributiva prescribía muerte física por apedreamiento o disciplina mediante la excomunión del campamento.

Obviamente, las especificaciones inmediatas y las formas de la justicia en el huerto o bajo la ley, se diferencian radicalmente de aquellos bajo la gracia en la era de la Iglesia. Esas diferencias continúan en el milenio, cuando la justicia gubernativa especificará estricta adhesión a la ley del reino, y la justicia distributiva pronunciará la muerte física para los transgresores, o sequías de desgaste como en el caso de las naciones recalcitrantes que rehúsan observar la fiesta de los tabernáculos (Zac. 14:16-18). Será un agravio terrible no subir a Jerusalén para adorar al rey. Las naciones desobedientes y obstinadas que rehúsen asistir a la fiesta de adoración al Mesías no recibirán la bendición de la lluvia. Adorar al Rey Mesías es requisito indispensable para recibir bendición en el reino ya que Él es el centro de toda actividad en la era del reino, particularmente en lo que tiene que ver con la adoración. Esta última estipulación, en particular, debe servir para demostrar la condición única de las demandas de la justicia de Dios en el milenio.

En consonancia con esas diferencias inmediatas y locales, el premilenarismo sostiene que la manifestación de la justicia divina consecuentemente ha variado de era en era. Por ejemplo, en la era presente la justicia sufre, pero a través de los triunfos de la segunda venida reinará, y morará en los nuevos cielos y en la nueva tierra (2 P. 3:13).[12] Por consiguiente, el sistema premilenarista anticipa un despliegue público del gobierno justo de Dios durante el milenio en la tierra de modo que puede decirse de Jehová: "…A vista de las naciones ha descubierto su justicia" (Sal. 98:2). Esa exhibición sin precedente de justicia internacional solo debe esperarse en

12. C. C. Crowston, *Meditations on Manifold Glories of Christ* (Nueva York: The Book Stall, 1919), p. 115.

una era cuando el propósito declarado de Cristo como rey es el de administrar justicia a las naciones en el mundo. El profeta Jeremías lo expresó así: "He aquí vienen días, dice Jehová, en que levantaré a David renuevo justo, y reinará como Rey, el cual será dichoso; (la Nueva Versión Internacional dice: "reinará con sabiduría"), y hará juicio y justicia en la tierra" (Jer. 23:5). También añade el salmista: "Alégrense, y gócense las naciones, porque juzgarás los pueblos con equidad, y pastorearás las naciones en la tierra" (Sal. 67:4); y: "Decid entre las naciones: Jehová reina. También afirmó el mundo, no será conmovido; juzgará a los pueblos con justicia" (Sal. 96:10). Desde la entrada del pecado en la experiencia humana, la injusticia ha reinado entre los hombres. La presencia personal del Mesías en la tierra y la inauguración de su glorioso reinado pondrán de manifiesto la perfecta justicia del Todopoderoso.

El reconocimiento de la justicia nacional como una categoría de la justicia divina no es nada nuevo. Richard Watson escribe tocante al atributo de justicia e insiste en la bien definida distinción entre la justicia nacional y la individual. "Con las naciones el caso es otro. Sus galardones y castigos al ser de naturaleza civil, pueden ser plenamente administrados en esta vida, y como entes políticos, no tienen existencia póstuma".[13] Watson concluye, naturalmente, que esta justicia tiene que ser confirmada dentro de la estructura del trato providencial de Dios, aunque está terriblemente consciente de la existencia de irregularidades y de obvias injusticias. El premilenarista, aunque no rechaza la validez de la providencia gobernante, sí insiste en que el presente "tiempo de los gentiles" con una comparativa actitud de *laissez faire* de parte de Dios, será reemplazado por una era cuando las naciones serán tenidas bajo estricta responsabilidad de los principios de justicia divina bajo el gobierno de "vara de hierro" del Mesías sentado sobre el monte santo de Sión.

Por otro lado, el amilenarista, quien pasa por alto esas diferencias,

13. Richard Watson, *Theological Institutes* (Nueva York: G. Lena & C. B. Tippett, 1848), p. 443.

no hace provisión para una abierta vindicación de la justicia divina en el gobierno de la tierra. Por ejemplo, C. S. Lewis en su libro *The Case for Christianity* [El argumento a favor del cristianismo], reconocido como una espléndida apología de la justicia de Dios en un tono popular, no ve más allá de la solución final. La medida en la que está limitado por el tradicionalismo puede juzgarse por su descripción de las consecuencias de la intervención activa de la justicia divina en este mundo:

> Dios invadirá. Pero me pregunto si la gente que le pide a Dios que interfiera abierta y directamente en nuestro mundo se da verdadera cuenta de lo que será cuando lo haga. Cuando eso suceda, será el fin del mundo. Cuando al autor se dirige al escenario el drama termina... cuando veas todo el universo natural derretirse como un sueño.[14]

La analogía de Lewis es plausible pero, como ocurre con la mayoría de los argumentos de analogía, es defectuoso porque con frecuencia el autor hace su aparición en el estrado para jugar el papel principal de la manera como cree que se debe de interpretar. Ese será el caso cuando Cristo regrese para asumir el señorío sobre las naciones y restaurar una paz justa en un mundo desordenado.

George N. H. Peters señala que en preparación para el glorioso reinado de Cristo habrá "un tiempo de justicia, hecho necesario debido al actual desarrollo de la depravación humana, una firme administración de justicia que aplasta al inicuo con confusión, vergüenza y destrucción".[15] Isaías verifica ese hecho cuando dice: "Porque luego que hay juicios tuyos en la tierra, los moradores del mundo aprenden justicia" (Is. 26:9). No será sino hasta la terminación de los terribles juicios de la semana setenta de Daniel cuando será traída la justicia perdurable (Dn. 9:24). Ni siquiera para el pueblo escogido los criterios inmutables de justicia serán

14. C. S. Lewis, *The Case for Christianity* (Nueva York: MacMillan Company, 1948), pp. 55-56.
15. George N. H. Peters, *The Theocratic Kingdom,* Vol. III, p. 189.

dejados de lado. Aunque Israel sea tan numeroso como la arena del mar, solo un remanente sobrevivirá, pero "el decreto de destrucción rebosará con justicia" o producirá rectitud en su fluir como una gran inundación de justicia penal (Is. 10:22).[16] El juicio será el cordel, la justicia será el nivel y todo lo que no esté alineado será barrido (Is. 28:17). Por lo tanto, Sión será redimida con juicio y sus convertidos con justicia (Is. 1:27). En relación con ese aspecto primitivo de la justicia, Cristo es descrito como el Mesías guerrero que viene de Edom, que habla justicia y es poderoso para salvar (Is. 63:1). El mismo cuadro aparece en el Salmo 45:4, 7 donde el Mesías, quien ama la justicia y aborrece la iniquidad, ciñe su espada con gloria y majestad en favor de la verdad, la humildad y la justicia (vea Is. 59:17).

La fase judicial sigue a la ejecución de justicia primitiva y se ocupa primordialmente con la entrada en el reino. Es particularmente preeminente en el juicio de los gentiles donde solo los justos son admitidos en el reino; "entonces *los justos* le responderán" (Mt. 25:37). "Los justos" (oiJ divkaioi) son los que han puesto su fe en el Mesías y por lo tanto, "tienen el veredicto de Dios a su favor".[17] También de Israel está escrito: "Y tu pueblo, todos ellos serán justos, para siempre heredarán la tierra; renuevos de mi plantío, obra de mis manos, para glorificarme" (Is. 60:21). Las puertas de Sión serán abiertas para dar entrada a la gente justa, guardadora de verdades (Is. 26:2). El proceso de la eliminación de todas las cosas abominables continuará a través del milenio hasta que los justos brillen en el reino de su Padre (Mt. 13:43), porque el Mesías ha jurado en justicia: "Que a mí se doblará toda rodilla y jurará toda lengua" (Is. 45:23).

En el milenio, la justicia se convierte en un apelativo sinónimo con el Mesías. Para los que temen su nombre "nacerá el Sol de justicia, y en sus alas traerá salvación" (Mal. 4:2). En su segunda venida, el Mesías dice: "Haré que se acerque mi justicia, no se

16. Franz Delitzsch, *Biblical Commentary on the Prophecies of Isaiah,* Vol. I, p. 272.
17. R. C. H. Lenski, *The Interpretation of St. Matthew's Gospel* (Minneapolis: Augsburg Publishing House, 1964), p. 993.

alejará, y mi salvación no se detendrá. Y pondré salvación en Sion, y mi gloria en Israel" (Is. 46:13; 51:5). Como sacerdote según el orden de Melquisedec, Él es rey de justicia y mediador (Sal. 110:4; He. 7:2). Una parte sumamente importante de las Escrituras muestra que Cristo cumplirá toda la justa intención del pacto davídico:

> He aquí que vienen días, dice Jehová, en que levantaré a David renuevo justo, y reinará como Rey, el cual será dichoso, y hará juicio y justicia en la tierra. En sus días será salvo Judá, e Israel habitará confiado; y este será su nombre con el cual le llamarán: Jehová, justicia nuestra (Jer. 23:5, 6).

Las palabras clave del reino milenario de Cristo son justicia y paz. La primera es la raíz de la que la segunda es el fruto. Con la eliminación del mal, el juicio hará su habitación incluso en el desierto, que con anterioridad era el albergue de fugitivos de la ley y la justicia permanecerá en el campo fructífero, que una vez era botín de los codiciosos y los poco escrupulosos. Como resultado, dice Isaías:

> Y habitará el juicio en el desierto, y en el campo fértil morará la justicia. Y el efecto de la justicia será paz; y la labor de la justicia, reposo y seguridad para siempre (Is. 32:16-17).

Por lo tanto, el pueblo del Mesías "habitará en l morara de paz, en habitaciones seguras, y en recreos de reposo" (Is. 32:18). "El tributo de Sion será paz y sus opresores serán puestos por justicia" (Is. 60:17). "Porque en sus días florecerá justicia, y muchedumbre de paz, hasta que no haya luna" (Sal. 72:7). Entonces verdaderamente se cumplirá la profecía: "La misericordia y la verdad se encontraron. La justicia y la paz se besaron" (Sal. 85:10).

A causa de la presencia del Mesías, Jerusalén será la fuente de donde emanará toda la justicia durante el milenio en gloria deslumbrante. "Su justicia saldrá como resplandor, y su salvación se encenderá como una antorcha, los gentiles verán su justicia y todos los reyes su gloria" (Is. 62:12). Sión "será llamada ciudad de justicia" (Is. 1:26) y será llena de "juicio y justicia" (Is. 33:5).

Justicia será un término descriptivo que caracterizará el gobierno del Mesías como un todo. Cristo será un rey que reinará para justicia (Is. 32:1). La justicia será el cinto de sus lomos (Is. 11:5). Juzgará a los pobres con justicia (Is. 11:4; vea Sal. 72:14), y al juzgar y en la búsqueda de juicio, se apresurará en la ejecución de la justicia (Is. 16:5). Se proclamará entre los gentiles: "Jehová reina... juzgará a los pueblos con justicia" (Sal. 96:10).

Bajo el bondadoso dominio de Cristo, los que tienen hambre y sed de justicia serán saciados (Mt. 5:6) y recibirán justicia del Dios de salvación (Sal. 24:5). Recibirán discernimiento para diferencia entre el justo y el malo (Mal. 3:18). Israel ofrecerá a Jehová una ofrenda de justicia (Mal. 3:3); entonces Jehová se agradará con "los sacrificios de justicia, con el holocausto, y con ofrendas del todo quemadas" (Sal. 51:19). El carácter cambiado de Israel será una respuesta espontánea producto de la justicia interior obrada por Jehová, una diferencia enorme del falso legalismo de días pasados (Mt. 5:20). Así como la tierra da su retoño, "así Jehová el Señor hará brotar justicia y alabanza delante de todas las naciones" (Is. 61:11), de modo que las personas serán llamadas "árboles de justicia, plantío de Jehová, para gloria suya" (Is. 61:3).

La justicia es descrita también en términos de la unión matrimonial. Israel será la esposa de Jehová restaurada y desposada con Él en justicia, en benignidad y en misericordia (Os. 2:19). Además la Iglesia aparecerá en gloria con Cristo "vestida de lino fino, limpio y resplandeciente; porque el lino fino es las acciones justas de los santos" (Ap. 19:8).

Aunque el juicio corra como las aguas y la justicia como poderoso torrente, la naturaleza humana permanece invariable. El veredicto al final de la era milenaria será: "Se mostrará piedad al malvado, y no aprenderá justicia; en tierra de rectitud hará iniquidad, y no mirará a la majestad de Jehová" (Is. 26:20). Por lo tanto, el milenio terminará tal como comienza, es decir, con "llama de fuego para dar retribución a los que no conocieron a Dios" (2 Ts. 1:8; vea también Ap. 20:9). Aun así, el reino justo de Cristo sobre toda la tierra no será abolido (Is. 51:56), sino que continuará para siempre (Is. 51:8) en la nueva tierra, porque:

> Lo dilatado de su imperio y la paz no tendrán límite, sobre el trono de David y sobre su reino, disponiéndolo y confirmándolo en juicio y en justicia desde ahora y para siempre. El celo de Jehová de los ejércitos hará esto (Is. 9:7).

El reinado justo del Mesías sobre el trono de David durará mil años. Pero ese reinado de justicia será el preámbulo histórico del reino eterno de Jesucristo:

> El Señor Dios le dará el trono de David su padre; y reinará sobre la casa de Jacob para siempre, y su reino no tendrá fin (Lc. 1:32b-33).

La manifestación del atributo de justicia se ha desarrollado de manera completa y en detalle para poner de manifiesto las posibilidades del premilenarismo como un sistema coherente y al mismo tiempo exponer el error del concepto amilenarista de que la profecía tiene que ser espiritualizada para que sea inteligible. Debe destacarse que los amilenaristas no han sido notorios por la formulación de un sistema congruente, sino que más bien invierten su tiempo y esfuerzo en presentar un programa negativo de crítica de la postura premilenarista.

También debe destacarse que cada manifestación de justicia en el milenio ha sido presentada con un enfoque en la persona y la obra de Cristo, puesto que es inconcebible que la tierra y su población pudiesen ser bendecidas independientemente de Cristo, de quien emana la distribución de toda justicia hacia las criaturas. Ese mismo procedimiento será utilizado al tratar los otros atributos de la bendita persona del Mesías.

La manifestación gloriosa de la misericordia

Contrario a la opinión de algunos, de principio a fin del Antiguo Testamento, hay múltiples evidencias de que Jehová es un Dios de infinita misericordia. Como ha observado Miller Borrows, la importancia de este concepto se evidencia mediante el número de palabras usadas para tratar este tema (gracia, misericordia, compasión, bondad, paciencia y ternura).[18] El vocablo más usado en el Antiguo Testamento para expresar el concepto de misericordia es *hesed*, que significa "bondad", "benignidad", "piedad". Tanto en la Septuaginta (LXX) como en el Nuevo Testamento se usa el vocablo griego *éleos*. El salmista alaba a Dios diciendo: "Porque eres, oh Dios, mi refugio, el Dios de mi misericordia" (Sal. 59:17), y también: "Tuya, oh Señor, es la misericordia" (Sal. 62:12). El clamor del ciego Bartimeo fue: "¡Jesús, Hijo de David, ten misericordia de mí! (Mr. 10:48).

Isaías el profeta, poderoso maestro del lenguaje, en particular revela con expresiones" que sugieren el sentimiento más tierno de que el corazón humano es capaz y los transfiere a Dios".[19] En 63:719, considera la misericordia como una manifestación de la gloria de Dios. Aquí el profeta dirige su petición al cielo, la habitación de la gloria de Jehová, y ruega sobre la base del nombre glorioso que Jehová ha obtenido para sí mismo en virtud de la multitud de sus misericordias manifestadas al guiar a Israel en los días de la antigüedad. El énfasis del pasaje recae sobre la gran obra de misericordia que Dios ha efectuado hacia su pueblo. Su amor inquebrantable se manifiesta incluso cuando su pueblo ha sido desobediente (Is. 63:10-12).

En el Antiguo Testamento, por supuesto, la misericordia de Jehová se pone de manifiesto en el relato de la historia de la nación de Israel. En la opinión de Miller Borrows, esta misericordia se asocia primordialmente con la elección por gracia de Israel hecha

18. Miller Borrows, *An Outline of Biblical Theology* (Filadelfia: Westminster Press, 1946), p. 72.
19. Howard Osgood, "The Tender Loving God of the Old Testament", *The Bible Student* (agosto, 1900), Vol. II, p. 82.

por Jehová y su inquebrantable cuidado de ella hasta el punto de perdonar y restaurar la nación infiel en lealtad a su propia naturaleza y a su pacto.[20] Este último aspecto de la restauración primeramente está en secuencia cronológica con la misericordia durante el milenio que comienza cuando Jehová libera a su pueblo de la gran tribulación para introducirlo en el reino. La profecía relacionada con ese tema data de los tiempos del Moisés, quien predijo que Israel sería preservado en su tiempo de angustia por un Dios misericordioso y fiel al pacto que había jurado a los padres:

> Cuando estuvieres en angustia, y te alcanzaren todas estas cosas, si en los postreros días te volvieres a Jehová tu Dios, y oyeres su voz; porque Dios misericordioso es Jehová tu Dios; no te dejará, ni te destruirá, ni se olvidará del pacto que le juró a tus padres (Dt. 4:30-31).

"La nación puede dejar de cumplir el pacto; el pueblo puede olvidarse de su Señor; pero cuando regresen a Él en fe y obediencia (v. 30), Él misericordiosamente les aceptará. No se olvidará del pacto basado en sus promesas (v. 31)".[21]

Isaías también prevé que Dios abandona a Israel por un corto tiempo pero luego la recoge y reúne con gran misericordia. El profeta está confiado de que aunque los montes sean removidos, Jehová, quien ha tenido misericordia, no quitará ni su misericordia ni su pacto de paz:

> Por un breve momento te abandonaré, pero te recogeré con grandes misericordias. Con un poco de ira escondí mi rostro de ti por un momento; pero con misericordia eterna tendrá compasión de ti, dijo Jehová tu Redentor. Porque esto me será como en los días de Noé, cuando juré que nunca más las aguas de Noé pasarían sobre la tierra; así

20. Miller Borrows, *An Outline of Biblical Theology*, p. 72.
21. Earl S. Kalland, "Deuteronomy", *The Expositor's Bible Commentary* (Grand Rapids: Zondervan Publishing House, 1992), p. 47.

> he jurado que no me enojaré contra ti, ni te reñiré. Porque los montes se moverán, y los collados temblarán, pero no se apartará de ti mi misericordia, ni el pacto de mi paz se quebrantará, dijo Jehová, el que tiene misericordia de ti (Is. 54:7-10).

El despliegue del atributo de misericordia del Rey-Mesías hacia la nación de Israel es absolutamente maravilloso. De cierto la nación como tal es indigna de la manifestación gloriosa de su misericordia. Después de todo, ese pueblo ha sido rebelde y contumaz hasta el límite. Pero Jehová ha sido fiel a su compromiso con los patriarcas y ha mostrado su gran compasión hacia la nación pecadora, tal como lo expresa la frase "con grandes misericordias te recogí":

> Esa declaración es más profunda que el mar y más alta que los montes. Si el gran sufrimiento de Israel es tan pequeño para Dios, ¡cuán grande tiene que ser ese que él se complace en llamar *grande!* En cierta ocasión se lamentó "¡sino como mujer adúltera, que en lugar de su marido recibe a ajenos!" (Ez. 16:32). Pero al igual que Oseas aceptó a Gomer otra vez después de sus vergonzosos adulterios, así también Jehová aceptará a su esposa otra vez... ¡Aquí vemos inalterable amor y fidelidad! Ese breve *momento* y ese poco de *ira* ya han durado por más de dos mil quinientos años. Ellos comprenden la larga y terrible historia de la sangre y lágrimas de Israel, pero Jehová habla aquí como si todo eso fuese nada comparado con el futuro de gozo de su *misericordia eterna.* Y a pesar de esto ¡los hombres se atreven a acusar a Jehová de ser vengativo![22]

Además, Jehová tendrá compasión de Jacob y todavía recogerá a Israel y los plantará con tranquilidad en su tierra (Is. 14:1). Una

22. Harry Bultema, *Commentary on Isaiah* (Grand Rapids: Kregel Publications, 1981), pp. 539-540.

nota culminante es la que se alcanza cuando toda la creación es exhortada a alzar un canto sublime para celebrar el cuidado de Jehová hacia el remanente que regresa:

> Cantad loores, oh cielos, porque Jehová lo hizo; gritad con júbilo, profundidades de la tierra; prorrumpid, montes, en alabanza; bosque y todo árbol que en él está; porque Jehová redimió a Jacob, y en Israel será glorificado... Cantad alabanzas, oh cielos, y alégrate, tierra; y prorrumpid en alabanzas, oh montes; porque Jehová ha consolado a su pueblo, y de sus pobres tendrá misericordia (Is. 44:23; 19:13)

Oseas identifica la misericordia con el nombre mismo de la Israel restaurada, que ya no será llamada Loruhama, es decir, "no compadecida", sino Ruhama; esto es, "compadecida" (Os. 2:23). Puede decirse, entonces, que la misericordia intrínseca de la naturaleza misma de Jehová es engrandecida por su fidelidad hacia la nación en el tiempo de su más profunda aflicción a causa de sus pactos incondicionales con los padres, principalmente el pacto abrahámico y el palestino. La postura amilenarista, representada por Oswald T. Allis, argumenta en contra de la incondicionalidad del pacto abrahámico. Tal postura resulta en una negación[23] de la

23. Oswald T. Allis, *Prophecy and the Church* (Filadelfia: Presbyterian and Reformed Publishing Company, 1947), pp. 3236. El profesor Allis cree que el pacto abrahámico estaba sujeto a la condición de obediencia para su cumplimiento. Allis, sin embargo, no basa su afirmación en una exégesis de los pasajes que registran dicho pacto. Por ejemplo, dice que "la obediencia es una condición previa para bendición bajo cualquier circunstancia" (Sal. 68:6). Pero lo cierto es que incluso el mismo Abraham cometió actos de desobediencia y sin embargo, Dios no canceló su pacto, sino que lo reiteró a la descendencia de Abraham sobre la base de su promesa hecha al patriarca (vea Gn. 26:35; 35:1115). Oswald Allis pasa por alto que el pacto abrahámico es un acto de la gracia de Dios. El principio de la gracia es que Dios bendice al indigno y al pecador. El cumplimiento del pacto abrahámico depende de la fidelidad de Dios en el cumplimiento de todos sus compromisos. La obediencia se relaciona con el disfrute personal de las bendiciones que se derivan del pacto. Los beneficiarios del pacto abrahámico serán los descendientes de Abraham a través de Isaac y Jacob. El remanente que en los postreros días pondrá su fe en el Mesías como Señor y Salvador.

fidelidad de Dios hacia sus propios propósitos inmutables y roba a su naturaleza de toda manifestación de misericordia hacia su antiguo pueblo Israel.

El pacto davídico proporciona otro ejemplo del despliegue de la incomparable misericordia en el milenio. En ese aspecto, la misericordia de Dios era preeminente desde su mismo comienzo, cuando exaltó al desconocido hijo de Isaí y le prometió que la misericordia divina no se apartaría de su hijo Salomón (2 S. 7:15). El pacto davídico tal como es confirmado por el Salmo 89, una vez más exalta la misericordia de Jehová:

> Las misericordias de Jehová cantaré perpetuamente; de generación en generación haré notoria tu fidelidad con mi boca. Porque dije: Para mí siempre será edificada misericordia; en los cielos afirmarás tu verdad (Sal. 89:12).

Puesto que el cumplimiento del pacto davídico depende completamente del Hijo mayor de David, el Mesías, ni la más leve duda acerca de su final cumplimiento tiene cabida en la mente divina. No obstante, en vista de la fragilidad humana de la casa davídica, se evidencia una asombrosa ternura cuando Dios manifiesta su juramento mientras que la idea en sí de un pacto habla de la adaptación piadosa de Dios a la debilidad humana (Sal. 89:3).[24]

> La relación entre David y el Señor estaba garantizada por un "pacto" (בְּרִית, *berît*), hecho mediante juramento. Aun cuando la parte con quien el Señor hace el pacto rompe las condiciones, su naturaleza vinculante obliga al Señor a cumplir sus términos (vea vv. 34-35). La promesa a David es extendida también a sus descendientes (v. 4), y

24. Véase F. W. Grant, "The Psalms", *The Numerical Bible* (Nueva York: Loizeaux Brothers Inc., 1903), pp. 338-339.

> por consiguiente a las futuras generaciones de súbditos. El mismo Señor asegurará el gobierno de la dinastía davídica. Él "edificará" y "afirmará" (v. 2).[25]

La cercanía de que la cualidad de misericordia está entretejida en el entramado del pacto davídico lo evidencia con claridad la terminología usada por Isaías, cuando dice: "...haré con vosotros pacto eterno, las misericordias firmes a David" (Is. 55:3). Puesto que Jesús aún ha de sentarse en el trono de David su padre, en Hch. 13:34 Pablo argumenta que fue resucitado de los muertos para que no viese corrupción en completa consonancia con las misericordias firmes a David que E. W. Hengstenberg aquí llama "las sagradas, inviolables, inalienables, garantizadas misericordias y bendiciones que son prometidas a la casa de David".[26] El pacto davídico es, al igual que el abrahámico, incondicional. Dios lo llama "las misericordias fieles a David" (Is. 55:3; Hch. 13:34). El cumplimiento del pacto depende totalmente de la fidelidad de Dios respecto de su compromiso de realizar todo lo que ha prometido.[27]

En manos de los comentaristas amilenaristas, sin embargo, las misericordias firmes de David han experimentado una transformación tan grande en el proceso de la espiritualización que apenas hay parecido alguno con el sentido que originalmente fue prometido y entendido por David. Sin embargo, Cristo con toda certeza regresará a Jerusalén con misericordias para reedificar

25. Willem A. VanGemeren, "Psalms", *The Expositor's Bible Commentary* (Grand Rapids: Zondervan Corporation, 1991), p. 576.
26. E. W. Hengstenberg, *Christology of the Old Testament* (Edinburgo: T. & T. Clark, 1872), Vol. II, p. 348.
27. El teólogo Walter C. Kaiser Jr. comenta lo siguiente respecto del pacto davídico: "Basado en la enseñanza de 2 S. 7:13, el salmista (Sal. 132) encuentra la respuesta de Dios tranquilizadora: Dios nunca cambiará su manera de pensar, su plan o su intención de beneficiar al mundo entero a través de la descendencia de David. La condicional 'si' (Sal. 132:12) no puede afectar la certeza de la promesa; solo puede afectar la participación de un individuo en los beneficios de esa promesa, mientras que la promesa en sí permanece inviolable". Walter Kaiser Jr., *The Messiah in the Old Testament* (Grand Rapids: Zondervan Publishing House, 1995), pp. 8889.

su casa y restaurar la antigua capital de David con desbordante prosperidad (Zac. 1:16-17).

La última fase de la misericordia en el milenio que ha de considerarse es la relación de ese atributo con la justicia. Miller Borrows considera que esos términos son prácticamente sinónimos, de modo que los vocablos para justicia y misericordia llegan a ser casi intercambiables.[28] Aun cuando esa declaración es algo extremada, no es difícil ver que cuando esos conceptos se transfieran al ámbito de gobierno, que sin justicia no puede haber misericordia, y donde la misericordia es inasequible, la justicia es también inexistente. La inflexible justicia del milenio, por lo tanto, constituye al mismo tiempo una cruz para el transgresor y una bendición para el oprimido y el violentado, puesto que será una segura garantía para mitigar la miseria social. Ese principio es ilustrado, de hecho, por la siguiente provisión expresada por el mismo Mesías: "Bienaventurados los misericordiosos, porque ellos alcanzarán misericordia" (Mt. 5:7). La manifestación práctica de esta provisión será implementada por el gobierno imparcial de Cristo, quien juzgará al pobre del pueblo y salvará al necesitado, pero quebrantará en pedazos al opresor (Sal. 72:4, 12-14). En el reino mesiánico, el mundo por primera vez verá un gobierno imparcial que favorecerá al pobre y obtendrá el remedio para las injusticias opresoras perpetradas por los ricos. Por lo tanto, puede concluirse con Elhanan Winchester que "el gobierno del glorioso Jehová será muy misericordioso, y solo será terrible para el orgulloso, el tirano, el malvado y el rebelde".[29] En el amilenarismo no existe ninguna provisión para una clara manifestación de la misericordia de Jehová cuando su Hijo juzgue al mundo con justicia y al pueblo con equidad (Sal. 98:2, 3, 9).

La manifestación gloriosa de bondad

Las Escrituras claramente enseñan que hay una relación definida entre la gloria de Dios y su bondad. En respuesta a la petición de

28. Miller Borrows, *An Outline of Biblical Theology*, p. 72.
29. Elhanan Winchester, *Lectures on the Prophecies Which Remain to be Fulfilled* (Cincinnati: E. Morgan and Company, 1851), p. 310.

Moisés de ver su gloria, Jehová le respondió: "Yo haré pasar todo mi bien delante de tu rostro y proclamaré el nombre de Jehová delante de ti..." (Éx. 33:19). Sobre la base de ese incidente, uno no puede dejar de estar de acuerdo con Hermann Cremer cuando afirma que la gloria de Dios "es la plenitud de todo lo que es bueno en Él".[30]

Una definición concisa y factible de la bondad en sí es la que ofrece Augustus H. Strong: "Bondad es el principio eterno de la naturaleza de Dios que le lleva a comunicar su propia vida y bendiciones a los que son como Él en carácter moral".[31] Si se mantiene en mente el factor moral, se avanzará muchísimo en la tarea de despejar el desafortunado malentendido albergado por algunos tocante a la supuesta naturaleza carnal del milenio. Sin detenerse un momento, el profeta Zacarías parece estar totalmente absorto con lo espiritual cuando exclama: "Porque, ¡cuánta es su bondad y cuánta su hermosura!" Seguidamente, sin embargo, parece haber descendido a lo material cuando añade: "El trigo alegrará a los jóvenes, y el vino a las doncellas" (Zac. 9:17). La aparente antítesis entre las dos declaraciones es reconciliada por David Baron, quien mantiene que la prosperidad material y la abundancia material del reino milenario son una señal externa y una evidencia que acompaña a la abundante bendición espiritual y a la gloria que habitará en la tierra. Destaca, además: "Esa bondad y hermosura de Jehová también se reflejará en ese día futuro mediante la restaurada y convertida nación de Israel, porque los salvará en aquel día Jehová su Dios como rebaño de su pueblo; porque como piedras de diadema serán enaltecidos en su tierra (Zac. 9:16)".[32] Ese principio de bendición, por supuesto, no es nada nuevo en el caso de la nación de Israel. Existe una ilustración adecuada al comienzo mismo de su historia en la persona del venerable patriarca Abraham, un príncipe poderoso bendecido ricamente con las riquezas de este mundo, cuya prosperidad

30. Hermann Cremer, *BiblicalTheological Lexicon of New Testament Greek* (Edinburgo: T. & T. Clark, 1883), p. 208.
31. Augustus Hopkins Strong, *Systematic Theology* (Filadelfia: The Judson Press, 1907), p. 289.
32. David Baron, *The Visions and Prophecies of Zechariah* (Londres: Morgan & Scott, Ltd., 1919), p. 333.

material, sin embargo, fue igualada e incluso sobrepasada por su profunda piedad e incuestionable devoción a Jehová. También es verdad que las bendiciones materiales no siempre eran favorables para la piedad. Cuando Jesurún engordó, tiró coces y "abandonó al Dios que lo hizo, y menospreció la roca de su salvación" (Dt. 32:15). En ese caso, sin embargo, el juicio cayó e Israel fue privada de las buenas cosas de esta vida.

Lo que sí es evidente es que las bendiciones espirituales no están reñidas con las materiales. Rechazar la enseñanza del milenio terrenal, como hizo San Agustín y muchos otros amilenaristas, sobre la base de que el milenio es material y carnal, no hace justicia a la enseñanza de muchos pasajes de las Escrituras proféticas. La gran consumación de la era mesiánica será adornada con ricas y abundantes bendiciones tanto en el ámbito de lo material como en el de lo espiritual.[33] La manifestación de la bondad de Jehová en la era milenaria será portadora tanto de prosperidad temporal como de bendición espiritual, sin que haya polémica alguna entre ambas, porque el Mesías estará presente para impartir perfecta justicia y equidad entre todos los herederos del reino.

La restauración a la prosperidad temporal una vez más presupone, por lo tanto, una transformación radical del corazón y la vida de Israel. Oseas describe este cambio revolucionario en la actitud de la nación, que ha estado hundida durante tantos siglos en una apatía de indiferencia e ignorancia seguida por el levantamiento rebelde en contra de su Mesías: "Después volverán los hijos de Israel, y buscarán a Jehová su Dios, y a David su rey, y temerán a Jehová y a su bondad en el fin de los días" (Os. 3:5). La expresión "temerán a Jehová" (*upahedu elyahveh*), literalmente significa "temblar ante Jehová". El exégeta Keil destaca que es "una expresión saturada de significado con la idea de volverse a Jehová con temblor".[34] Hengstenberg comenta acertadamente:

---

33. Kenneth L. Barket, "Zechariah", *The Expositor's Bible Commentary* (Grand Rapids: Zondervan Publishing House, 1985), p. 668.
34. Carl Friedrich Keil, *The Twelve Minor Prophets* (Grand Rapids: Eerdmans Publishing Company, 1949), Vol. I, pp. 7273.

> Junto con el Señor, habían perdido también su bondad, y los dones que fluyen de ésta. Pero la angustia de nuevo les impulsa a *buscar* al Señor y su bondad, que inseparable de Él mismo. Esta explicación es confirmada también por otros pasajes paralelos: *e.g.,* Jer 31:12: "Y vendrán con gritos de gozo en lo alto de Sion, y correrán al bien de Jehová (*tov Yahve*), al pan, al vino, al aceite, y al ganado de las ovejas y de las vacas; y su alma será como huerto de riego, y nunca más tendrán dolor", v. 14: "Y mi pueblo será saciado de mi bien", dice Jehová".[35]

Esto constituye un cambio total de la conducta de la nación en la primera venida, cuando el Mesías vino a los suyos (o a "sus propias cosas"), pero su propio pueblo rehusó reconocer la deuda a su bondad. No debe pensarse, sin embargo, que la bondad de Dios estará diseñada solamente para Israel. Jeremías 33:9 describe los efectos beneficiosos en los gentiles:

> Jerusalén será para mí motivo de gozo, y de alabanza y de gloria a la vista de todas las naciones de la tierra. Se enterarán de todo el bien que yo le hago, y temerán y temblarán por todo el bienestar y toda la paz que yo le ofrezco (Nueva Versión Internacional).

Hay algún debate entre los comentaristas tocante al significado de las naciones que "temerán" y "temblarán". Hay quienes piensan que dichas naciones son sobrecogidas por el temor y la consternación en el sentido de juicio. C. F. Keil[36] acepta el punto de vista de Calvino, quien afirma:

> Pero no tengo la menor duda de que el profeta quiere decir la conversión de los gentiles cuando dice *temerán* y *temblarán*

35. E. W. Hengstenberg, *Christology of the Old Testament,* p. 348.
36. Carl Friedrich Keil, *The Prophecies of Jeremiah* (Edinburgo: T. & T. Clark, 1874), Vol. II, p. 68-69.

> por todo el *bienestar*;... como si hubiese dicho, que no solo el nombre de Dios sería conocido entre las naciones, para que proclamen que ha sido misericordioso con su pueblo, pero que este sería al mismo tiempo el efecto y la influencia de su gracia, que las naciones sean obedientes a Dios. Además, es algo común designar la adoración y el temor de Dios mediante las palabras temor, terror y temblor.[37]

La infundada esperanza de Calvino de que esta conversión se efectuase por medio de la Iglesia, por supuesto, no ha tenido lugar, y el mundo todavía aguarda su cumplimiento bíblico a través de Cristo en el milenio. La enseñanza clara y sistemática de las Escrituras es que cuando Israel sea restaurada mediante el arrepentimiento y la fe en el Mesías, dicha nación será bendecida y será de bendición a las naciones de la tierra. El salmista lo expresa así:

> Dios tenga misericordia de nosotros, y nos bendiga; haga resplandecer su rostro sobre nosotros; para que sea conocido en la tierra tu camino, en todas las naciones tu salvación (Sal. 67:12).

Una interpretación normal y natural de las Escrituras conduce a entender que habrá una restauración de la simiente de Abraham a través de Isaac y Jacob. Dios cumplirá el pacto abrahámico tal como lo juró a Abraham (Gn. 13:14-18; 15:18-21; Ro. 4:13-20; 9:6-13). No solo el pacto abrahámico será cumplido en su plenitud, sino también el pacto davídico (2 S. 7:12-16), mediante el cual Dios promete que un descendiente de David se sentaría en el trono de David, reinando sobre la nación de Israel y sobre las naciones de la tierra. La ciudad de Jerusalén será elevada a un lugar de preeminencia. Desde allí reinará el Mesías como rey justo y misericordioso. Sus

37. Juan Calvino, *Commentaries on the Book of the Prophet Jeremiah and the Lamentations* (Edinburgo: Printed for the Calvin Translation Society, 1864), Vol. IV, p. 240.

bendiciones serán tanto para Israel como para los gentiles. Decir que las promesas mesiánicas se están cumpliendo ahora a través de la Iglesia, carece de fundamento exegético. Es importante recordar que la responsabilidad principal del exégeta de las Escrituras es exponer la intencionalidad del autor original. Es lamentable que el amilenarista abandone la hermenéutica normal e histórico-gramatical de las profecías veterotestamentarias, prefiriendo aferrarse a un sistema teológico saturado de confusión respecto de cuestiones escatológicas. Es igualmente desconcertante que muchos amilenaristas conservadores reconocen sin tapujos el cumplimiento literal de la profecía en la historia, pero al mismo tiempo niegan que las predicciones del Antiguo Testamento relacionadas con el futuro hayan de cumplirse con el mismo grado de literalidad.

> Algunos escritores aceptan un cumplimiento literal de la profecía en la historia, y aun así niegan un cumplimiento literal (desde la perspectiva presente) de profecías que pueden hallarse en el mismo pasaje. ¿Mediante qué criterio puede uno determinar que las secciones proféticas que están aún por cumplirse son simbólicas o alegóricas, mientras afirma que aquellas secciones que ya se han cumplido son literales?[38]

Además de la evidencia concreta de la bondad de Dios, como se revela en el avivamiento universal resultante de la prosperidad de Israel bajo el Mesías, el predominio universal de las bendiciones físicas reivindicará la generosidad del diseño de Dios para la humanidad en general en relación con la creación natural. La conformidad de la creación con el veredicto divino original: "...Y he aquí que era bueno en gran manera" (Gn. 1:31), tuvo verdaderamente una corta duración. La noción de que era el propósito de Dios que el hombre disfrutase el primer propósito de la creación por solo un

38. Michael A. Harkin, "The Hermeneutics of Covenant Theology", *Bibliotheca Sacra* (julioseptiembre, 1986), p. 255.

momento fugaz es impensable.[39] Es un axioma fundamental del teísmo cristiano que el problema del mal no será satisfactoriamente resuelto hasta que esta bondad original no se manifieste de nuevo. Stephen Charnock dice:

> Así como la redención restaura al hombre a su fin verdadero, así también restaura las criaturas a su uso verdadero. La restauración del mundo a su belleza y orden era el diseño de la bondad divina en la venida de Cristo, como lo sugiere (Is. 11:69).[40]

La exigencia lógica demanda que esa restauración tenga lugar no en los nuevos cielos y la nueva tierra, que pertenecen a un orden diferente, sino en los días finales de la tierra presente. Es revelador que eruditos amilenaristas destacados constantemente pasan por alto Mt. 19:28, que correlaciona "la regeneración", o el tiempo cuando la tierra será "regenerada" o "renacida", con el reinado milenario de Cristo en el trono de su gloria.[41] Un claro ejemplo de un destacado amilenarista que interpreta Mt. 19:28 como una referencia a los nuevos cielos y la nueva tierra es William Hendriksen.[42] En una manifiesta autocontradicción, Hendriksen dice: "El tiempo cuando esa promesa será cumplida es definitivamente indicada como el día 'cuando el Hijo del Hombre se siente en el trono de su gloria'; en otras palabras, la referencia claramente es al período que comienza con el día del regreso de Cristo en juicio".[43] El error radica en que Cristo no regresa en juicio a "los nuevos cielos y la nueva tierra". El Señor regresará al planeta tierra presente. Es esta tierra la que experimentará la *palingenesía* o "regeneración" de Mt.

39. Véase Stephen Charnock, *Discourses upon the Existence and Attributes of God* (Filadelfia: Presbyterian Board of Publication, 1840), Vol. II, pp. 342346.

40. *Ibíd.*, Vol. II, p. 345.

41. Raymond Ohman, "The Biblical Doctrine of the Millennium" (Tesis doctoral inédita; Dallas Theological Seminary, Dallas, Texas, 1949), pp. 4346.

42. Véase William Hendriksen, *The Gospel of Matthew* (Grand Rapids: Baker Books House, 1979), pp. 729730.

43. *Ibíd.* p. 730.

19:28. Entonces ocurrirá lo que Isaías 35 describe así: "Se alegrarán el desierto y la soledad; y el yermo se gozará y florecerá como la rosa... porque aguas serán cavadas en el desierto, y torrentes en la soledad. El lugar seco se convertirá en estanque, y el sequedal en manaderos de aguas..." (Is. 35:1, 6b, 7a). El levantamiento de la maldición en la regeneración explica la asombrosa fertilidad de la tierra y Canaán, en particular, de la que el floreciente apogeo en tiempos de Salomón fue solo un leve anticipo.

Aunque toda la bondad de Israel sea tan efímera como nube de la mañana y como el rocío de la madrugada (Os. 6:4), la bondad de Jehová permanece para siempre, y el Mesías, fiel y verdadero, ejecutará toda la plenitud de su gloriosa bondad tal como lo estipulan sus pactos con la nación. "He aquí vienen días, dice Jehová, en que yo confirmaré la buena palabra que he hablado a la casa de Israel y a la casa de Judá" (Jer. 33:14). En ese tiempo se dirá: "¡Cuán hermosos son sobre los montes los pies del que trae alegres nuevas, del que anuncia la paz, del que trae nuevas del bien, del que publica salvación, del que dice a Sion: ¡Tu Dios reina!" (Is. 52:7).

Por lo tanto, toda la bondad del milenio convergerá en Cristo, quien reinará como el Dios bueno (vea Mt. 19:17a) y como el Rey Mesías que traerá bendición a los confines de la tierra.

La manifestación gloriosa de la voluntad divina

Según el teólogo Lewis Sperry Chafer, "voluntad es eso que hay en Dios que pone en efecto todo lo que ha diseñado".[44] Otro teólogo dice que la voluntad de Dios es "aquello con lo que Él se agrada, ama y desea".[45] El gran objeto del diseño de Dios es su propia gloria:

> El Señor ha hecho todas las cosas para sí mismo, es decir, para su propia gloria (Pr. 16:4). Su voluntad es su propia gloria en todas las cosas que hace; puesto que *todas las*

44. Lewis Sperry Chafer, *Systematic Theology* (Dallas: Dallas Seminary Press, 1948), Vol. I, p. 208 (hay versión castellana).
45. William G. T. Shed, *Dogmatic Theology* (Nueva York: Charles Scribner's Sons, 1888), Vol. I, p. 456.

> *cosas son de Él,* como la Causa eficaz; y *a través de Él* como Sabio dador de ellas; así también son *para Él,* para su gloria, como la Causa final y punto terminal de todo. Y esa es necesariamente su voluntad; Él no puede sino querer su propia gloria; porque Él "no dará su gloria a otro".[46]

La consumación final de la petición: "Hágase tu voluntad, como en el cielo, así también en la tierra", se realizará plenamente bajo el gobierno en el milenio, que no llegará a su final hasta que todo enemigo sea derrotado y sometido a la voluntad divina y el reino de los cielos en la tierra se una con el todo incluyente reino de Dios.[47]

> El reino establecido aquí en la tierra, después de que se haya agotado su tiempo designado (mil años), fluirá hacia el reino eterno hasta hacerse uno con éste, y Jesucristo será designado Rey eterno (1 Co. 15:27-28). Entonces se cumplirá finalmente lo que el apóstol anticipó al escribir: "En el nombre de Jesús se doblará toda rodilla, en el cielo y en la tierra y debajo de la tierra, y toda lengua confiese que Jesucristo es el Señor, para la gloria del Padre" (Fil. 2:10-11).[48]

Que la voluntad de Dios realmente tiene que ser puesta en práctica en la tierra, es corroborado por Mt. 7:21, que establece la calificación para la entrada en el reino mesiánico. No entrará el mero profesante, "sino el que hace la voluntad de mi padre que está en los cielos". La entrada en el reino está, por lo tanto, supeditada a la relación que uno tenga con Cristo.[49]

---

46. John Gill, *The Word and Works of God* (Nueva York: Edward H. Fletcher, 1857), p. 157.
47. D. Edward Hiebert, "Evidence from 1 Co. 15", *A Case for Premillennialism: A New Consensus,* Gn. Ed. D. K. Campbell & Jeffrey L. Townsend (Chicago: Moody Press, 1990), pp. 225-234.
48. J. Dwight Pentecost, *Thy Kingdom Come* (Wheaton: Victor Books, 1990), pp. 318-319.
49. Stanley D. Toussaint, *Behold the King: A Study of Matthew* (Portland: Multnomah Press, 1980), p. 117.

La mayor objeción del premilenarista en contra del sistema amilenarista es que este no permite que Dios ponga en efecto los detalles de un diseño que está específicamente expuesto en las escrituras proféticas del Antiguo Testamento. De igual manera, el sistema amilenarista pasa por alto la revelación de la voluntad divina presentada en pasajes cruciales del Nuevo Testamento como el siguiente:

> Dándonos a conocer el misterio de su voluntad, según su beneplácito, el cual se había propuesto en sí mismo, de reunir todas las cosas en Cristo, en la dispensación del cumplimiento de los tiempos, así los que están en los cielos, como los que están en la tierra (Ef. 1:9-10).

Este pasaje revela que el misterio de su voluntad ha de realizarse en la dispensación del cumplimiento de los tiempos, que es la consumación de todos los tiempos precedentes, cuando Cristo ejercerá su señorío sobre todas las cosas, tanto en el cielo como en la tierra. L. S. Chafer dice: "La historia humana que a través de las edades se ha caracterizado por hallarse en un estado incompleto, todavía ha de ver un estado completo en la mayordomía de Cristo".[50] El profesor Harold W. Hoehner lo expresa así:

> Las palabras *ser puesto en efecto cuando los tiempos hayan alcanzado su cumplimiento* significan, literalmente: "con miras a la dispensación de la plenitud de los tiempos". La "dispensación" (*oikonomía*) es un arreglo o una administración. Esa dispensación es el reino milenario, cuando "los tiempos" en los propósitos de Dios serán completados (cumplidos), y todas las cosas, tanto espirituales como materiales, estarán bajo Cristo y su reino (vea 1 Co. 15:27; Col. 1:20)... En el milenio, todas

50. Lewis Sperry Chafer, *The Ephesians Letter* (Nueva York: Loizeaux Brothers, 1935), p. 50.

> las cosas serán restauradas y reunidas bajo Cristo, la única Cabeza. Eso no significa que todos serán salvos; en cambio, el desorden del pecado será removido y la paz universal será establecida (Is. 2:24; 11:1-10).[51]

Debido a que el sistema amilenarista omite una era completa, sus exponentes se ven obligados a repartir un número de sucesos en otras eras donde no pertenecen. A veces optan por deshacerse por completo de esas características de la voluntad de Dios y de su programa que, naturalmente, corresponden a ese período (el reino milenario) que dicho sistema arbitrariamente soslaya.

Hacer la voluntad de Dios en el milenio será grandemente facilitado por varias razones: (1) Mediante el cumplimiento del nuevo pacto, Israel experimentará una renovación del corazón y la mente para que tengan la ley de Dios en su interior (Jer. 31:33). (2) El Espíritu Santo será derramado sobre toda carne (ser viviente) para habitar, llenar y enseñar (Jer. 31:33-34; vea Jl. 2:28-32; Ez. 36:25-31).[52] (3) Satanás será atado, los inicuos serán cortados (Sal. 37:12, 9-10; Jer. 31:29-30),[53] y los malvados sistemas sociales, religiosos, económicos y políticos del cosmos satánico serán liquidados.[54] (4) Un conocimiento universal del Señor eliminará la negligente oposición a la voluntad de Dios a través de la ignorancia (Is. 52:6; Jer. 16:21).[55] (6) Habrá una sumisión universal de los gentiles a la autoridad de Cristo (Sal. 22:27-28; Mal. 1:11).

Los amilenaristas le han dado mucha importancia a la supuestamente poco convencional o inferior naturaleza de la

51. Harold W. Hoehner, "Ephesians", *The Bible Knowledge Commentary* (Wheaton: Victor Books, 1984), ed. John F. Walvoord & Roy B. Zuck, p. 618 (hay versión castellana).
52. John F. Walvoord, *The Holy Spirit* (Wheaton: Van Kampen Press, 1954), pp. 232234.
53. Elhanan Winchester, *Lectures on the Prophecies that Remained to be Fulfilled*, pp. 284285.
54. A. B. Simpson, *The Coming One* (Nueva York: Christian Missionary Alliance Company, 1912), pp. 154155.
55. Véase Alexander Patterson, *The Greater Life and Work of Christ* (Chicago: Fleming H. Revell Company, 1896), p. 355.

salvación en el milenio. Sin embargo, como en todas las demás edades, la salvación se recibe sobre la base de la muerte de Cristo a través del poder renovador del Espíritu Santo en directo acatamiento de los prerrequisitos de la Palabra de Dios. Solamente así los hombres pueden ser capacitados para hacer las cosas según el designio de la voluntad divina. El milenio, específicamente, es una gran demostración de que el mundo mediante la realización de la voluntad de Dios personificado en el reino mediado de Cristo es, por ese medio, hecho santo y feliz tanto en lo natural como en lo espiritual. Es, al mismo tiempo, un tiempo de prueba en lo que respecta a la propia disposición del hombre a someterse a la voluntad de Dios. A pesar del hecho de que Satanás será atado, los males naturales eliminados y solo un grupo selecto de la familia humana preservado, la rotunda incapacidad de la naturaleza humana en sí misma para cumplir la voluntad de Dios se ha de manifestar. El milenio, como la última prueba del hombre bajo cualquier circunstancia posible, es claramente tan indispensable como cualquiera de las dispensaciones anteriores.

LA MANIFESTACIÓN GLORIOSA DE SANTIDAD

Santidad es la gloria esencial de la naturaleza de Dios a la vez que es la gloria de todos los otros atributos, ya que los califica y es la forma de sus respectivas manifestaciones.[56] La santidad como la singular gloria de Jehová es ilustrada por el reto incontestable de Éx. 15:11: "¿Quién como tú, oh Jehová, entre los dioses? ¿Quién como tú, magnífico en santidad, terrible en maravillosas hazañas, hacedor de prodigios?" El Todopoderoso Jehová había derrotado a todos los falsos dioses de Egipto. Moisés eleva un canto para expresar alabanza y reconocimiento al único Dios vivo y verdadero, incomparable en poder, gloria y santidad. La respuesta a la pregunta "¿Quién como tú?", tiene una respuesta contundente: ¡NADIE!

---

56. Stephen Charnock, *Discourses Upon the Existence and Attributes of God,* Vol. II, pp. 133-148.

Cuando Isaías vio la gloria de Cristo sentado en el trono, fue con el acompañamiento del cántico antifonal: "Santo, santo, santo, Jehová de los ejércitos; toda la tierra está llena de su gloria" (Is. 6:13; vea Jn. 12:41). Es axiomático, por lo tanto, que no puede haber revelación de la gloria de Dios sin el correspondiente reconocimiento de su santidad. Este principio aplicado al milenio es expuesto en Ap. 15:4: "¿Quién no te temerá, oh Señor, y glorificará tu nombre? Pues sólo tú eres santo, por lo cual todas las naciones vendrán y te adorarán, porque tus juicios se han manifestado". Ciertamente las naciones al presente están lejos de confesar la santidad soberana de Jehová. Tampoco puede esperarse que lo hagan hasta que sus juicios contra el pecado y la impiedad hayan sido manifiestamente ejecutados en la tierra.

El destacado escritor Merrill F. Unger observa que el programa divino en miniatura por la reivindicación de la santidad de Jehová se encuentra en el libro de Ezequiel. Los capítulos 1 al 24 ofrecen una exposición completa, acusación y juicio de la Israel pecadora, que ha profanado la revelación profética de la santidad de Dios. Los capítulos 25 al 32, contienen una sentencia de juicio sobre las naciones malvadas de los alrededores que se han alzado contra Dios y su santo propósito a través de Israel. Los capítulos 33 al 39 describen la misericordiosa restauración y la derrota final de los poderes hostiles. Los capítulos 40 al 48 concluyen la profecía con un pueblo preparado mediante "recreación" para la santidad de Dios demostrada en el templo, sacerdocio, pueblo y tierra.[57]

El pasaje central relacionado con este tema en Ezequiel se encuentra en el capítulo 36:1638. Aunque Israel gravemente provocó la ira del santo nombre de Jehová entre las naciones, Él ha determinado que aún santificará su gran nombre, y anuncia: "Y santificaré mi grande nombre, profanado entre las naciones, el cual profanasteis vosotros en medio de ellas; y sabrán las naciones que yo soy Jehová, dice Jehová el Señor, cuando sea santificado en vosotros

57. Véase Merrill F. Unger, "The Temple Vision of Ezekiel", *Bibliotheca Sacra* (enero-marzo, 1949), p. 57.

delante de sus ojos" (Ez. 36:23). Para ese fin, Él los recogerá de entre las naciones y los llevará a su propia tierra: "Y yo os tomaré de las naciones y os recogeré de todas las tierras, y os traeré a vuestro país" (v. 24). Después rociará sobre ellas agua limpia, los limpiará de inmundicias pasadas, y les dará un nuevo corazón por el poder del Espíritu (vv. 25-28). Las naciones gentiles que sobrevivan los juicios de Jehová reconocerán que la restauración de Israel y la floreciente economía nacional con sus ciudades reconstruidas en un verdadero huerto del Edén, solo es atribuible a la obra de Jehová.

> Así ha dicho Jehová el Señor: El día que os limpie de todas vuestras iniquidades, haré también que sean habitadas las ciudades, y las ruinas serán reedificadas. Y la tierra asolada será labrada, en lugar de haber permanecido asolada a ojos de todos los que pasaron. Y dirán: Esta tierra que era asolada ha venido a ser como huerto del Edén; y estas ciudades que eran desiertas y asoladas y arruinadas, están fortificadas y habitadas. Y las naciones que queden en vuestros alrededores sabrán que yo reedifiqué lo que estaba derribado, y planté lo que estaba desolado; yo Jehová he hablado, y lo haré (Ez. 36:33-36).

Este pasaje enseña con diáfana claridad que habrá una restauración de la nación de Israel. Dicha restauración será obrada por Jehová Dios sobre la base de su promesa hecha a los patriarcas. Como parte integral de esa renovación habrá *perdón* de los pecados (v. 25), *regeneración* o nuevo nacimiento (v. 26), *cohabitación* del Espíritu Santo (v. 27) y la *práctica de la santidad* diaria (v. 27). Obsérvese que habrá tanto bendiciones materiales como espirituales para la nación de Israel. Las ciudades arruinadas serán reedificadas, los campos estériles serán como el huerto del Edén, y la población aumentará grandemente. Pero habrá un derramamiento singular del Espíritu Santo y adoración genuina al único Dios vivo y verdadero. Habrá un abandono total y definitivo de los ídolos y toda la adoración se concentrará en el Rey Mesías. Nada de lo que Ezequiel describe en este capítulo 36 se ha cumplido hasta ahora. No se cumplió durante el regreso en tiempos de Esdras y Zorobabel, por supuesto, no se está cumpliendo ahora. El cumplimiento específico de esta profecía aguarda el regreso del Mesías y el establecimiento de su reino de paz, justicia y santidad, cuando la gloria de Dios se manifestará en todos los rincones de la tierra.[58]

En resumen, es importante destacar que la santificación del nombre santo de Jehová presupone dos factores vitales: (1) La conversión espiritual de Israel, y (2) su rehabilitación nacional. En relación con lo primero, los amilenaristas están claramente divididos. Mauro y Wyergaarden lo rechazan del todo, mientras que respecto de lo segundo, los amilenaristas unánimemente rechazan cualquier destino nacional para Israel como tal fuera de la estructura de la iglesia.[59]

Los diferentes aspectos de la santidad en el milenio son tan vastos que es solo posible en esta coyuntura hacer un breve catálogo de ellos. Por encima de todo, la santidad, la gran característica distintiva del pueblo judío en todas las categorías de su vida nacional, una "santidad no propia de ellos, sino que les es impartida por el Mesías quien está en medio de ellos y es poseída por ellos a través de una vida de fe".[60] Lo siguiente es presentado a modo de una breve recapitulación:

El Señor extenderá "su santo brazo" (la revelación del Mesías) y obtendrá victoria rotunda sobre sus enemigos (Sal. 98:1; Is. 52:10).[61] La "simiente santa" será el núcleo de la nación judía restaurada (Is. 6:13). Todos los que quedaren en Sión serán llamados santos, cuando el Señor lave sus inmundicias (Is. 4:34). Se abrirá un Camino de

58. Véase Ralph H. Alexander, "Ezekiel", *The Expositor's Bible Commentary* (Grand Rapids: Zondervan Publishing House, 1986), Vol. 6, pp. 919-923.
59. Véase Homer Lemuel Payne, "Contemporary Amillennial Literature", *Bibliotheca Sacra* (julioseptiembre, 1949), pp. 349-351.
60. Francis Denman, *The Future Glory of the Jewish Nation* (Londres: London Society's House, 1907), p. 17.
61. Obsérvese el lenguaje del profeta Isaías: "Jehová desnudó su santo brazo ante los ojos de todas las naciones, y todos los confines de la tierra verán la salvación del Dios nuestro" (Is. 52:10).

Santidad para que regrese a Sión el remanente de los redimidos del Señor (Is. 35:810). Dios hablará en santidad y repartirá la tierra a su pueblo (Sal. 60:6). Jehová poseerá a Judá su heredad en la tierra que entonces correctamente será llamada "la tierra santa" (Zac. 2:12), y Jerusalén será santa (Jl. 3:17). Habrá una oblación dedicada al Señor, será especialmente reservada para el santuario y sus ministros (Ez. 45:15). El Señor exaltará su monte santo (Sal. 48:1; Jer. 31:23; Is. 27:13) y establecerá su santa casa, cuya ley será santidad (Ez. 43:12). Será su habitación y el lugar donde posará las plantas de sus pies para que Israel nunca más profane su santo nombre (Ez. 43:7), y todas las naciones sabrán que el Señor, el Santo, está en Israel (Ez. 39:7). Cristo reinará sobre las naciones de la tierra desde el trono de su santidad (Sal. 47:89), según el santo juramento que selló el pacto davídico (Sal. 89:35-36). Los sacerdotes enseñarán al pueblo la diferencia entre lo santo y lo profano (Ez. 44:23), y aparecerán delante del Mesías en "la hermosura de la santidad", es decir, vistiendo ropas santas (Sal. 110:3). "En aquel día, estará grabado sobre las campanillas de los caballos: SANTIDAD A JEHOVÁ; y las ollas de la casa de Jehová serán como los tazones del altar. Y toda olla en Jerusalén y Judá será consagrada a Jehová de los ejércitos" (Zac. 14:20-21).[62] Las vestiduras viles de la nación de Israel serán cambiadas por santos trajes de gala dignos de la nación que efectuará una función sumo sacerdotal en el reino del Mesías. La promesa de Dios de hacer de Israel "un reino de sacerdotes" (Éx. 19:56) se cumplirá en "aquel día", es decir, cuando el Mesías inaugure su glorioso reino de santidad e Israel sea restaurada plenamente.

62. "Sería difícil imaginar en el ámbito humano algo más trivial que el sonido de las campanillas con que los hombres han decorado sus caballos; aun así en cosas semejantes el profeta ve las sagradas palabras que aparecen en el plato sagrado de la corona del sumo sacerdote de Israel, sin la cual no podía ministrar bajo pena de muerte (Éx. 28:36, 43). De modo que la antigua distinción entre las cosas sagradas y las profanas, todavía tan apreciadas de quienes insisten que la profecía de Zacarías tiene que cumplirse en la iglesia cristiana presente, finalmente desaparecerá en la inmediata presencia del gran Rey, quien es el dador y sustentador de todo lo que existe. Todas las cosas, grandes y pequeñas, se volverán santas por el toque de su gobierno" (Alva McClain, *The Greatness of the Kingdom* [Grand Rapids: Zondervan Publishing House, 1959], p. 214).

La gran cantidad de referencias a la santidad en el milenio es una prueba positiva e incontrovertible de que esa edad de oro será testigo de una de las más gloriosas manifestaciones de la santidad divina de todos los tiempos. Sobre los hombros de teólogos amilenaristas pesa la responsabilidad o de justificar esa cantidad importante de pasajes bíblicos o de mostrar mediante cuál proceso de espiritualización hermenéutica esta puede ser identificada con "este presente siglo malo" (Gá. 1:4).

La manifestación gloriosa de la verdad

La verdad de Dios está comprendida bajo dos grandes aspectos: veracidad y fidelidad. Louis Berkhof define la veracidad de Dios como "aquella perfección de su ser en virtud de la cual cumple perfectamente la idea de la divinidad, es perfectamente digna de nuestra confianza en su revelación y ve todas las cosas como en realidad son".[63] El otro aspecto de la verdad, fidelidad, la define como esa "en virtud de la cual siempre tiene presente su pacto y cumple todas las promesas que ha hecho a su pueblo".[64] Richard Watson relaciona la veracidad primordialmente a la Palabra de Dios, mientras que asocia la fidelidad con los compromisos asumidos por Dios que nunca pueden fallar.[65] El salmista alaba a Jehová por su verdad, diciendo "has engrandecido tu palabra sobre todas las cosas" (Sal. 138:2). El escritor John Gill declara respecto de la fidelidad de Dios: "Es una perfección sumamente gloriosa de su naturaleza. Es grande, como Él mismo, sí, es infinita, *Grande es tu fidelidad* (Lm. 3:23)".[66] El apóstol Juan ve ambas categorías de este atributo como un resumen del carácter de Cristo en su segunda venida en gloria para establecer su reino: "Entonces vi el cielo abierto; y he aquí un caballo blanco, y el que lo montaba se llamaba Fiel y Verdadero, y con justicia juzga y pelea" (Ap. 19:11).

63. Louis Berkhof, *Teología sistemática*, p. 214.
64. *Ibíd.*
65. Richard Watson, *Theological Institutes* (Nueva York: G. Lane & C. B. Tipett, 1848), p. XIII.
66. John Gill, *The Word and Works of God*, p. 208.

La mayor concentración de los vocablos *verdad, fiel* y *fidelidad* en un solo pasaje de la Biblia aparece en el Salmo 89, cuya función principal es la confirmación del pacto davídico, sobre el cual depende el reino milenario. El cumplimiento indiscutible del pacto hecho con David está garantizado por la fidelidad de Dios en todos sus diferentes aspectos. La fidelidad de Dios es eterna en todos sus diferentes aspectos. La fidelidad de Dios es eterna en todas las generaciones (v. 1). Está establecido inalterablemente en los mismos cielos (v. 2). Su manifestación en el establecimiento fiel del trono de David será confesada en la asamblea de los santos ángeles (v. 5). Juntamente con este están el poder divino para ejecutar (v. 8) y el incentivo de la misericordia (v. 14). Su identificación con la casa de David requiere la destrucción de los enemigos de David (vv. 22, 23). Nunca fallará a pesar de la infidelidad en la línea davídica (vv. 30-33). Está puesto como una señal o evidencia del carácter de Jehová en los cielos (vv. 34-37). Está doblemente asegurado por el juramento de Dios (vv. 35, 49). Otra referencia pertinente al pacto davídico de la misma naturaleza es la del Sal. 132:11: "En verdad juró Jehová a David, y no se retractará de ello: de tu descendencia pondré sobre tu trono". El cumplimiento del pacto davídico está rigurosamente asegurado por el juramento de Jehová que es verdadero y su Palabra, que es fiel en todos sus aspectos, incluso en los más mínimos detalles. "Que un Mesías del linaje de David algún día se sentará en su trono histórico, Dios lo ha prometido con juramento solemne (Sal. 132:11)".[67]

La crítica amilenarista en contra del establecimiento de un reino terrenal en el que Cristo como Rey Mesías reine sobre el trono histórico de David, es totalmente gratuita. El amilenarista, por lo general, omite en su estudio una exposición seria de los pasajes respecto del pacto davídico.[68] Dicho pacto es crucial para cualquier estudio del tema del milenio, ya sea que se esté a favor o en contra.

67. Alva J. McClain, *The Greatness of the Kingdom,* p. 400.

68. Véase las obras *The Bible and the Future,* por Anthony A. Hoekema y la de José Grau, *Escatología: final de los tiempos.* En ninguna de ellas aparece una exégesis de pasajes tales como 2 S. 7:1216; Sal. 89 y Sal. 132.

Omitir ese estudio es un acto totalmente arbitrario y poco correcto. El amilenarista tiene la obligación de explicar exegéticamente y mediante una hermenéutica normal e histórico-gramatical el significado de pasajes tales como 2 S. 7:12-15, 1 Cr. 17:1-27; Jer. 33:19-21; Sal. 89; Sal. 132; Lc. 1:31-33; Hch. 2:22-36. Descuidar el estudio serio de esos pasajes reduce la discusión y equivale a eludir la cuestión o dar por hecho lo que está sin probar. Los seguidores de la escuela amilenarista harían bien si contestasen las preguntas formuladas por el teólogo alemán Eric Sauer hace cincuenta años:

> Qué irracionalidad y espíritu de contradicción, por lo tanto, serían ahora evaporar en meras metáforas las predicciones de su venida en gloria. ¿Ha Cristo muerto en la cruz solo metafóricamente? ¿Ha bebido solo vinagre espiritual (Sal. 69:21) y fueron las suertes echadas solo por sus vestidos *espirituales* (Sal. 22:18)? ¿Ha Dios solo *figuradamente* esparcido a su pueblo entre todas las naciones (Dt. 4:27)?, y ¿están ellos en este momento solo metafóricamente 'sin rey, ni príncipe, sin sacrificio, sin altar, sin efod y sin santuario' (Os. 3:4)? No, todo eso ocurrió *literalmente* y *realmente* (Bettey). ¿Cómo, por lo tanto, sería correcto, cuando Dios en los profetas repetidamente afirma que Él recogerá de nuevo al pueblo de Israel de todos los pueblos del mundo y los llevará de nuevo a la tierra de sus padres, suponer que todo es simplemente uso figurado del lenguaje? ¿Quién nos dio el derecho de entender que judíos significa cristianos, o que Jerusalén es la Iglesia, o que Canaán es el cielo? ¿Ha estado el "trono de David" alguna vez establecido en el cielo (Lc. 1:32), y ha estado "esta" tierra y el Líbano, y la tierra de Galaad, donde el Señor plantará de nuevo a su pueblo (Jer. 32:41; Zac. 10:10), alguna vez en algún otro sitio de la tierra que no sea el Oriente Próximo?[69]

69. Eric Sauer, *The Triumph of the Crucified* (Grand Rapids: Eerdmans Publishing Company, 1951), p. 146.

El premilenarista entiende que cuando las Escrituras hablan del reino davídico se refieren a la promesa sellada con juramento que Dios hizo en el pacto davídico. También entiende que cuando habla de Israel se refiere a la simiente de Abraham a través de Isaac y Jacob. Ese fue el entendimiento de los profetas (vea Dn. 9:24-27; Ez. 34:20-31; 36:1-38). Debe destacarse que teólogos no premilenaristas como Jürgen Moltmann reconocen la necesidad de diferenciar entre la Iglesia e Israel:

> El indicador esencial para la "colocación" teológica de la era presente, y todavía lo es, es la postura de la Iglesia respecto del Israel presente y la actitud de los cristianos hacia los judíos. Por "Israel" quiero decir aquí la postura bíblica y teológica de los judíos delante de Dios como esto es expresado hoy a través del judaísmo religioso en las sinagogas y en la tierra de Israel...Si la Iglesia se considera a sí misma como el cumplimiento de toda esperanza, entonces deja fuera a Israel. Es muy significativo que la esperanza milenaria de los cristianos ha mantenido un futuro para Israel *como* Israel. Esa es la verdadera razón de porqué el milenarismo fue condenado por las iglesias de la reforma como "un sueño judío".[70]

La fidelidad de Dios también está relacionada con otros pactos que aguardan su ejecución en el milenio por Cristo. Miqueas 7:20 vislumbra el pacto abrahámico y posiblemente, el palestino: "Cumplirás la verdad a Jacob y a Abraham la misericordia, que juraste a nuestros padres desde tiempos antiguos". Isaías 25:1 parece atribuir los triunfos del reino al cumplimiento de los varios pactos en general: "Jehová, tú eres mi Dios; te exaltaré, alabaré tu nombre, porque has hecho maravillas; tus consejos antiguos son verdad y firmeza (fieles y verdaderos)". El aún futuro nuevo pacto,

70. Jürgen Moltmann, *The Coming of God: Christian Eschatology* (Minneapolis: Fortress Books, 1996), pp. 196-197.

al parecer, se sugiere en Is. 61:8: "...afirmará en verdad su obra, y haré con ellos pacto perpetuo".

La fidelidad de Dios tal como se manifiesta en el cumplimiento literal de los pactos de Israel por Cristo en el milenio, claramente se convierte en algo embarazoso para el sistema amilenarista. Los amilenaristas, por lo tanto, se han visto obligados a apelar a la espiritualización de esos pactos. Homer Payne sostiene que este método de espiritualización es virtualmente sinónimo con la alegorización, y ofrece sitas de eruditos católicorromanos, liberales y amilenaristas conservadores para probar ese punto.[71]

Una alegoría, según el *Diccionario de la Lengua Española,* es "una ficción en virtud de la cual una cosa representa o significa otra diferente". Ese método perjudica directamente la veracidad de Dios tal como es comúnmente entendida. Por ejemplo, es casi imposible reconciliarla con la interpretación de veracidad ofrecida por Strong:

> Podemos, por lo tanto, esperar que toda revelación pasada, tanto en la naturaleza como en su mundo, no solamente no sea contradicha por nuestro futuro conocimiento, sino que más bien prueba tener en ellos más de la verdad de lo que jamás hemos soñado.[72]

Una cosa para el amilenarista moderno es sobreponer arbitrariamente las instituciones del Nuevo Testamento y su economía sobre los diseños proféticos del Antiguo Testamento, pero es totalmente otra cosa suponer que David contempló a Sión y a Israel como representaciones de la Iglesia o pensó que el reino davídico debió ser de otra naturaleza diferente de un reino literal con el cual él estaba familiarizado. Además, la suposición se vuelve casi imposible cuando los amilenaristas dicen que la

71. Homer Lemuel Payne, "Amillennial Theology as a System" (Tesis doctoral inédita; Dallas Theological Seminary, Dallas, Texas, 1948), pp. 74-76.
72. Augustus Hopkins Strong, *Systematic Theology* (Filadelfia: The Judson Press, 1907), p. 288.

espiritualización hipotética ocurre lógicamente en el espacio entre los dos Testamentos, de modo que en ese punto las profecías adquieren su significado más elevado e ideal. Realmente, no fue sino hasta que San Agustín apeló a los principios de alegorización y espiritualización perfeccionados por la escuela de Alejandría, que la teoría amilenarista obtuvo algún tipo de crédito.[73] La metamorfosis ocurre, entonces, no cuando las profecías entran en el Nuevo Testamento desde el Antiguo Testamento, sino cuando son sacadas de sus contextos bíblicos e incorporadas en el sistema amilenarista.

La alteración de los términos y la sustitución al por mayor de los participantes en el pacto seriamente reta la fidelidad de Dios hacia los recipientes originales. Hay una tremenda diferencia entre Israel como nación como un objeto de la fidelidad de Dios, en contraste con la Iglesia como ese objeto. "Israel tiene un 'llamamiento salvador' perdurable, paralelo a la Iglesia de los gentiles, porque Dios permanece leal a su elección y a su promesa" (Ro. 11:1ss).[74] Todavía se está a la espera de una prueba definitiva de parte de los amilenaristas de que la espiritualización de las provisiones del Antiguo Testamento se corrobora por el uso del Nuevo Testamento. Después de un estudio cuidadoso, John F. Walvoord concluye que en ningún caso la Iglesia es designada como Israel en el Nuevo Testamento e incluso la frase problemática "el Israel de Dios" en Gá. 6:16 no se refiere a la Iglesia como un todo, sino a judíos creyentes individuales a diferencia de gentiles creyentes.[75] No hay ningún caso en el que Pablo o cualquier otro escritor bíblico use el sustantivo Israel para referirse a cualquier otra entidad que no sea la nación judía o parte de ella. En Ro. 2:28-29, Pablo explica qué significa ser un judío completo y verdadero. El apóstol en ningún caso pretende enseñar que un gentil puede convertirse

73. Véase John F. Walvoord, "Amillennialism from Augustine to Modern Times", *Bibliotheca Sacra* (octubre-diciembre, 1949), pp. 420-428.
74. Jürgen Moltmann, *The Coming of God*, p. 197.
75. John F. Walvoord, "Is the Church the Israel of God?", *Bibliotheca Sacra* (octubre-diciembre, 1944), pp. 403-416.

en judío. Un judío no puede ser otra cosa, sino un judío. Solo que lo es completo y verdadero cuando nace de nuevo por la fe en el Mesías. El judío que no se ha identificado con el Mesías es simiente de Abraham solo en el orden físico, es decir, exteriormente. No es la circuncisión física lo que hace a un judío ser verdadero, sino la circuncisión del corazón, es decir, el nuevo nacimiento.[76] De igual manera, la expresión "el Israel de Dios" en Gá. 6:16 se refiere no a la comunidad cristiana, sino a judíos que han nacido de nuevo por la fe en el Mesías.[77]

En conclusión, la espiritualización de los pactos en el milenio arroja dudas sobre el carácter fidedigno de la revelación de Dios y de su integridad ética, al mismo tiempo priva a Cristo de su gloria singular como Aquel que es fiel y verdadero en su ejecución en el milenio; ya que su oficio es para confirmar, no para cambiar, las promesas hechas a los patriarcas (Ro. 15:8).

Lo que sigue es ofrecido a modo de un breve resumen de la verdad en el milenio: El impío cuerno pequeño, que echa por tierra la verdad (Dn. 8:12) será vencido por Cristo en su cabalgada triunfante en favor de la verdad, la humildad y la justicia (Sal. 45:4). George N. H. Peters dice: "La verdad, ciertamente, a la postre triunfará, pero no a través del hombre. Jesús, la verdad, vendrá personalmente y la justificará".[78] En lugar de la confianza equivocaba en el hombre de pecado, el remanente rescatado "nunca más se apoyarán en el que los hirió, sino que se apoyarán con verdad en Jehová, el Santo de Israel" (Is. 10:20), y Él será su Dios en verdad y justicia: "Y los traeré, y habitarán en medio de Jerusalén; y me serán por pueblo, y yo seré a ellos por Dios en verdad y en justicia" (Zac. 8:8; vea Is. 65:16). Jehová desposará a Israel consigo en fidelidad e Israel reconocerá a Jehová (Os. 2:20). Cristo, el siervo de Jehová, traerá justicia y juicio por medio de la verdad (Is. 42:3) y revelará a Israel abundancia de paz y verdad (Jer. 33:6). La verdad se encontrará con

76. Véase E. L. Carballosa, *Romanos* (Grand Rapids: Editorial Portavoz, 1994), p. 67.
77. Véase Ernest De Witt Burton, *A Critical and Exegetical Commentary on the Epistle to the Galatians* (Edinburgo: T. & T. Clark, 1975), pp. 357-358.
78. George N. H. Peters, *The Theocratic Kingdom*, Vol. III, p. 258.

la misericordia y brotará de la tierra (Sal. 85:10-11). Entonces Israel dirá: "Se ha acordado de su misericordia y de su verdad para con la casa de Israel; todos los términos de la tierra han visto la salvación de nuestro Dios" (Sal. 98:3). El trono será establecido y Cristo se sentará en él en verdad en el tabernáculo de David: "Y se dispondrá el trono en misericordia; y sobre él se sentará firmemente, en el tabernáculo de David, quien juzgue y busque juicio, y apresure la justicia" (Is. 16:5). "Y será la justicia cinto de sus lomos, y la fidelidad ceñidor de su cintura" (Is. 11:5). Es decir, el Mesías estará plenamente preparado para ejecutar perfecta justicia en su reino y su fidelidad será una de las características de su gobierno universal. Los reyes de la tierra han sido infieles a lo largo de la historia. El Cristo vendrá como "Fiel y Verdadero", y su gloria llenará toda la tierra. Él juzgará a los pueblos del mundo con su verdad y en justicia (Sal. 96:10). La fidelidad de Jehová asegurará que en la presencia de Aquel que una vez fue "despreciado y desechado", los reyes de la tierra verán, y los príncipes se levantarán "y adorarán por Jehová (por causa de Jehová)" (Is. 49:7). Jerusalén será llamada la Ciudad Fiel (Is. 1:26), porque "así dice Jehová: Yo he restaurado (regresado) a Sion, y moraré en medio de Jerusalén; y Jerusalén se llamará Ciudad de la Verdad, y el monte de Jehová de los ejércitos, Monte de Santidad" (Zac. 8:3).

Resumen y conclusión

A través de este capítulo, se ha dado consideración al tema de la gloria divina de Cristo en el milenio. Es de suma importancia recordar, una vez más, que Cristo es una persona divina. Como tal, posee características o atributos divinos propios de su persona. A raíz de su encarnación, el Señor adquirió, además, atributos o características humanas, sin disminuir en lo más mínimo su carácter divino. Cristo nunca dejó de ser la segunda persona de la Santísima Trinidad. Nunca dejó de poseer sus atributos divinos, es decir, nunca dejó de ser Dios. Él es, desde su encarnación, una persona teantrópica. Como tal murió, fue sepultado, resucitó gloriosamente y fue exaltado al lugar de honor a la diestra del Padre desde donde regresará a la tierra con poder y gran gloria para ocupar el trono histórico de David. Su segunda venida a la tierra vendrá acompañada de juicios que resultarán en la derrota aplastante de sus enemigos (vea Ap. 15-19). El Señor regresará como el Mesías Todopoderoso (Ap. 1:8; 4:8; 11:17; 15:3; 16:7), quien tiene toda la potestad para ejecutar los juicios contra hombres inicuos que han rechazado su gracia y su evangelio de salvación (Hch. 17:30-31; Jn. 5:27-28). El Apocalipsis es "la revelación de Jesucristo". Los seres vivientes verán al Señor manifestado tal como Él es. Los atributos de su persona divina brillarán con gloria deslumbrante en el reino. Los hombres quedarán maravillados cuando vean al Mesías "prosperado, engrandecido, exaltado y puesto muy en alto" (Is. 52:13).

Durante el milenio, habrá un despliegue asombroso de alcance universal de la deidad de nuestro Señor, algo que no ocurrió durante su primera venida. A raíz de su encarnación y de su inexpresable humillación, sus atributos de deidad fueron velados. Quienes lo vieron, pensaban que solo era el carpintero, el hijo de José y María. Cuando regrese como el Rey Mesías, heredero del trono de David, lo hará también como el Omnipotente Dios y como tal exhibirá su omnisciencia (Is. 66:15-18; Mt. 9:4) y omnipotencia (Sal. 46:15; Is. 41:10, 17-18). Durante el milenio, la adoración estará centrada en la persona gloriosa del Mesías (Sal. 46:10-11; 86:9; Is. 66:23; Zac. 14:16-19). Jerusalén será el centro geográfico de adoración. Los pueblos de la tierra que sobrevivan a los juicios de la tribulación subirán a ella para adorar al Rey.

Habrá, además, una manifestación gloriosa del atributo de justicia del Rey Mesías, tanto la justicia gubernativa como la distributiva (Sal. 45:4, 7; 98:2; Jer. 23:6; Mal. 4:2). También develará su infinita misericordia, es decir, su compasión y bondad hacia los que forman parte de su reino. Los hombres nunca han experimentado una expresión de misericordia como la que el Mesías derramará cuando gobierne la tierra (Sal. 89:12; Is. 54:7-10; 63:7-19). El Mesías exhibirá también su gloriosa bondad, es decir, la plenitud de todo lo que es bueno en Él (Is. 52:7; Jer. 33:9-15). Los hombres han conocido a muchos déspotas y crueles gobernantes. La gloriosa bondad del Mesías será todo lo opuesto de lo que los hombres han conocido hasta ahora (Zac. 9:17).

Algo sumamente evidente en la historia de las civilizaciones, desde los tiempos de Caín (Gn. 4) hasta nuestros días, es que el hombre vive en un total desafío de la voluntad de Dios. Nimrod (Gn. 10:9) era un hombre que se oponía a Dios e impedía que otros se acercasen al Señor. Los gobernantes humanos, prácticamente sin excepción, han seguido la pauta trazada por Maquiavelo en su obra *El Príncipe*.

Cuando Jesús el Mesías establezca su reino en la tierra, la voluntad de Dios será hecha sin paliativos por todos los ciudadanos del reino. Una clara evidencia de que la era presente no es el reino del Mesías es precisamente la desobediencia que impera en el mundo, incluso en las comunidades llamadas cristianas. Durante el reinado glorioso del Mesías, la voluntad de Dios será hecha en la tierra tal como en el cielo. El teólogo amilenarista William Hendriksen reconoce el problema cuando comenta: "Hágase tu voluntad, como en el cielo, así también en la tierra": La voluntad de Dios a la que se hace referencia es claramente su voluntad "revelada", expresada en su ley. "Es esa voluntad la que es hecha en el cielo, pero aún no es hecha en la tierra en ninguna gran medida".[79] La petición tiene que ver con la perfecta realización de la voluntad de Dios en la tierra. Solo Cristo durante su peregrinaje en la tierra fue capaz de efectuar plenamente la voluntad de Dios (He. 10:7; Jn. 17:4). En el reino, la voluntad de Dios será hecha no en parte, sino totalmente.

El reino se caracterizará por la revelación visible y práctica de la santidad. El pecado ha reinado en la tierra (Ro. 6:21) y el hombre ha sido esclavo del pecado. En el comienzo mismo de la inauguración del reino, el Espíritu Santo será derramado "sobre toda carne", es decir, sobre todos los que entren en el reino del Mesías (Jl. 2:32; Ez. 36:22-38). Habrá un "Camino de Santidad" que conducirá al lugar

79. William Hendriksen, *The Gospel of Matthew* (Grand Rapids: Baker Book House, 1979), p. 331 (hay versión en castellano).

de adoración. Por ese "Camino" solo los santificados del Señor andarán (Is. 35:8). Finalmente, habrá una gloriosa manifestación de la verdad en su doble aspecto de *veracidad* y *fidelidad.*

La veracidad y la fidelidad del Señor se ponen de manifiesto en el cumplimiento de los pactos. En el Salmo 89, donde se expone con detalles la concertación y el cumplimiento del pacto davídico, hay un énfasis destacadísimo tanto en la verdad como en la fidelidad de Dios. Sobre la base de su Palabra y su juramento, o sea, su verdad y fidelidad, el Señor garantiza el cumplimiento literal del pacto davídico cuyo punto culminante es el reinado glorioso del Mesías desde el trono histórico de David (Sal. 89:34, 29-37; Lc. 1:30-33). El milenio será, pues, el período de tiempo glorioso cuando Jesucristo, el Mesías, exhibirá dentro del tiempo y de la historia la gloria de los atributos de su bendita persona divina. El propósito original de Dios de que "la tierra será llena del conocimiento de la gloria de Jehová, como las aguas cubren el mar" (Hab. 2. 14), tendrá su cumplimiento literal cuando el Mesías se siente en el trono de su gloria como rey davídico (Mt. 19:28; Jer. 23:5).

CAPÍTULO VI

La cuestión del milenio a la luz de la Biblia y la historia

INTRODUCCIÓN

Es innegable que el tema del milenio constituye un área importante del debate teológico. Se reconoce que hay tres posturas diferentes al respecto. La escuela posmilenarista afirma que la iglesia será capaz de convertir el mundo a la fe cristiana y lograr que exista en la tierra un reino de paz después del cual Cristo vendrá a la tierra para juzgar a la humanidad e inaugurar el estado eterno.[1]

Una segunda escuela de pensamiento es la llamada amilenarista. Los exponentes del amilenarismo sostienen que no habrá un milenio (reinado de mil años) durante el cual Cristo reine en la tierra sobre el trono de David y gobierne las naciones de manera literal. El amilenarismo enseña que el reino de Cristo es espiritual y que ya está en proceso.[2] Algunos amilenaristas afirman que el reino

1. Véase Millard J. Erickson, *A Basic Guide to Eschatology* (Grand Rapids: Baker Books, 1999), pp. 55-72.
2. Véase Anthony A. Hoekema, *The Bible and the Future* (Grand Rapids: Eerdmans Publishing Company, 1989), p. 174.

ya está siendo disfrutado por los santos que han muerto y están en el cielo. Esos disfrutan ya del reino espiritual con Cristo en la gloria. Otros amilenaristas, sin embargo, enseñan que el reino equivale a la Iglesia. Unos piensan que el reino comenzó con la predicación de Jesús cuando llamó a los hombres al arrepentimiento. Hay amilenaristas que afirman que el reino comenzó con la venida del Espíritu Santo el día de Pentecostés. El amilenarismo niega que el reino haya de ser establecido por Cristo en su segunda venida. Afirman clara y llanamente que no habrá más reino milenario que el que está ocurriendo ahora.[3] La segunda venida de Cristo a la tierra será para establecer el estado eterno.

La tercera postura tocante al milenio es la premilenarista. Este punto de vista sostiene que habrá un reinado literal de Cristo en la tierra que durará mil años. Ese reino será inaugurado personalmente por Cristo cuando regrese a la tierra con poder y gloria. El premilenarista relaciona el milenio directamente con el cumplimiento de los pactos bíblicos: El pacto abrahámico, el davídico y el nuevo pacto. Según esta postura, Dios salvará en los postreros días a un remanente de la nación de Israel (Ro. 11:25-29). Además de la salvación del remanente de Israel, habrá también un gran número de gentiles que serán salvos y según la enseñanza premilenarista, reinarán con el Señor en la tierra.

La teología premilenarista considera que la enseñanza del milenio está profundamente arraigada en las profecías del Antiguo Testamento. Dice, además, que el milenio será el prólogo histórico del reino eterno del Señor Jesucristo. El premilenarista no basa su creencia en un reino terrenal solo sobre Apocalipsis 20:16. Dicho pasaje es ciertamente crucial para el tema, pero su principal contribución es que establece la duración del reino terrenal del Mesías. La base esencial del milenio, sin embargo, se encuentra en las enseñanzas de las profecías del Antiguo Testamento y en particular, de los pactos bíblicos.[4]

3. *Ibíd.*, pp. 233-235.
4. Véase Harold W. Hoehner, "Evidence from Revelation 20" *A Case for Premillennialism: A New Consensus* (Chicago: Moody Press, 1992), pp. 235-262.

SÍNTESIS HISTÓRICA DEL TEMA DEL MILENIO

La inmensa mayoría de los historiadores reconoce que la iglesia de los tres primeros siglos junto con sus pensadores eran premilenaristas o chiliastas, es decir, creían en un reinado terrenal de Cristo que duraría mil años. El reconocido historiador Philip Schaff reconoce lo siguiente:

> El punto más destacado en la escatología de la era anteniceana es la prominencia del chiliasmo, o milenarismo, es decir, la creencia de un reino visible de Cristo en gloria en la tierra con sus santos resucitados por mil años, antes de la resurrección general y del juicio. En realidad no era la doctrina de la iglesia materializada en ningún credo o forma de devoción, pero era la opinión entendida de maestros distinguidos, tales como Bernabé, Papías, Justino Mártir, Ireneo, Tertuliano, Metodio y Lactancio.[5]

Si bien es cierto, como también observa Schaff, que el milenarismo tuvo sus opositores, tales como Orígenes Gaius, Dionisio, Eusebio y posteriormente, San Agustín, no es menos cierto que la postura de la gran mayoría de los teólogos hasta finales del siglo IV era claramente milenarista. Solo para citar algunos ejemplos: Papías destaca los cambios que ocurrirán en la tierra durante el reino milenario y afirma que "el reino de Cristo será físicamente establecido en la tierra".[6] Otros escritores cristianos de la antigüedad apoyaban decididamente la enseñanza de un milenio terrenal.[7] Un firme exponente de la fe en el milenio fue Tertuliano. Este padre apostólico de finales del siglo II afirmó su fe en un reino literal y visible de Cristo en la tierra. Podrían citarse otros ejemplos, pero basten para el propósito presente las palabras de George Eldon Ladd:

---

5. Philip Schaff, *History of the Christian Church* (Grand Rapids: Eerdmans Publishing Company, 1970) Vol. II, p. 614.
6. Reinold Seeberg, *Textbook of the History of Doctrines* (Grand Rapids: Baker Book House, 1961), Vol. I, p. 70.
7. *Ibíd.*, pp. 80-81.

> Otros padres tempranos no aclararon si creían o no en un reino terreno temporal futuro. Sin embargo, un examen de la literatura conduce a las siguientes conclusiones: (1) su entendimiento del reino era exclusivamente escatológico; (2) con una sola excepción, no hay padre de la iglesia antes de Orígenes que se haya opuesto a la interpretación milenaria; (3) no hay nadie antes de San Agustín cuyos escritos conocidos ofrezcan una interpretación diferente de Apocalipsis 20 que no fuese la de un reino terrenal futuro consonante con la interpretación natural del lenguaje.[8]

Si hubo alguna oposición a la enseñanza del milenio durante los tres primeros siglos de la historia de la iglesia, dicha oposición no fue dirigida contra la doctrina propiamente hablando sino más bien en contra de algunos grupos extremistas que surgieron en aquellos tiempos tales como los montanistas y los alogoi. Estos últimos atribuían los escritos de Juan al gnóstico Cerinto.

En resumen, puede afirmarse con certeza que la fe del cristianismo apostólico era claramente milenarista. La gran mayoría de los teólogos y escritores de los primeros siglos de la historia de la iglesia creía en un reinado terrenal y literal de Cristo desde la ciudad de Jerusalén que duraría mil años. Ese reinado sería inaugurado personalmente por el Señor en su segunda venida. Historiadores de reputación como Philip Schaff, Increase Mather, Adolf Harnack y William T. Shedd, sin ser milenaristas, reconocen esa realidad histórica.[9] Ningún historiador objetivo y bien informado niega ese hecho.

La decadencia del premilenarismo y el auge del amilenarismo

La raíz de la decadencia del premilenarismo se encuentra en la influencia que ejerció la hermenéutica de Orígenes en los primeros

8. George E. Ladd, *Crucial Questions about the Kingdom of God* (Grand Rapids: Eerdmans Publishing Company, 1961), p. 23.
9. Véase Homer Lemuel Payne, "Amillennial Theology as a System" (Tesis doctoral inédita; Dallas Theological Seminary, 1948), pp. 13-14.

siglos de la iglesia. Orígenes de Alejandría (185254 d.C.) introdujo y popularizó en la iglesia el método alegórico de interpretación. Según Bernard Ramm:

> Orígenes tenía decididamente una motivación apologética. Quería escaparse de las crudezas del hombre común. Deseaba eliminar lo que le parecía irracional o contradictorio en las Escrituras para hacerla aceptable a los de mentalidad filosófica... La Biblia es un libro espiritual, y su significado se encuentra solo mediante la espiritualización.[10]

El abandono de la interpretación normal o natural, es decir, de la hermenéutica histórico-gramatical de las Escrituras, reemplazándola por una interpretación figurada, alegórica y simbólica afectó decisivamente la comprensión normal y llana de las profecías del Antiguo Testamento y en particular, la interpretación de los pasajes relacionados con el reino milenario.

Sumamente importante en lo que concierne al cambio de actitud respecto del milenio fue la aparición de San Agustín de Hipona (354-430 d.C.), el más influyente de todos los padres apostólicos. La postura original de Agustín era que los cristianos al morir entran en un "séptimo día" de descanso y felicidad, es decir, una especie de milenio para después entrar en un "octavo día" que equivale a la eternidad en sí. San Agustín abandonó esa postura. Pero, peor aún, también renunció al método literal de interpretación. Esa decisión lo llevó a enseñar:

> "...que el milenio debe ser interpretado espiritualmente como que tiene su cumplimiento en la iglesia cristiana. Creía, además, que Satanás fue atado durante el ministerio terrenal de nuestro Señor (Lc. 10:18), que la primera resurrección es el nuevo nacimiento del creyente (Jn. 5:25), y que el milenio tiene que corresponderse, por lo tanto, con

10. Bernard Ramm, *Protestant Biblical Interpretation* (Boston: W. A. Wilde Company, 1956), pp. 32-33.

> el período entre las dos venidas de Cristo o la era de la iglesia. Esto implicaba la interpretación de Apocalipsis 20:16 como una "recapitulación" de los capítulos anteriores en vez de describir una nueva era que sigue cronológicamente a los acontecimientos expuestos en el capítulo 19.[11]

Como puede observarse, el abandono de una hermenéutica normal no solo afectó la escatología de Agustín sino también otras divisiones de la teología. La cronología que el gran obispo de Hipona propuso fue producto de una interpretación alegórica del Apocalipsis, particularmente de los capítulos 19 y 20. Es importante destacar que escritores amilenaristas modernos como William Hendriksen,[12] Oswald T. Allis,[13] Anthony A. Hoekema[14] y muchos otros amilenaristas siguen fielmente las enseñanzas de San Agustín. Allis no omite el hecho de que, a pesar de su hermenéutica alegórica, San Agustín "tomaba los mil años de Apocalipsis 20 literalmente, y esperaba que la segunda venida de Cristo tuviese lugar al final de ese período. Pero ya que, de manera algo incongruente, Agustín identificó el milenio con lo que entonces quedaba del sexto milenio de la historia humana, creía que ese período podría terminar por el año 650 d.C."[15]

Muchas de las incongruencias de Agustín, sin duda, eran producto de su aceptación de la hermenéutica alegórica. Es lamentable que teólogos capaces y bien preparados continúen cometiendo el mismo error. Está claro que la hermenéutica de Agustín, igual que la de Orígenes, no sigue ni se apega al estudio exegético del texto bíblico sino que se deja influir por "algún principio extrínseco al texto" a favor de alguna escuela filosófica o teológica.[16] Esa influencia, sin

---

11. Oswald T. Allis, *Prophecy and the Church*, p. 3.
12. William Hendriksen, *Más que vencedores* (Grand Rapids: Libros Desafío, 1965).
13. Allis, *op. cit.*
14. Anthony A. Hoekema, *The Bible and the Future* (Grand Rapids: Eerdmans Publishing Company, 1989).
15. Allis, *Prophecy and the Church*, p. 3.
16. Véase Elliot E. Johnson, *Expository Hermeneutics: An Introduction* (Grand Rapids: Academic Books, 1990), p. 35.

duda, procedía de Alejandría que había desplazado a Atenas como capital intelectual del mundo. Allí floreció el sistema alegórico de interpretación tanto entre los griegos paganos como entre los judíos y a la postre, entre los cristianos.

El filósofo judío Filón se empeñó en reconciliar la revelación judeocristiana con el racionalismo griego. Eso le condujo al desarrollo del método alegórico de interpretación de la Biblia. Ese acercamiento "tendría una influencia inconmensurable tanto en la literatura como en la teología medieval".[17] Filón aplicó la interpretación alegórica al estudio del Antiguo Testamento con el fin de explicar pasajes que, según él, eran de difícil comprensión. Las ideas de Filón fueron adoptadas por los maestros cristianos de Alejandría. Tanto Clemente como Orígenes hicieron uso de la hermenéutica alegórica en sus escritos y en sus sermones. Posteriormente, San Agustín también adoptó el mismo sistema y se convirtió así en el primer teólogo cristiano de importancia que formuló una escatología basada en una interpretación figurada de las Escrituras.[18]

Muchos teólogos y escritores de generaciones posteriores se convirtieron en fieles seguidores de Agustín, incluso los ilustres teólogos de la reforma protestante. No obstante, en las últimas décadas ha habido un resurgir de la interpretación normal de las Escrituras y con ello un avivamiento de la postura premilenarista.

Otro hecho histórico de gran importancia que contribuyó al auge de amilenarismo fue el reconocimiento del cristianismo como la religión oficial del Imperio Romano. Después de muchos años de limitaciones y persecuciones, el cristianismo fue reconocido como *religio lícita* dentro de la sociedad romana. En el año 312 d.C., se promulgó el edicto de Milán que le otorgó a la iglesia libertad de culto y se le devolvieron las propiedades que le habían sido confiscadas. En el año 324 d.C., Constantino hizo al cristianismo la religión oficial de Imperio Romano. Constantino mismo presidió

17. Homer Lemuel Payne, "Amillennial Theology as a System", p. 58
18. *Ibíd.*

el concilio de Nicea que se reunió en el año 325 d.C. A partir de ahí, algunos comenzaron a ver una unión entre la iglesia y el reino o imperio. Lo que en realidad ocurrió fue una corrupción dentro de la jerarquía de la iglesia y un alejamiento paulatino de las enseñanzas de las Escrituras, particularmente el tema de la segunda venida de Cristo a la tierra. La política influyó más en la iglesia que la iglesia en la política.

Mientras el Imperio Romano se desmoronaba, San Agustín escribía su obra magna, *La Ciudad de Dios.* En dicha obra, el gran obispo pretendía realizar una reivindicación general de la fe cristiana en contra de la crítica pagana que la consideraba responsable del colapso del Imperio Romano. El imperio finalmente sucumbió en el oeste en el año 476 d.C., y en gran medida, la iglesia llenó el vacío de autoridad y poder dejado por el emperador. La iglesia, particularmente la romana, se convirtió en una especie de reino terrenal. Un autor lo explica así:

> La cristianización del imperio, algo que sucedió cuando Agustín escribió, Y la subsiguiente conversión de los bárbaros resultó a la postre en una concepción de Europa como si fuese una Iglesia-Estado o Cristiandad, como se le llegó a llamar en el siglo IX. Dentro de esa estructura cristiana había división de funciones entre, por un lado, la jerarquía eclesial clerical (el *sacerdotium*) y, por el otro lado, los gobernantes seculares ya fuese Imperio (*Imperium*) o reino (*regnum*).[19]

La decadencia y, a la postre, la caída del Imperio Romano, preparó el escenario para la estructuración de un concepto alegórico del reino milenario. Como ya se ha expresado, San Agustín creía en un milenio en el que las almas glorificadas reinaban con Cristo en el cielo. Agustín, sin embargo, creía que eso ocurría durante

19. John B. Morrall, *Political Thought in Medieval Times* (Nueva York: Harper Torchbooks, 1962), p. 22.

mil años literales que llegarían a su consumación en el año 650 d.C. El venerable teólogo se equivocó en su interpretación. Cabe mencionar que San Agustín abandonó la interpretación de un milenio literal en la tierra porque consideraba que era una idea carnal que contradecía la espiritualidad enseñada en las Escrituras. Desdichadamente, Agustín no analizó los pasajes bíblicos donde se habla de los aspectos materiales y los espirituales del reino. La enseñanza de San Agustín respecto del milenio podría resumirse así:

(1) No habrá un milenio futuro en el sentido común del vocablo.
(2) La era presente es el milenio.
(3) Satanás está atado ahora.
(4) Cuando Cristo regrese, el presente milenio terminará y el futuro milenio o la eternidad comenzará.[20]

La enseñanza de San Agustín pasó a formar parte de la teología católica. La iglesia católica romana con su estructura de gobierno monárquico se considera ser el reino de Cristo en la tierra. Los reformadores, preparados en escuelas, universidades y seminarios católicos, se conformaron con seguir las enseñanzas que recibieron sobre el milenio que no eran sino las de Agustín y que, a su vez, tenían su fuente en la escuela alegórica de Alejandría. Tanto Lutero como Calvino, así como sus discípulos, eran amilenaristas. Si bien es cierto que la escatología no fue el tema principal de discusión en los años de la reforma. Los reformadores invirtieron la mayor parte de su tiempo y esfuerzo en el tema de la justificación por la fe y en la organización de la recién nacida iglesia de la reforma.

En el siglo XIX, los teólogos alemanes F. Duesterdieck (1859) y Theodor Kliefoth (1874) descartaron tanto la interpretación milenarista de un reino literal en la tierra inaugurado por el Señor

20. Véase John F. Walvoord, *The Millennial Kingdom* (Findlay, Ohio: Dunham Publishing Company, 1959), pp. 50-51.

en su segunda venida como la interpretación de San Agustín de que Apocalipsis 20 es una recapitulación de la era de la iglesia. Según Allis, los mencionados teólogos alemanes adoptaron la siguiente postura:

> ...estando convencidos de que en ningún otro lugar del Nuevo Testamento hay referencia alguna o provisión para un reino milenario antes del advenimiento concluyeron,... que ese reino no puede ser ningún período de tiempo, sino que simplemente describe en términos de consumación o ecumenidad el bendito estado de los santos en el cielo.[21]

Allis destaca que "esa postura es amilenarista en el sentido estricto de la palabra. Puesto que niega que los mil años tengan algo que ver con el tiempo".[22] Por supuesto que ambos teólogos llegan a esa drástica conclusión a través de la utilización del método alegórico de interpretación. Dichos teólogos no aceptan que el reino milenario en la tierra tenga que ver con el cumplimiento de las profecías del Antiguo Testamento y en particular, de los pactos abrahámico, davídico y el nuevo pacto. Las conclusiones de Duesterdieck y de Kliefoth no fueron el resultado de una exégesis del texto bíblico, sino decisiones racionalistas. Como ya se ha señalado con anterioridad, Apocalipsis 20 establece la duración exacta del reino terrenal del Mesías. La enseñanza de la naturaleza y las características del reino se encuentra en las profecías del Antiguo Testamento. La cuestión tiene que ver con una exégesis de los pasajes pertinentes acompañada de una hermenéutica congruente que siga las normas propias de la gramática dentro del contexto del pasaje. Sobre la base de ese estudio, el exégeta tiene la responsabilidad de contestar la siguiente pregunta: ¿Enseña la Biblia que habrá un reino terrenal e histórico que Cristo inaugurará cuando venga a la tierra por segunda vez?

21. Oswald T. Allis, *Prophecy and the Church*, p. 5.
22. *Ibíd.*

Amilenarismos y amilenaristas

Dentro del amilenarismo hay por lo menos tres posturas diferentes. Hay los que creen que el milenio se cumple en el cielo. Las almas sin cuerpo de los santos que han muerto están disfrutando de las bendiciones del reino celestial. Ese es el milenio para ellos. Esa era la postura del respetado teólogo Benjamin B. Warfield. La postura de Warfield está cercana a la del posmilenarista Charles Hodge.[23] Por otro lado, hay los que creen que el milenio equivale al período de tiempo que transcurre entre las dos venidas de Cristo. Dice un teólogo:

> El reino de Dios está ahora presente en el mundo puesto que el Cristo victorioso gobierna su pueblo mediante su Palabra y su Espíritu, aunque también anticipan un reino futuro, glorioso y perfecto en la nueva tierra en la vida venidera.[24]

Como puede observarse, el profesor Hoekema ha tomado un rumbo equivocado. En primer lugar es dudoso que la Palabra de Cristo y su Espíritu gobiernan al pueblo de Dios cuando, incluso en la iglesia hay tanta rebeldía. Además, el reino tiene que ver con el hecho de que Cristo ha de reinar de manera personal, visible, gloriosa y soberana en toda la tierra. El Mesías impartirá su justicia, misericordia, bondad y gracia de manera personal. También, en el reino la tierra será llena de la gloria de Dios y la voluntad de Dios será hecha en la tierra como en el cielo. Es innegable que dicha condición no existe en ningún lugar ni en ninguna civilización presente entre los hombres. Evidentemente, el profesor Hoekema no ha prestado atención a los pasajes proféticos que describen el reino del Mesías.

Por supuesto que también está la postura de la iglesia católica, manifiestamente amilenarista. La escatología católica enseña que

23. Véase Millard J. Erickson, *A Basic Guide to Eschatology*, p. 61.
24. Anthony A. Hoekema, *The Bible and the Future*, p. 174.

la iglesia es el reino de Cristo en la tierra. El obispo de Roma es el representante personal o vicario de Cristo en la tierra. La entrada en ese reino se realiza mediante la participación en los sacramentos, cuya administración está bajo la jurisdicción de los sacerdotes de la iglesia.

Además, existe una rama del amilenarismo que pertenece al campo del liberalismo teológico. A ese grupo perteneció el reconocido erudito alemán Adolf Harnack (1851-1930), quien fue notorio por su negación de los milagros narrados en los Evangelios y el carácter literal de la resurrección de Cristo. También a ese grupo pertenecen los teólogos de la alta crítica que niegan la veracidad y la inerrancia de las Escrituras.

Debe destacarse, sin embargo, que dentro del campo amilenarista ha habido verdaderos gigantes de la fe cristiana y enérgicos defensores de la autoridad de las Escrituras. Tanto en el pasado como en el presente, hombres de reconocido prestigio en círculos teológicos han sostenido una fe amilenarista. Nombres como William Masselink, Benjamin B. Warfield, Geerhardus Vos, J. Gresham Machen, Abraham Kuyper, Herman Bavinck, Louis Berkhof, William Hendriksen, Edward J. Young y muchos más. Todos ellos, teólogos del pacto, tomaron el derrotero de San Agustín y siguieron una hermenéutica alegórica a la hora de interpretar los pasajes proféticos que tratan el tema del reino del Mesías. Como expresa John Walvoord:

> La cuestión, entonces, entre el amilenarismo y el premilenarismo es sus respectivos métodos de interpretación, y muy poco progreso puede hacerse en el estudio del milenio hasta que este aspecto sea analizado y entendido.[25]

Ya se ha reiterado en varios capítulos de esta obra que la cuestión hermenéutica es sumamente crucial. Si se practica una

25. John F. Walvoord, *The Millennial Kingdom*, p. 59.

hermenéutica normal o natural, el resultado inevitable será la aceptación del premilenarismo. Pero si, por el contrario, se rechaza la interpretación normal y se sustituye por la alegórica o figurada el resultado será el amilenarismo.

La pregunta que el estudioso de las Escrituras debe formularse con toda sinceridad es: ¿qué pretendía decir el escritor sagrado a sus lectores? Después de todo, la responsabilidad del intérprete es llegar a desentrañar el significado de lo escrito por el autor original. El intérprete tiene la responsabilidad de descubrir cuál era la intención del autor original, es decir, qué pretendía decir con lo que dijo. Darle al texto un significado diferente del pretendido por el autor no es interpretar honestamente. Ese es el verdadero meollo de la cuestión. Lo cierto es que la interpretación alegórica o figurada produce una variedad de significados diferentes el uno del otro porque la alegorización carece de un mecanismo de control capaz de producir un solo significado para un pasaje concreto. La interpretación alegórica produce tantas interpretaciones como intérpretes.

Desertar del campo seguro de la interpretación normal o natural resulta en un alejamiento del significado válido del pasaje bíblico y el mensaje del texto queda a merced de la imaginación del intérprete. Solo una interpretación literal proporciona los mecanismos seguros de control. Toda interpretación debe someterse a una rigurosa justificación y convalidación gramatical, contextual e histórica. La utilización del método alegórico ha producido serios desacuerdos entre los mismos amilenaristas.

Homer Lemuel Payne, en su tesis doctoral inédita, ha resumido las posiciones amilenaristas tocante al reino milenario:[26]

(1) La *postura agustiniana:* Cristo está ahora rigiendo en el trono mesiánico. A esta postura se adhieren Oswald T. Allis; F. J. Hall; Franl Hamilton; R. C. H. Lenski; Philip Mauro y Geeerhardus Vos.

26. Homer Lemuel Payne, "Amillennial Theology as a System", pp. 307-312.

(2) La *postura negativa:* Una negación categórica del concepto del milenio. En este grupo, se encuentra Louis Berkhof quien afirma: "El concepto amileniarista es, tal como en nombre lo indica, puramente negativo. Sostiene que no hay suficiente base bíblica para la espera de un milenio".[27] Tanto S. J. Case como Miller Borrows, ambos teólogos liberales, piensan igual que Berkhof.

(3) La *postura del estado intermedio:* las almas de los justos que han muerto están ahora reinando con Cristo en la gloria. Esa es la opción de teólogos como W. J. Corier; William Hendriksen; W. Masselink y B. B. Warfield.

(4) La *postura simbólica:* los mil años son solo una idea representativa. Esta cuarta posición fue apoyada por Abraham Kuyper y William Milligan. Este último declara que los mil años en ningún sentido expresan un período de tiempo, sino que representan la ida de lo completo.

Como puede observarse con facilidad, la escuela amilenarista presente una diversidad de posturas claramente diferentes la una de la otra. Eso se debe, sin duda, a lo que se ha reiterado a lo largo de esta obra: el uso de la interpretación se presta a que cada intérprete presente una visión del texto diferente a la de sus colegas intérpretes. Eso desacredita y debilita la seriedad del mensaje que Dios ha revelado en su Palabra. Puede decirse en honor a la verdad que en lo que concierne al milenio, su interpretación, su naturaleza y sus características, los amilenaristas se hallan en completa confusión como resultado de la espiritualización y la alegorización de pasajes, que tomados en su sentido normal, enseñan con suma claridad que habrá un reino terrenal que durará mil años en el que Cristo revelará su augusta gloria dentro de la historia.

Debe observarse que un número importante de teólogos amilenaristas reconoce la validez de la interpretación literal de las Escrituras. Hombres como F. E. Hamilton, Oswald T. Allis,

27. Louis Berkhof, *Teología sistemática*, pp. 848.

William Masselink, Albertus Pieters, Shirley Jackson Case, Martin J. Wyergaarden y otros admiten a cara descubierta que la interpretación normal o natural de las Escrituras es correcta y posee apoyo histórico.[28] Un repaso de las profecías veterotestamentarias que se han cumplido hasta el presente lo han hecho de manera literal. Ninguna profecía se ha cumplido figurada o alegóricamente. Algo importante que debe señalarse es que todo intérprete literalista admite la existencia de figuras de dicción a través de toda la Biblia. La presencia de lenguaje figurado, sin embargo, no requiere una interpretación figurada o alegórica. Las figuras literarias en cualquier idioma tienen un equivalente dentro de las costumbres del pueblo que las usa. Ese equivalente es el significado literal de dicha figura. La hermenéutica es una ciencia gobernada por leyes concretas. Todos los intérpretes están obligados a guardar esas leyes si desean ser fieles a su responsabilidad. Esas leyes son aplicables, además, a todo el texto y a todos los géneros literarios que se hallen en el texto.

Los amilenaristas emplean una hermenéutica normal cuando interpretan temas tales como la creación, la Trinidad, la inspiración de las Escrituras, el pecado, la salvación, la deidad de Cristo, la muerte y la resurrección del Señor, el Espíritu Santo, Satanás y los ángeles. Sin embargo, cuando se trata de las profecías relacionadas con el reino del Mesías cambian para una interpretación figurada o alegórica. Parecería que esa actitud es producto de una influencia teológica y no de una exégesis seria de los textos bíblicos.

Generalmente los teólogos amilenaristas esgrimen el argumento de la presencia de figuras de dicción en la literatura profética. Es cierto que los libros proféticos y particularmente la literatura apocalíptica, están saturados de figuras. Pero no es lo mismo usar una metáfora que interpretar un pasaje metafóricamente. Tampoco es lo mismo el uso literario de una alegoría que la alegorización como un método hermenéutico para explicar un texto bíblico. Interpretar un símbolo simbólicamente no es interpretar. Las

28. Véase Homer Lemuel Payne, "Amillennial Theology as a System", pp. 82-85.

figuras de dicción se usan en cualquier idioma para ayudar a la comprensión de lo que se quiere comunicar. El lenguaje figurado es una manera eficaz de decir de forma concreta lo que de otro modo resultaría abstracto. Las figuras de dicción son usos gramaticales y literarios legítimos que tienen por objeto transmitir un significado literal.[29] Su uso, por lo tanto, es para facilitar la comprensión no para impedirla.

La persona de Cristo y el reino milenario

Ya se ha señalado en repetidas ocasiones que el centro mismo del reino milenario es la persona gloriosa de Cristo. Es Él quien personalmente vendrá para inaugurar el reino tal como aparece prometido en la literatura profética del Antiguo Testamento: "Tus ojos verán al Rey en su hermosura; verán la tierra que está lejos" (Is. 33:17). También el Nuevo Testamento afirma que el reino mesiánico será inaugurado cuando Cristo regrese con poder y gloria. Mateo 19:28 registra las palabras de Cristo, diciendo "que en la regeneración, cuando el Hijo del Hombre se siente en el trono de su gloria" los apóstoles se sentarán sobre doce tronos para juzgar a las doce tribus de Israel. Más adelante (Mt. 25:31), también se relaciona el establecimiento del reino con la venida en gloria del Mesías a la tierra: "Cuando el Hijo del Hombre venga en su gloria". Ap. 19:1121 describe la venida del Señor a la tierra y la destrucción de los ejércitos del anticristo por el Mesías victorioso que viene a inaugurar su reino.

El profeta Daniel en los capítulos 2 y 7 escribió acerca de "los tiempos de los gentiles", es decir, el tiempo cuando el gobierno de las naciones estará en manos de los gentiles. El dominio gentil es ilustrado en el capítulo 2 por la estatua del sueño de Nabucodonosor y en el capítulo 7 por las cuatro bestias feroces y el cuerno pequeño que aparece en una de las cabezas de la cuarta bestia. El cuadro profético en ambos capítulos pone de manifiesto que será la venida personal del Mesías la que pondrá fin al gobierno gentil en la tierra.

29. *Ibíd.*, p. 97.

Cuando la autoridad gentil sea destruida, "...el Dios del cielo levantará un reino que no será jamás destruido ni será el reino dado a otro pueblo" (Dn. 2:44). Eso no pudo haber ocurrido en la primera venida de Cristo porque todavía los gentiles ejercen autoridad sobre las naciones. La voluntad de Dios no está siendo hecha en la tierra como en el cielo (Mt. 6:10). Tampoco ahora Cristo está rigiendo las naciones con vara de hierro (Ap. 19:15).

Es crucial entender que el reino no será establecido por la iglesia ni por el hecho de que la Palabra de Dios y el Espíritu Santo están en el corazón del creyente. El reino será inaugurado por la presencia personal del Mesías quien regresará en gloria "en su manifestación y en su reino" (2 Ti. 4:1). Es importante recordar también que la venida en gloria de Cristo estará acompañada de severos juicios sobre el mundo entero. Tal cosa aún no ha ocurrido. Lo cierto es que la tierra todavía está llena de maldad, miserias e injusticias. Todo eso terminará de manera absoluta cuando el Mesías reine en la tierra. Una de las características del reino terrenal de Cristo es que "la tierra será llena del conocimiento de la gloria de Jehová, como las aguas cubren el mar" (Hab. 2:14). La "gloria de Jehová" es ni más ni menos que la manifestación personal y visible de Jesucristo como Rey de reyes y Señor de señores.

El premilenarismo ha sido acusado de enseñar un reino carnal y judaico. Ambas impugnaciones son injustas. El premilenarismo enseña que el reino se caracterizará, entre otras cosas, por la abundancia de bendiciones espirituales que el Mesías derramará sobre los que entren en el reino. Pero las Escrituras enseñan que el reino será en la tierra y que habrá un disfrute de bendiciones propias de la tierra. Es cierto que Israel como nación será bendita en cumplimiento de las promesas de los pactos. Pero no es menos cierto que los gentiles también serán ricamente bendecidos por el Señor. En cuanto a las bendiciones espirituales, debe recordarse que el primer requisito para entrar en el reino es espiritual. Es indispensable haber nacido de nuevo para entrar en el reino. Además, el Espíritu Santo será derramado sobre todos los que entren en el reino. Más importante aún es el hecho de que la persona gloriosa de Jesucristo estará en medio de su pueblo manifestando todo el esplendor de su gloria personal. La tierra será llena de su justicia, bondad, paz y santidad: "He aquí que vienen días, dice Jehová, en que levantaré a David un renuevo justo, y reinará como Rey, el cual será dichoso, y hará juicio y justicia en la tierra. En sus días será salvo Judá, e Israel habitará confiado; y este será su nombre con el cual le llamarán: Jehová justicia nuestra" (Jer. 23:56). El amilenarista tiene la solemne responsabilidad, como todos los demás intérpretes, de explicar este pasaje dentro de su contexto y mediante una hermenéutica normal, gramático-histórica, no figurada ni alegórica.

Ni las Escrituras ni la historia indican que "esos días" de los que habla Jeremías se hayan cumplido o se estén cumpliendo en el sentido normal del idioma. Tal como lo describe Juan en Ap. 19:11-16, la inauguración del reino será precedida de la manifestación personal y soberana del Rey de reyes cuando venga acompañado de sus ejércitos celestiales.

La iglesia es un aspecto del reino de Dios, pero no es en ningún sentido equivalente al reino mesiánico prometido en el Antiguo Testamento. El reino mesiánico tiene que ver con el dominio personal de Cristo desde el trono de David. Todavía Cristo no ocupa ese trono (Ap. 3:21). Ese trono le pertenece por derecho (Lc. 1:30-33). El reino terrenal de Cristo, también llamado el milenio, será el preámbulo histórico del reino eterno de Dios. Al final del milenio, Cristo continuará reinando por los siglos de los siglos en el reino eterno de Dios. Durante el milenio, la gloria tanto de la humanidad como de la deidad de Cristo será manifestada dentro del tiempo y de la historia. Como ha escrito John F. Walvood:

> La gloriosa presencia de Cristo en la escena milenaria es, por supuesto, el centro de adoración y espiritualidad. Los muchos pasajes bíblicos relacionados con el tema que no pueden en ningún sentido razonable aplicarse a la era presente ni limitarse al cielo, apuntan al reino milenario de Cristo en la tierra. La gloria de Cristo es revelada, además, en todos los aspectos del milenio y afecta la vida

> espiritual de la raza humana hasta un extremo nunca antes experimentado en previas dispensaciones.[30]

No solo el reino no se está cumpliendo en la era presente, como enseña el amilenarismo; ni tampoco Satanás está atado, como también enseñan de manera desconcertante.[31]

El maligno todavía anda como "león rugiente buscando a quien devorar (1 P. 5:8). Satanás llenó el corazón de Ananías (Hch. 5:3); tienta a los creyentes (1 Co. 7:5); ciega la mente de los incrédulos (2 Co. 4:34); se disfraza como ángel de luz (2 Co. 12:7); obstaculizó el ministerio de Pablo (1 Ts. 2:18). Los mencionados pasajes y las actividades desarrolladas no muestran ningún indicio de que Satanás esté atado en esta era. Obsérvese que, según Ap. 20:3, el propósito de atar a Satanás es "...*para* que no engañe más a las naciones..." Es innegable que Satanás está muy activo en la tierra en la era presente. Su confinamiento al abismo tendrá lugar inmediatamente antes de la inauguración del milenio. Ni él ni sus demonios podrán realizar actividad alguna durante los mil años del reino.

La tierra será especialmente preparada para que el Mesías reine. Los ángeles recogerán todo lo que estorbe. "Así será el fin del siglo: saldrán los ángeles y apartarán a los malos de entre los justos" (Mt. 13:49). La tierra será "regenerada" (*palingenesía*), es decir, rejuvenecida y embellecida para que el Mesías reine (Mt. 19:28). El profeta Isaías describe el asombroso cambio que se efectuará en este planeta en preparación para el reino milenario: "Se alegrarán el desierto y la soledad; el yermo se gozará y florecerá como la rosa. Florecerá profusamente, y también se alegrará y cantará con júbilo; la gloria del Líbano le será dada, la hermosura del Carmelo y de Sarón. Ellos verán la gloria de Jehová, la hermosura del Dios nuestro" (Is. 35:12). Dice el texto que "verán la gloria de Jehová". La gloria de Jehová" es la presencia personal del Mesías quien es el revelador personal de la Trinidad y es llamado "la hermosura del

30. John F. Walvoord, *The Millennial Kingdom*, p. 307
31. Véase Anthony Hoekema, *The Bible and the Future*, pp. 174, 228-229.

Dios nuestro". Esta escena aguarda su segunda venida en gloria. Jesucristo será el centro de toda actividad en la era gloriosa del reino. No habrá absolutamente nada que aparte la atención de su bendita y gloriosa persona.

Resumen y conclusión

A través de este capítulo se ha intentado ubicar el tema del milenio dentro de marco bíblico y de su ámbito histórico. Se ha señalado que hay dos posturas principales al respecto: (1) La premilenarista que afirma que habrá un reinado futuro de Cristo en la tierra que durará mil años durante el cual se cumplirán las promesas hechas por Dios a los patriarcas. Durante esos mil años, Satanás será atado o neutralizado para que no engañe más a las naciones y Cristo reinará con poder y gloria como rey mesiánico desde el trono de David. (2) La postura amilenarista enseña que el milenio se está cumpliendo ahora en la era presente, ya sea en el cielo con los santos que están con el Señor o en la tierra mediante la iglesia.

Según la escatología amilenarista, el diablo ya está atado y el reino equivale al período de tiempo que transcurre entre la primera y la segunda venida de Cristo. Cuando Cristo regrese a la tierra, según el esquema amilenarista, será para inaugurar el reino eterno. El amilenarismo, por lo tanto, omite totalmente la revelación bíblica respecto de la gloria terrenal del Mesías. Ambas posturas son excluyentes. Solo una de ellas puede sostenerse de pie a la luz de las Escrituras y de la realidad histórica.

Es mayoritariamente reconocido por destacados historiadores que la iglesia de los primeros siglos mantenían una fe premilenarista. Los padres apostólicos, con algunas excepciones, creían que Cristo vendría a la tierra a establecer el reino profetizado en el Antiguo Testamento. El amilenarismo tuvo sus raíces en la introducción de la hermenéutica alegórica enseñada por Orígenes de Alejandría. Orígenes había aprendido ese sistema de interpretación del filósofo judío Filón quien, a su vez, lo había aprendido de los filósofos paganos de Alejandría.

El método alegórico de interpretación enseñado por Orígenes fue adoptado por San Agustín quien formuló la primera escatología amilenarista en la historia de la iglesia. De San Agustín el amilenarismo se extendió a la iglesia católica romana y, a través de ella, a los reformadores del siglo XVI. De modo que el amilenarismo es el producto de la alegorización de las Escrituras proféticas del Antiguo Testamento. Una interpretación normal de las profecías conduce inevitablemente al premilenarismo. El amilenarismo cree que las promesas hechas a la nación de Israel están siendo cumplidas por la iglesia en esta era. El premilenarismo enseña que Israel es Israel y que su caída presente no es ni final ni total. Dios no ha desechado a su pueblo (Ro. 11:2). Las promesas de Dios a Israel siguen vigentes (Ro. 11:25-29).

Como se ha observado a través de esta obra, los amilenaristas no se ponen de acuerdo entre ellos mismos respecto de la naturaleza y el escenario del reino. Algunos dicen que es en el cielo, mientras que otros dicen que el reino es espiritual, que está en el corazón del creyente y que se cumple en la iglesia ahora. El amilenarismo niega enfáticamente que habrá un reino terrenal de Cristo de mil años de duración.

Ahora bien, los teólogos amilenaristas se enfrentan a un serio dilema: ¿Qué hacer con la cantidad enorme de pasajes que enseñan acerca de una gloria que llena toda la tierra? ¿Qué hacer con la importantísima cantidad de pasajes que hablan de una tierra llena de la gloria de Jehová? Los amilenaristas se equivocan rotundamente cuando enseñan que el único pasaje de la Biblia que enseña acerca del milenio es Apocalipsis 20:16. La realidad es que hay un número considerable de pasajes distribuidos por todo el Antiguo Testamento que enseñan la realidad de un reino futuro en la tierra. Esos pasajes enseñan con claridad que la tierra como tal será ricamente bendecida. La violencia que ahora existe, incluso entre los animales del campo, se acabará. En la era del reino habrá paz, tranquilidad, justicia y santidad en la tierra.

Los expositores amilenaristas, en su perplejidad, no saben qué hacer con esos pasajes. Unos lo sacan de su contexto y los aplican al reino eterno. Pero confrontan la dificultad de que dichos pasajes describen escenas terrenales, no celestiales. Otros espiritualizan dichos pasajes y en lugar de interpretarlos, lo que hacen es extraer aplicaciones para la vida de la iglesia hoy. Lo peor de todo es la actitud de aquellos que omiten dichos textos completamente de sus exposiciones.

Puesto que hay muchos pasajes que hablan de la gloria del Mesías a quien el Antiguo Testamento repetidas veces llama Jehová, es decir, el Revelador de Dios, los amilenaristas pasan por alto uno de los estudios más provechosos y de mayor bendición para el creyente. Dicho estudio tiene que ver con la manifestación visible de la gloria de Cristo en la era del reino. Tanto los atributos de su perfecta humanidad como los de su absoluta e infinita deidad serán exhibidos dentro del tiempo y de la historia durante el milenio terrenal. Cristo reinará sobre la tierra como Rey de reyes y Señor de señores.

CAPÍTULO VII

Conclusión

Después de un cuidadoso estudio inductivo de los pasajes relevantes, tomados tanto del Antiguo como del Nuevo Testamento, hay que concluir que una manifestación completa de la gloria divina abarca tanto fenómenos abstractos como concretos en el ámbito espiritual y en el material. La hipótesis de que una concepción materialista de la gloria en los comienzos de la historia de Israel evolucionó en una comprensión más espiritual, tal como mantienen los liberales y paralelamente, el sistema amilenarista, carece de fundamento en lo que respecta a consideraciones etimológicas y a la historia bíblica como lo verifican los mismos eruditos de la escuela crítica. Existe una amplia provisión para la expresión del contenido completo de la gloria divina en la postura literal del reino mesiánico como lo propone la escuela premilenarista.

La humanidad de Cristo es gloriosa debido a la gloria intrínseca impartida en la constitución y la posición exaltada del hombre en la creación, el despliegue gradual de las prerrogativas gubernamentales delegadas, culminando en el reino davídico, el ilimitado enriquecimiento de la naturaleza humana de Cristo para la capacitación sobrenatural en las funciones en el milenio como lo indica Isaías 11, la glorificación y honor conferidos a la persona de Cristo en su exaltación como premio de su obediencia hasta la muerte, y en la relación única sostenida por la naturaleza humana con la gloria divina en virtud de la unión hipostática.

Una correlación de la naturaleza de las glorias humana y divina de Cristo con el milenio requiere su presencia personal y física en la tierra en mayor poder para consumar los resultados de la salvación para Israel y la iglesia de una manera tan manifiesta que produzca el reconocimiento tanto de parte de la creación animada como de la inanimada.

Tanto los premilenaristas como los amilenaristas están de acuerdo en que las manifestaciones visibles de la gloria divina están ausentes durante el período que transcurre entre las dos venidas. Los premilenaristas, por lo tanto, anticipan la introducción de la gloria milenaria simultáneamente con la segunda venida cuando la gloria de Cristo será públicamente manifestada como lo indican los vocablos *epiphánia, apokalypsis* y *parousía*. El amilenarismo, por otro lado, intenta convertir demostraciones concretas de gloria en expresiones espirituales invisibles adecuadas para el carácter de la era entre los dos advenimientos. Aun después de una intensa espiritualización, grandes áreas de la gloria material permanecen sin asimilarse y el sistema amilenarista los transfiere completamente al estado eterno. Este procedimiento no solo pasa por alto las connotaciones temporales y la continuidad progresiva del plan profético del Antiguo Testamento sino que también desmembra la constitución orgánica de la gloria en el milenio. La expectación del amilenarista liberal de que un mínimo de gloria concreta aguarda una realización en el más o menos futuro remoto de la era presente hasta ahora ha carecido de prueba empírica.

Cristo no ha ejercido en el pasado ni está ejerciendo en el presente sus gloriosas prerrogativas humanas de dominio adámico, de gobierno noético, de heredero abrahámico, de judicatura mosaica profética, de rey davídico o de gloria salomónica, todo lo cual aguarda el cumplimiento futuro en el milenio.

Aunque los amilenaristas equivocadamente han identificado

esas funciones con la autoridad y soberanía disfrutadas por Cristo en su presente sesión, no hay evidencia de clase alguna de que ahora se esté realizando un gobierno milenario en el mundo, ni siquiera espiritualmente a través de la iglesia. No existe ilustración más clara de este hecho que la que ha sido expresada por un erudito amilenarista del calibre de Albertus Pieters:

> Desde nuestra óptica humana no parece como si todo ese poder estuviese en las manos de Jesucristo. Parece más bien como si el diablo estuviese el trono, pero eso no es más cierto ahora de lo que fue en la era apostólica. Si los primeros cristianos, no obstante, pudieron creerlo, ¿no podemos nosotros? Ellos lo creyeron porque sabían que Él había resucitado de los muertos, había ascendido a la gloria, y estaba con ellos como presencia viviente. Si compartimos la fe de ellos en la resurrección, debemos compartir también su fe de que Él está vivo y reinando.[1]

Que la resurrección y la ascensión de Cristo exigen necesariamente un reinado activo del Señor sobre el mundo es obviamente un *non séquitur.* Mientras que los amilenaristas no sean capaces de reunir mejores evidencias basadas en hechos reales y principalmente, apelen a la exégesis de los pasajes proféticos tanto del Antiguo como del Nuevo Testamento dentro de sus contextos normales, tendrán que seguir aferrándose a la fe ciega o más exactamente, a la credulidad de sus seguidores.

En relación con esto, aunque algo fuera del ámbito de esta obra. Debe notarse que en un tiempo en el que hay un notable avivamiento de la apologética evangélica, es triste tener que decir que no se está haciendo ningún adelanto sustancial en este campo. Más allá de renovar y reestructurar los ya gastados postulados de

1. Albertus Pieters, *Divine Lord and Saviour* (Nueva York: Fleming H. Revell Company, 1949), p. 141.

la apologética amilenarista tradicional dentro de las corrientes filosóficas actuales, muy poco se ha hecho al respecto.

Bien que puede cuestionarse cómo es que un sistema que resuelve los problemas de Dios del tiempo en la eternidad, confunde la responsabilidad humana con la soberanía divina y compensa por los males terrenales por medio de la perfección celestial, puede formular una cosmovisión coherente. Los tratos de Dios con el hombre en la tierra como lo justifica el mesianismo apocalíptico no encuentran su final lógico ni en el estado intermedio ni tampoco en el estado eterno del alma o del cuerpo, que son cosas totalmente diferentes, como H. A. A. Kennedy lo ha señalado correctamente.[2] Pero es justamente en esa coyuntura donde la apologética convencional encuentra su conclusión lógica.

La casi total ausencia de aprecio hacia esta cuestión se pone de manifiesto cuando uno de los apologistas evangélicos más destacados centra su argumento en la teoría de un *único pacto,* que es el fundamento indispensable del amilenarismo:

> Como una opción intelectual, las Escrituras satisfacen la prueba más rigurosa de la lógica. Interpretan sus orígenes congruentemente desde Génesis 3:15 hasta Apocalipsis. Un pacto de gracia alcanza desde Génesis 3:15 hasta el último versículo al final de la Biblia.[3]

Pero es esa misma teoría la que al frustrar la manifestación de la voluntad divina para la humanidad en la tierra en el reino teocrático hace indefendible tanto el teísmo cristiano como el premilenarismo. Es ciertamente deplorable que haya premilenaristas y teólogos que ostensiblemente representan la causa del premilenarismo que adopten dicha teoría. Por otro lado, hace tiempo que llegó la hora de realizar una reevaluación profunda de las implicaciones

2. H A. A. Kennedy, *The Theology of the Epistles* (Londres: Duckworth Company, 1948), p. 246.
3. Edward John Carnell, "The Problem of Religious Authority," *His* (febrero, 1950), p. 11.

apologéticas básicas inherentes en el sistema premilenarista.

Uno de los argumentos más convincentes de la congruencia del premilenarismo es proporcionado por la demostración de la consonancia de los atributos divinos, tal como se manifiestan mediante la gloria visible de la deidad a través de Cristo en un milenio literal. Aunque era de esperarse que hubiese una exhibición predominante del atributo de justicia, no era tan evidente que la gloria de la justicia divina fuese rivalizada por una igualmente impresionante exhibición de misericordia y bondad divinas. El sorprendente gran número de referencias a los atributos de verdad concentrado en el Salmo 89 hace de este uno de los pasajes más cruciales en el Antiguo Testamento en lo que respecta a la controversia milenarista. De ese salmo se desprende que cualquier intento de espiritualizar la gloria en el milenio requiere al mismo tiempo una modificación de la esencia divina tal como se expresa en dicho pasaje. Los amilenaristas, ostensiblemente, le dedican poco espacio a dicho salmo y en la mayoría de los casos, su exégesis es superficial y su hermenéutica es alegórica y figurada.

El esquema amilenarista, con su énfasis centrado en un *único pacto* teológico llamado *pacto de la gracia,* no le concede el debido espacio a los pactos bíblicos, particularmente a los pactos abrahámico y davídico. Es necesario estudiar ambos pactos en el ámbito exegético, hermenéutico e histórico si se le quiere hacer justicia al tema que constituye el corazón mismo de la teología del Antiguo Testamento. O sea, hay que estudiar esos pactos dentro de sus debidos contextos sin apelar ni a la alegorización ni a la espiritualización y preguntarse si las estipulaciones de dichos pactos ya se han cumplido o si se están cumpliendo en la era presente.

Las promesas hechas por Dios a Abraham y a David evidentemente aguardan un cumplimiento literal futuro si se toma con solemne seriedad el juramento de Dios (Sal. 89:34, 35-37; Ro. 11:29). Una interpretación normal o natural de las profecías del Antiguo Testamento no deja lugar a dudas de que habrá un reino mesiánico futuro en el cual Jesucristo como Rey Mesías exhibirá con todo su esplendor tanto sus atributos humanos como los divinos. Como afirma Charles L. Holman, profesor de Nuevo Testamento en Regent University, Virginia Beach, Virginia:

> No debemos pensar que la esperanza mesiánica estaba limitada a lo experimentado durante el reinado davídico-salomónico. El Salmo 72 parece ir más allá de dicho reinado en su oración por un reino universal de bendición para todas las naciones (vv. 8, 11, 17). Pero la concepción de la promesa de Jehová de bendecir a su pueblo ha entrado ahora en una nueva dimensión, y la esperanza del futuro se ha vuelto más concreta al estilo mismo de la primera era dorada de Israel tan gloriosamente exhibida.[4]

El cumplimiento de la esperanza mesiánica tal como aparece profetizada en los Salmos 72 y 89, tendrá su pleno cumplimiento cuando el Mesías se siente en el trono de David y reine tanto sobre su pueblo como sobre los gentiles. El Mesías manifestará de manera visible y gloriosa esos atributos de bondad, misericordia, justicia y santidad inherentes en su persona divina. Habrá absoluta equidad para todos los que participen del Reino del Mesías en la tierra y abundantes bendiciones a lo largo y ancho del planeta. Entonces, "benditas serán en él todas las naciones; lo llamarán bienaventurado" (Sal. 72:11). Solo el abandono de una hermenéutica normal o natural que interprete de manera literal las promesas mesiánicas escritas por todos los profetas del Antiguo Testamento se atreve a negar que habrá un reino glorioso sobre la tierra en el que Jesús el Mesías reinará como soberano absoluto de toda la creación.

4. Charles L. Holman, *Till Jesus Comes: Origin of Christian Apocalyptic Expectation* (Peabody, Mass.: Hendrickson Publishers, Inc., 1996), p. 19.

Glosario

Abraham: padre y fundador de la nación de Israel. Dios lo llamó de Ur de los Caldeos e hizo un pacto incondicional con él (vea Gn. 11:27-32; 12:13; 13:14-18; 15:18-21).

Alegorización: método de interpretación que da al texto un significado recóndito diferente del normal o natural del mismo. La alegorización fue enseñada por los filósofos paganos de Alejandría. Entro en el cristianismo a través de Orígenes.

Amilenarismo: escuela de pensamiento que enseña que no habrá un reino terrenal de Cristo de mil años de duración después de la segunda venida. El amilenarismo cree que el reino se cumple en la iglesia en el período de tiempo que transcurre entre las dos venidas de Cristo.

Angelología: rama de la teología que se ocupa del estudio de los ángeles.

Antropomorfismo: significa adscribir a Dios características o atributos que nos son propios de Él. Por ejemplo, cuando se habla de "el brazo de Dios", "el dedo de Dios" o "la boca de Dios". También es un antropomorfismo decir "se arrepintió Dios" (Gn. 6:6). Dicha expresión, intenta decir con palabras humanas cómo se sintió Dios al contemplar la pecaminosidad del hombre. En el Apocalipsis a Cristo se le llama Cordero (5:6) y León (5:5).

Atributos de Dios: las características o perfecciones de Dios.

Atributos humanos de Cristo mediante la encarnación, Cristo, la segunda persona de la Trinidad, adquirió atributos o características humanas.

Su perfecta humanidad exhibirá las perfecciones que Adán no pudo mostrar a causa del pecado.

Atributos divinos de Cristo Por ser la segunda persona de la Trinidad, Cristo posee todos los atributos de Dios. Dichos atributos o características serán manifestados por el Señor en la era del reino dentro de la historia y del tiempo.

Bondad: el bien o la benevolencia de Dios (Éx. 33:19) se relaciona directamente con la santidad y la excelencia del carácter divino. Resume la totalidad de los atributos de Dios. En el reino, Cristo exhibirá la hermosura del atributo divino de bondad.

Cordero de Dios: designación de Cristo en su carácter sacrificial. El Cordero era el sacrificio acostumbrado en el Antiguo Testamento para cubrir los pecados de quien lo ofrecía. La primera persona en Egipto se celebró con el sacrificio de un cordero por familia. En el Nuevo Testamento, Cristo es designado como el Cordero de Dios que quita el pecado del mundo (Jn. 1:29, 35).

Cristología: la rama de la teología que estudia lo concerniente a la persona y la obra de Cristo. A veces se separa de la doctrina de la salvación, es decir, de la soteriología.

Crítica liberal: es un círculo teológico que se caracteriza por negar lo sobrenatural. La crítica liberal tiene tendencias similares al naturalismo. El lado opuesto es la escuela conservadora que afirma que Dios obra a través de actos sobrenaturales.

Depravación humana: es la enseñanza bíblica que muestra la condición moral y espiritual del hombre (Ro. 1:18-32). El hombre está moral y espiritualmente corrompido en todas las áreas de su personalidad. La corrupción de la naturaleza humana produce pecados específicos. La depravación total significa que el hombre es capaz de hacer lo peor en cualquier momento.

Dominio: la autoridad que Dios delegó en el hombre (Gn. 1:26) de señorear sobre todo lo que Él había creado (Salmo 8). La entrada del pecado impidió que Adán ejerciese ese dominio. El Mesías, cuando reine sobre la tierra, ejercerá plenamente esa autoridad de manera perfecta y universal.

Dispensacionalismo: es una escuela de pensamiento teológico que ve al mundo como una "gran casa" sobre la que el Creador puso al hombre como administrador. Una dispensación es una responsabilidad puesta sobre el hombre durante un período de tiempo. El dispensacionalismo diferencia entre Israel y la Iglesia. También enseña que habrá un reino terrenal de mil años que Cristo inaugurará cuando regrese a la tierra.

Dispensacionalismo progresista: es una rama reciente del dispensacionalismo (1986) que se asemeja mucho al premilenarismo del pacto. Según el dispensacionalismo progresista, Cristo ya está reinando en el trono de David desde el cielo. Ese es el aspecto inicial del reino milenario que tendrá su consumación en la tierra cuando Cristo regrese.

Escatología: rama de la teología que se ocupa de los acontecimientos de los últimos tiempos tales como el arrebatamiento de la Iglesia, la gran tribulación, la segunda venida de Cristo, el milenio, las resurrecciones, y otros.

Esperanza mesiánica: el mensaje de los profetas dado al pueblo de Israel (vea Hageo, Zacarías, Malaquías) en momentos de calamidad y exilio, recordándole las promesas de los pactos abrahámico y davídico.

Epiphaneia: vocablo griego que significa "manifestación", "aparición" (vea 2 Ti. 1:10; 4:1, 8; Tit. 2:13). Se usa con referencia a la aparición personal de Cristo en su segunda venida.

Espiritualización: es la práctica de un método de interpretación en el que se descarta la mayoría de los componentes históricos y naturales del mensaje del texto y se retiene el aspecto espiritual de la relación con Dios.

Fidelidad: se refiere a la lealtad a Dios, a su compromiso (heb. *hesed*; Lm. 3:23). La fidelidad de Dios es la garantía de que cumplirá todos sus compromisos.

Figuras de dicción: los diferentes géneros literarios, metáforas, símiles, parábolas, etc., usados para comunicar algo de manera más definida. Cuando un vocablo es sacado fuera de su ambiente normal y es usado en otro contexto, dicho vocablo se convierte en una figura de dicción.

Gloria: manifestación visible del Señor junto con todos los fenómenos que acompañan dicha manifestación.

Herencia: costumbre veterotestamentaria de dividir el patrimonio entre los hijos de las esposas legítimas (Gn. 24:36; 25:9-10). Dios dio la tierra de Palestina a Abraham y a su descendencia a través de Isaac y Jacob en perpetuidad (Gn. 17:18).

Heredero del mundo: esta frase contempla la promesa que Dios hizo al patriarca Abraham (1) que le daría una descendencia tan grande que sería imposible numerarla. (Gn. 12:2; 13:16; 15:5; 16:10; 17:46, 16-20; 22:17), (b) que le daría una tierra en perpetuidad (Gn. 13:15-17; 15:12-21; 17:18-19), y (c) que a través de él todas las naciones de la tierra serían benditas (Gn. 12:3; 18:18; 22:18). La promesa de Dios a Abraham tendrá su cumplimiento literal en la era del reino del Mesías.

Hijo del Hombre: designación que Cristo se dio a sí mismo. Dicha frase señala a Dn. 7:13. Se refiere al personaje celestial que desciende a la tierra para establecer el reino de gloria y paz. En el Nuevo Testamento aparece en Mt. 24:30; 26:64 y en otros sitios. Proféticamente señala al día cuando Cristo se sentará como rey mesiánico en el trono de David.

Hijo de David: Cristo es llamado "hijo de David" en Mt. 9:27; 15:22; 20:31 (vea también Mt. 22:41-46). Ese es un título mesiánico. Cristo es el "hijo mayor" de David y el heredero del trono (vea Lc. 1:31-33). El Señor tiene todo el derecho de sentarse en el trono de David y gobernar tanto a Israel como a las naciones gentiles.

Hermenéutica: la ciencia y el arte de la interpretación. Es una ciencia porque se guía por leyes definidas y es un arte porque su perfeccionamiento requiere práctica.

Hipótesis evolucionista: propuesta de Julins Wellhausen, teólogo alemán (1844–1918). Elaboró la llamada teoría documentaria tocante al origen del Pentateuco. Intentó probar que la relación entre el arreglo sucesivo y los códigos legales y el desarrollo progresivo de las prácticas religiosas de los israelitas solo podía ser compatible con una fecha tardía del documento sacerdotal. Wellhausen sostenía que el Pentateuco no fue escrito por Moisés sino que fue compuesto por un redactor en tiempos de Esdras.

Iglesia: se refiere a los creyentes en Cristo, comenzando el día de Pentecostés y hasta el rapto. El vocablo significa "un grupo que ha sido convocado", "una asamblea". A veces se refiere a una congregación local (1 Co. 1:1, 2). Otras veces se refiere a la iglesia universal (Ef. 1:22, 23). La iglesia como cuerpo de Cristo no pudo haber comenzado antes de la muerte, la resurrección y la exaltación de Cristo ni antes del comienzo del ministerio bautizador del Espíritu Santo (vea Mt. 16:18; Hch. 1:5; 1 Co. 12:13).

Israel: este sustantivo se usa siempre en las Escrituras con un sentido étnico para referirse a la descendencia física de Abraham a través de Isaac y Jacob. No hay razón exegética que obligue a alegorizar el significado de Israel o de las doce tribus. Nunca en las Escrituras se le llama Israel a la iglesia ni viceversa.

Israel de Dios: esta frase aparece en Gálatas 6:16. Pablo no pretende decir que la iglesia se ha convertido en el "Israel de Dios". El apóstol se refiere a israelitas que han reconocido al Mesías como Salvador. Estos poseen la fe de Abraham, cumplen el requisito espiritual para entrar en el reino. Son israelitas completos y en este sentido son el "Israel de Dios".

Judicatura: es el ejercicio de juzgar. Moisés fue el primer gran regulador de la nación de Israel y al mismo tiempo el gran profeta. Dios habla a través de Moisés y el pueblo estaba obligado a obedecer su Palabra. En Deuteronomio 18:17-19, Moisés profetiza la venida del más grande de todos los profetas y legisladores, es decir, el Mesías (vea Hch. 3:22-23; 7:27). Jesús el Mesías será el gran profeta, legislador y juez cuando venga en su gloria (Is. 33:22).

Justicia: es un atributo divino que puede considerarse desde dos aspectos: (1) *Justicia absoluta,* es decir, la rectitud de la divina naturaleza que enseña que Dios es infinitamente recto y (2) *Justicia relativa,* es decir, la perfección mediante la cual Dios se mantiene en contra de toda violación de su santidad y deja ver en todo sentido que Él es santo. El Mesías reinará en absoluta justicia (Is. 32:1). Él será "el renuevo justo de David", "hará juicio y justicia en la tierra" (Jer. 23:5). Una de las palabras clave del reino es *Justicia.* El Mesías mismo es "Jehová: justicia nuestra" (Jer. 23:6).

La Ciudad de Dios: obra magna de San Agustín. Tardó catorce años en terminarla (412 426 d.C.). Dicha obra es apologética en el sentido de que Agustín defiende al cristianismo de las acusaciones de los paganos que decían que los cristianos eran responsables de la caída del Imperio Romano. También Agustín presenta una síntesis de la historia universal a la luz de los principios cristianos.

Lenguaje figurado: es un uso perfectamente válido en todos los idiomas conocidos. El lenguaje figurado permite sacar un vocablo de su uso normal y emplearlo en un contexto diferente del acostumbrado. En Ap. 13 al anticristo se le llama "la bestia" y en Ap. 12 a Satanás se le llama "el dragón". El lenguaje figurado ayuda a la comprensión del contenido de un pasaje. Sin embargo, no debe confundirse "lenguaje figurado" con "interpretación figurada". "Lenguaje figurado" es un concepto literario. "Interpretación figurada" es un concepto hermenéutico.

Los tiempos de los gentiles: esta expresión aparece en Lucas 21:24. Se refiere al tiempo de dominio gentil en la tierra ilustrado por la estatua de Daniel 2. Los tiempos de los gentiles terminarán con la venida en gloria de Cristo a la tierra cuando "el reino del mundo venga a ser de nuestro Señor y de su Cristo, y él reinará por los siglos de los siglos" (Ap. 11:15).

Mediador: es la traducción del vocablo griego *Mesíteis* que significa "árbitro", "intermediario", es decir, "mediador". Es alguien que interviene entre dos con el fin de hacer o restaurar la paz o la amistad. Moisés fue mediador entre el pueblo de Israel y Dios (Dt. 5:5). Moisés, como profeta representaba a Dios delante del pueblo. Cristo es el Mediador por excelencia. Él es "el único mediador entre Dios y los hombres" (1 Ti. 2:5). Moisés fue mediador del pacto de la ley (pacto mosaico), pero Cristo es el Mediador de un "mejor pacto", que es sin duda, el "nuevo pacto", basado sobre la obra perfecta del Mesías.

Monte Sión: originalmente la ladera en el costado sudeste de Jerusalén. Posteriormente, se le dio ese nombre a toda la ciudad de Jerusalén (Sal. 126:1; Is. 1:26-27; Zac. 8:23). En las profecías del Antiguo Testamento, Sión se refiere a la ciudad de Jerusalén desde donde el Mesías reinará durante el milenio (Ap. 14:1).

Mesías: proviene del hebreo (*meshiah*) y del griego (*cristos*). Significa "ungido". Profetas, sacerdotes y reyes eran ungidos en el Antiguo Testamento. Dicha ceremonia significaba que eran apartados para dicho oficio. Según Eddersheim (*Vida y tiempos de Jesús*), hay más de 453 referencias al Mesías en el Antiguo Testamento. Dichas referencias apuntan al Ungido por excelencia, es decir, a Jesucristo quien, como el heredero del trono de David, reinará sobre la nación de Israel durante el milenio.

Milenio: significa "mil años". Se usa en Ap. 20:27, donde se menciona seis veces. Es un vocablo que tiene que ver con tiempo. Dicho vocablo se refiere a la duración del reinado histórico y temporal del Mesías en la tierra. Durante el milenio la gloria de la persona de Cristo será exhibida en la tierra. La tierra será llena de su gloria. También se cumplirán los pactos abrahámico, davídico y el nuevo pacto. Cristo reinará gloriosamente sobre judíos y gentiles. Al finalizar los mil años, el reino terrenal será absorbido por el reino eterno.

Misericordia: es el atributo por el cual Dios manifiesta su bondad hacia aquellos que están en miseria o angustia. Dios es un ser de infinita misericordia. Dios ha mostrado la riqueza de su misericordia hacia el pecador (Ef. 2:4) proveyendo salvación a través de Cristo. El reino glorioso del Mesías será un tiempo cuando la perfecta misericordia de Jehová se mostrará. El vocablo *hesed* se usa en el Antiguo Testamento y *éleos* en el Nuevo Testamento para hablar del amor leal de Dios hacia su pueblo (vea Ro. 9:15, 16, 18; 11:30, 31, 32).

Nuevo pacto: revelado en Jer. 31:31-34. Es un pacto incondicional instituido sobre la base de la muerte y resurrección de Cristo. Fue instituido por el Señor en el Aposento Alto (Mt. 26:17-29). La iglesia cristiana disfruta de los beneficios de dicho pacto. Sobre la base de ese pacto, la nación de Israel recibirá el perdón de sus pecados (Ro. 11:25-29), regeneración (He. 8:10, 11) y reconciliación (He. 8:12). El nuevo pacto se cumplirá completamente en el remanente creyente de la nación de Israel en el milenio.

Orígenes de Alejandría: padre apostólico (185 254 d.C.) de gran erudición que introdujo el método alegórico de interpretación en la iglesia cristiana.

Omnipotente: equivale a Todopoderoso. Proviene del griego *Pantokrátor* que significa "el que tiene todas las cosas en su mano", es decir, tiene control de todo lo que existe (vea Ap. 1:8, 4:8, 11:17; 15:3; 16:7). El Dios de la Biblia es el único Todopoderoso. Jesucristo como Dios y Mesías es omnipotente y ejerce perfecta soberanía sobre todo el universo. Esa soberanía se hará visible a todos cuando regrese a la tierra a reinar con poder y gloria.

Pacto abrahámico: el compromiso incondicional hecho por Dios con Abraham (Gn. 12:13; 15:17-18; 17:1-27) mediante el cual Dios prometió al patriarca darle una descendencia, una tierra y bendiciones en perpetuidad. De ese pacto se deriva también la promesa del Mesías y las bendiciones del reino. La fe en Dios es el elemento indispensable para participar en las bendiciones del pacto abrahámico (Gn. 15:6; Ro. 4:16-21).

Pacto davídico: el compromiso incondicional hecho por Dios con el rey David (2 S. 7:12-16; Sal. 89). En ese compromiso Dios establece que David tendrá: (1) una casa, es decir, una descendencia física; (2) un reino, es decir, un dominio político (3) un trono, es decir, la dignidad, el poder y el derecho de gobernar y (4) un gobierno eterno, es decir, la autoridad davídica nunca será quitada de la posteridad de David. Jesucristo, el Mesías, como heredero del trono de David, cumplirá literalmente este pacto (Lc. 1:31-32).

Panteísmo: religión pagana que identifica a Dios con la creación. Considera que Dios es la mente y el alma del universo, pero no se separa al Creador de la creación como hacen las Escrituras. El panteísmo considera todas las cosas finitas como simples aspectos, modificaciones o partes de un ser eterno y autoexistente.

Padres apostólicos: con ese nombre se designa a los teólogos y escritores de los primeros siglos de la iglesia. Sus escritos proporcionan información respecto de la vida y la historia de la iglesia entre el período del Nuevo Testamento y hasta finales del siglo IV.

Padres anteniceanos: los teólogos y escritores que vivieron antes del año 325 d.C., año cuando se celebró el concilio de Nicea.

Palingenesía: vocablo griego que significa "regeneración". Se usa en Mt. 19:28 para describir lo que ocurrirá en la tierra a raíz de la segunda venida de Cristo para establecer su reino.

Paz: del hebreo *shalom* y del griego *eirene*. El Mesías es "Príncipe de Paz". Cuando Él reine, "lo dilatado de su imperio y la paz no tendrán fin" (Is. 9:7). No será solo la ausencia de guerra, sino el bienestar total tanto en lo material como en lo espiritual.

Persona teantrópica: a raíz de la encarnación, Cristo tomó para sí una naturaleza humana. De modo que en la persona divina de Cristo hay dos naturalezas indisolublemente unidas pero no amalgamadas. Cristo es, por lo tanto, una persona teantrópica, es decir, Él es Dios-hombre. Obsérvese que su persona es teantrópica no su naturaleza. Cristo ahora posee una naturaleza divina y una naturaleza humana, pero sigue siendo *una sola* persona.

Parousía: significa "presencia" o "estar presente", "una venida", "llegada" o "advenimiento". En el Nuevo Testamento se usa con referencia a la venida de Cristo (vea Mt. 24:3, 27, 37, 39; 1 Co. 15:23; 1 Ts. 2:19; 3:13; 4:15; 5:23; 2 Ts. 2:1, 3; Stg. 5:7-8; 2 P. 1:16; 3:4, 12; 1 Jn. 2:28).

Pneumatología: rama de la teología que se ocupa del estudio de la doctrina del Espíritu Santo.

Posmilenarismo: interpretación escatológica que enseña que la segunda venida de Cristo a la tierra tendrá lugar después del milenio. El posmilenarismo enseña que el reino o milenio será el resultado de la conclusión del mundo mediante la predicación del evangelio por la iglesia. El primer posmilenarista conocido como tal fue el italiano Joaquín de Fiore (1135 1202 d.C.). El sistematizador del posmilenarismo fue Daniel Whitby (1628 1726 d.C.)

Premilenarismo: interpretación escatológica que enseña que habrá un reino terrenal que durará mil años y que será inaugurado por Cristo cuando venga a la tierra por segunda vez. El premilenarismo histórico cree que la iglesia pasará por la gran tribulación. El premilenarismo dispensacionalista enseña la diferencia entre Israel y la iglesia. Además insiste en la interpretación literal del las Escrituras.

Profeta: un hombre escogido por Dios y dotado de la capacidad para comunicar la voluntad de Dios a su pueblo. El profeta es capacitado por Dios para develar el futuro al pueblo. Hay falsos profetas y engañadores (Mt. 7:15). Esos son conocidos por sus frutos. El falso profeta es aquel que habla de sí mismo aunque presume hablar la palabra de Dios. Ese es condenado a morir (Dt. 18:20). La señal del verdadero profeta es que todo lo que dice se cumple (Dt. 18:21-22). El Mesías vendrá como el verdadero profeta como Moisés pero aún mayor. El mandato divino es: "a él oiréis en todas las cosas que os hable" (Hch. 3:22).

Propósito eterno: lo que Dios se ha propuesto hacer desde la eternidad según su beneplácito y para su gloria (Ef. 1:9-11).

Providencia de Dios: es la actividad continua de Dios por la cual hace que todos los sucesos de los fenómenos físicos, mentales y morales realicen su propósito que es ni más ni menos que el diseño divino para la creación.

Postrer Adán: el primer Adán era "figura del que había de venir" (Ro. 5:14). En el primer Adán toda la humanidad pecó y en ese Adán "todos mueren" (1 Co. 15:22). El "postrer Adán" es el Mesías que cumplirá perfectamente el plan original de Dios para el hombre y para la tierra (Sal. 8; He. 2:59).

Racionalismo: es la creencia de que el hombre puede determinar todo lo que es verdad mediante la lógica. Dice además, que se puede probar la existencia de Dios racionalmente. El racionalista descarta la autoridad y la veracidad de la Palabra de Dios.

Raíz de David: Una designación del Mesías que relaciona al Señor con el cumplimiento del pacto davídico (2 S. 7:12-16; Is. 11:1, 10; Ez. 34:23,

24; Ap. 5:5; 22:16). La expresión mira hacia el Antiguo Testamento. Cristo, como raíz de David, posee todos los derechos al trono de David. De Él emana toda la gloria real que será exhibida cuando reine como rey mesiánico (Lc. 1:32, 33).

Remanente: del hebreo *S^e^erit* y del griego *leimma,* que significa "resto", "residuo", "remanente" (vea Ro. 9:27). Se refiere al número de israelitas que serán salvos en los postreros días, disfrutarán de las bendiciones del pacto abrahámico, el nuevo pacto y del reino del Mesías (Ro. 11:5; 9:27; 11:25-29).

Reino eterno: el reino de Dios que siempre ha existido (Sal. 10:16). El reino eterno de Dios es universal, lo incluye todo (Sal. 103:19). Dios gobierna sobre ese reino directamente (Sal. 59:13).

Reino milenario: también llamado reino mesiánico o reino mediado. Es el reino prometido en el Antiguo Testamento y pactado por Dios con David (2 S. 7:12-16). Las enseñanzas respecto de las características y de la gloria del milenio están abundantemente escritas en el Antiguo Testamento. La duración de ese reino será de mil años (Ap. 20:1-6). El reino milenario se caracterizará primordialmente por la manifestación de la gloria de Cristo. Tanto la gloria de su humanidad como la de su deidad constituirán el centro mismo del reino milenario.

Renuevo: es un título otorgado al Mesías, relacionándolo con su primera venida. Él se humilló hasta la muerte para proporcionar perdón y salvación al remanente de su pueblo (vea Is. 4:2; Zac. 3:8). El mismo Renuevo vendrá por segunda vez para reinar (Jer. 23:5).

Revelación: es la traducción del vocablo griego *apocalipsis.* Es uno de los tres vocablos (junto *parousía y epipháneia*) usado para describir la segunda venida de Cristo. El vocablo significa "hacer visible", "poner en descubierto". El Señor Jesucristo se hará visible en toda su gloria, tal como Él es.

Rey de reyes: título asignado al Mesías en Apocalipsis 17:14 y 19:16. Se usa acompañado del título "Señor de señores" y destaca la absoluta soberanía del Mesías, quien vendrá como guerrero divino y derrotará a todos los reyes de la tierra con sus ejércitos (Ap. 19:17-18).

Sacrificio expiatorio: se refiere a la muere de Cristo en la cruz tal como se describe en Isaías 53. La muerte de Cristo fue un sacrificio expiatorio porque fue el pago por los pecados del hombre y además, fue una sustitución. Cristo murió en lugar del pecador (Mr. 10:45; 1 Ti. 2:5-6).

Septuaginta: la traducción del Antiguo Testamento del hebreo al griego. Dicha traducción se realizó en Alejandría entre los años 300 150 a.C. La Septuaginta fue la Biblia usada por los apóstoles.

Shekinah: este vocablo no se usa en la Biblia. Si se usa en la literatura judía y cristiana para expresar la presencia de Dios manifestada mediante el resplandor de su gloria.

Santidad: Dios está absolutamente separado de y exaltado por encima de sus criaturas. Dios está separado del mal moral y del pecado. Santidad es la gloria esencial de la naturaleza de Dios y es la gloria de todos sus otros atributos. El reino del Mesías será un dominio de santidad. Aunque habrá imperfecciones en la era del reino terrenal, el pecado será juzgado al instante (Is. 65:20). Habrá un Camino de Santidad que conducirá al lugar de adoración (Is. 35:8). El reino será dado a los santos (Dn. 7:27). La presencia del Mesías en su gloriosa y perfecta santidad llenará toda la tierra. Incluso, las campanillas de los caballos tendrán grabada la frase "santidad a Jehová" (Zac. 14:20).

Todopoderoso: Jesucristo será el *Pantokrátor* de su reino. Es decir, tendrá absoluto control de todas las cosas. Todos tendrán que someterse a su autoridad.

Trono de gloria: se refiere al trono davídico sobre el cual el Señor reinará como el Mesías y heredero del reino prometido en las Escrituras del Antiguo Testamento (Jer. 23:5; Mt. 19:28; 25:31).

Unión hipostática: se refiere a la unión de las dos naturalezas (divina y humana) en Cristo. Esa unión es personal. Es importante entender la diferencia entre naturaleza y persona. Una persona posee naturaleza, pero ser persona implica más que tener naturaleza. Persona incluye naturaleza más una subsistencia independiente o realidad que incluye intelecto, emoción y voluntad. La segunda persona de la Trinidad es una persona divina que posee naturaleza divina. Al encarnarse tomó una naturaleza humana aunque permaneció siendo una persona divina. El Hijo eterno de Dios no se unió con una *persona humana,* sino con una *naturaleza humana.* En esa unión cada naturaleza retiene sus propias características. De manera que la *unión hipostática* es que Cristo posee dos naturalezas, la divina y la humana, unidas no amalgamadas, pero Él sigue siendo y siempre será una sola persona divina en pos de manifestar atributos o características humanas y divinas.

Bibliografía

A. Versiones de la Biblia

La Santa Biblia, versión Reina-Valera 1960.
Santa Biblia, Nueva Versión Internacional.
Santa Biblia, Versión de las Américas.
Biblia Hebraica, Rudolf-Kittell
Sagrada Biblia, CanteraIglesias.
The Greek New Testament, Nestle-Aland, 25th edition.

B. Teologías sistemáticas

Berkhof, Louis, *Teología sistemática,* Grand Rapids: T.E.L.L., 1976.

Boettner, Loraine, *Studies in Theology.* Grand Rapids: Wm. B. Eerdmans Publishing Company, 1947.

Buswell Jr., J. Oliver, *Teología sistemática* (Tomos 1 y 3), Miami: Logoi Incorporated, 1979.

Chafer, Lewis Sperry; *Teología sistemática* (2 tomos), Dalton, Georgia, Publicaciones Españolas, 1974.

Eichrodt, Walter, *Teología del Antiguo Testamento,* (2 tomos), Madrid: Ediciones Cristiandad, 1975.

Erickson, Millard J., *Christian Theology,* Grand Rapids: Baker Book House, 1985

García Cordero, Maximiliano, *Teología de la Biblia,* Madrid: Biblioteca de Autores Cristianos, 1970

Grudem, Wayne, *Sistematic Theology, An Introduction to Biblical Doctrine,* Grand Rapids: Zondervan Publishing House, 1994

Hodge, Charles, *Teología sistemática* (2 tomos), Terrassa, Clie, 1991.

McGrath, Allister E., *Christian Theology: An Introduction,* Malden, Mass.: Blackwell Publishers, 1997

Von Rad, *Teología sistemática* (2 tomos), Salamanca: Ediciones Sígueme, 1975

C. Libros

Abrahams, Israel, *The Glory of God,* Humphrey Milford: Oxford University Press, 1925. 88 pp.

Alexander, Ralph H., "Ezekiel" *The Expositor's Bible Commentary,* Grand Rapids: Zondervan Publishing House. 1986.

Alford, Henry, *The Greek Testament,* Londres: Longmans, Green, and Co., 1892. 4 vols.

Allis, Oswald T., *Prophecy and the Church,* Filadelfia: Presbyterian and Reformed Publishing Company, 1947. 339 pp.

Andrews, Samuel J., *Nan and the Incarnation,* Nueva York: G. P. Putnam's Sons, 1905. 304 pp.

Baron, David, *The Ancient Scripture and the Modern Jew,* Londres: Hodder and Stoughton, 1905. 341 pp.

———, *Israel's Inalienable Possesions,* Londres: Morgan and Scott, s.f., 93 pp.

———, *The Visions and Prophecies of Zechariah,* Londres: Morgan and Scott Ltda., 1919. 554 pp.

Bates, William, *The Harmony of the Divine Attributes,* Filadelfia: Presbyterian Board of Publication, s.f. 394 pp.

Ballet, J. G., *The Son of God,* Nueva York: Loizeaux Brothers, s.f. 199 pp.

Barnhouse, Donald Grey., *His Own Received Him Not, But...,* Nueva York: Fleming H. Rewel Co. 1933.

Barker, Kenneth L., "Zechariah" *The Expositor's Bible Commentary,* Vol 7. Grand Rapids: Zondervan Publishing House, 1985.

Benson, Clarence H., *The Earth, the Theater of the Universe,* Chicago: The Bible Institute Colportage Ass'n, 1929. 140 pp.

Blaising Craig A., & Bock Darrell, L., *Progressive Dispensacionalism* Wheaton: Victor Books. 1993.

Berkouwer G. C., *The Return of Christ,* Grand Rapids, Michigan: Eerdmans Publishing Co., 1963.

———, *The Person of Christ,* Grand Rapids, Michigan: Eerdmans Publishing Co., 1954

Birks, T. R., *Outlines of Unfulfilled Prophecy,* Londres: Seeleys, 1854. 378 pp.

Bock, Darrell L., "The Reign of The Lord Christ", *Dispensacionalism, Israel and the Church,* Grand Rapids: Zondervan Publishing House. 1992.

Boettner, Loraine, *The Person of Christ,* Grand Rapids: Wm. B. Eerdmans Publishing Company, 1943. 215 pp.

———, *The Millennium,* Filadelfia: The Presbyterian and Reformed Publishing Co. 1970.

Briggs, Charles A., "The Book of Psalms" *The International Critical Commentary,* Nueva York: Charles Scribner's Sons, 1967.

Bultema, Harry, *Commentay on Isaiah,* Grand Rapids: Kregel Publications, 1981.

Borrows, Miller, *An Outline of Biblical Theology,* Filadelfia: Westminster Press, 1946. 380 pp.

Calvino, Juan, *Commentary on the Epistle to the Romans,* Edinburgo: Printed for the Calvin Translation society, 1844. 429 pp.

———, *Commentaries on the Book of the Prophet Jeremiah and the Lamentations,* Edinburgo: Printed for the Calvin Translation Society, 1984. 5 vols.

———, *Commentaries of the Epistle of Paul the Apostle to the Hebrews,* Edinburgo: Printed for the Calvin Translation Society, 1853. 448 pp.

———, *Instituciones de la religión cristiana,* 2 tomos. Países Bajos: Fundación de Editorial de Literatura Reformada. 1968.

Carballosa, E. L., *Romanos,* Grand Rapids: Editorial Portavoz. 1994.

Chafer, Lewis Sperry, *The Ephesians Letter,* Nueva York: Loizeaux Brothers, 1935. 176 pp.

———, *The Kingdom in History and Prophecy,* Chicago: The Bible Institute Colportage Ass'n., 1915. 167 pp.

Charnock, Stephen, *Discourses upon the Existence and Attributes of God,* Filadelfia: Presbyterian Board of Publication, 1840. 2 vols.

Constitution of the Presbyterian Church in the United States of America, Filadelfia: Publication Department of the Presbyterian Board of Christian Education, 1936. 532 pp.

Cranfield, C. E. B., "The Epistle to the Romans" *The International Critical Commentary,* Edinburgo: T. & T. Clark Limited, 1979.

Deere, Jack S., "Deuteronomy" *The Bible Knowledge Commentary,* Wheaton: Victor Books, 1985.

Delitzsch, Franz, *Biblical Commentary on the Prophecies of Isaiah,* Grand Rapids: Wm. B. Eerdmans Publishing Company, 1949. 2 vols.

De Vries, Henri, *The Lord's Anointed,* Londres: Marshalls Brothers, Ltd., s.f. 384 pp.

Douglas, George, *The Eternal Glory of Christ,* Grand Rapids: Zondervan Publishing House, 1940. 104 pp.

Eadie, John, *A Commentary on the Greek Text of the Epistle of Paul to the Philippians,* Minneapolis: James and Klock Christian Publishing Co., 1977.

Erickson, Millard J., *Basic Guide to the Eschatology,* Grand Rapids: Baker Books. 1998.

———, *Introducing Christian Doctrine,* Grand Rapids: Baker Books. 1998.

Farrar, F. W., *Solomon: His Life and Times,* Londres: Wilkes & Co., s.f. 217 pp.

Feinberg, Charles L., *Millennialism: The Two Major Views,* Chicago: Moody Press. 1980.

Gaebelein, Arno C., *The Annotated Bible,* Nueva York: Our Hope, 1915. 9 vols.

Germeren Willerm A. Van., "Psalm" *The Expositors Bible Commentary,* Vol. 5, Grand Rapids: Zondervan. 1991.

Gill, John, *The Word and Works of God,* Nueva York: Edward H. Fletcher, 1857. 504 pp.

Grant, F. W., "The Psalms," *The Numerical Bible,* Nueva York: Loizeaux Brothers, Inc., 1903. 486 pp.

Grau, José, *Escatología: final de los tiempos,* Terrassa, Editorial Clie. 1977.

Guthrie, Donald, *New Testament Theology,* Downers Grove: InterVarsity Press, 1981.

Havershom, Ada R., *The Study of the Types,* Londres: Pickering and Inglis, 1915. 174 pp.

Hagner, Donald A., "Matthew 1428", *World Biblical Commentary,* Dallas: Word Books Publishers. 1995.

———, "Matthew 113" *World Biblical Commentary,* Dallas: Word Books Publishers 1993

Harris, Samuel, *God, the Creator and Lord of All,* Nueva York: Charles Scribner's Sons, 1896. 2 vols.

Heard, J. B., *The Tripartite Nature of Man,* Edinburgo: T. & T. Clark, 1868. 363 pp.

Hendriksen, William, *The Gospel of Matthew,* Grand Rapids: Baker Book House, 1979.

Hengstenberg, E. W., *Christology of the Old Testament,* Edinburgo: T. & T. Clark, 1872. 4 Vols.

Henry, Matthew, *Commentary on the Whole Bible,* Nueva York: Fleming H. Revell Company, s.f. 6 vols.

Hierbert, Edmond, *Mark: A Portrait of the Servant,* Chicago: Moody Press. 1979.

Hodge, Charles, *A Commentary on the Epistle to the Romans,* Grand Rapids: Louis Kregel, 1882.

Hodgkin, A. M., *Christ in All the Scriptures,* Londres: Pickering and Inglis, Ltd., 1945. 249 pp.

Hoekema, Anthony A., *The Bible and the Future,* Grand Rapids: Eerdmans Publishing Co. 1989.

Hoehner, Harold W., "Ephesians" *The Bible Knowledge Commentary,* Wheaton: Victor Books, 1984.

Hogg, C. F. and W. E. Vine, *The Epistle of Paul to the Galatians,* Londres: Pickering and Inglis, s.f., 352 pp.

Holman, Charles L., *The Jesus Comes: Origin of Christian apocalyptic Expectation,* Peabody, Mass.: Hedriksen Publishers Inc. 1996.

Huffman, Jasper A., *The Progressive Unfolding of the Messianic Hope,* Nueva York: George H. Doran Company, 1924. 186 pp.

Johnson Elliott E., *Expository Hermeneutics: An Introduction,* Grand Rapids, Michigan: Zondervan Publishing House. 1990

Kaisser Jr., Walter C., *The Messiah on the Old Testament,* Grand Rapids: Zondervan Publishing House 1995.

Kalland, Earl S., "Deuteronomy" *The Expositor's Bible Commentary,* Vol. 3, Grand Rapids: Zondervan Publishing House, 1992.

Keil, Carl Friedrich, *The Book of the Prophet Daniel,* Edinburgo: T. & T. Clark, 1877

———, *The Prophecies of Jeremiah,* Edinburgo; T. & T. Clark, 1876, 2 vols.

———, *The Twelve Minor Prophets,* Grand Rapids: Wm. B. Eerdmans Publishing Company, 1949. 2 vols.

Keil, C. F., and F. Delitzsch, *Biblical Commentary on the Book of Samuel,* Edinburgo: T. & T. Clark, 1891. 512 pp.

———, *Biblical Commentary on the Old Testament, The Pentateuch,* Grand Rapids: Wm. B. Eerdmans Publishing Company, 1947. 3 Vols.

Kennedy, H. A. A., *St, Paul's Conceptions of the Last Things,* Nueva York: A. C. Armstrong & Son, 1904. 370 pp.

———, *The Theology of the Epistles,* Londres: Duckwoeth Company, 1948. 267 pp.

Kittel, Helmuth, *Die Herrlichkeit Gottes,* Giessen: Verlag von Alfred Topelmann, 1934. 275 pp.

Lacueva, Francisco, *Escatología II,* Terrassa: Editorial Clie. 1983.

Ladd, George E., *Crucial Questions about the Kingdom,* Grand Rapids: Eerdmans. 1961.

———, *A Theology of the New Testament,* Grand Rapids: Eerdmans Publishing Co. 1975.

Lenski, R. C. H., *The Interpretation of the Acts of the Apostles,* Columbus: Wartburg Press, 1944. 1134 pp.

———, *The Interpretation of St, Matthew's Gospel,* Columbus: Wartburg Press, 1943. 1181 pp.

Leupold, H. C., *Exposition of Genesis,* Columbus: Wartburg Press, 1942. 1220 pp.

Lewis, C. S., *The Case for Christianity,* Nueva York: Macmillan Company, 1948. 56 pp.

Lock, Walter, *A Critical and Exegetical Commentary on the Pastoral Epistles,* Nueva York: Charles Scribner's Son s, 1924. 163 pp.

McClain, Alva J., *The Greatness of the Kingdom,* Grand Rapids: Zondervan Publishing House. 1959.

Messiah, Published anonymously by the pastor of St. Mary Woolnoth and St. Mary Woolchurch, Londres, 1786. 2 vols.

Morrall, John B., *Political Thought in Medieval Times,* Nueva York: Harper Torch Books, 1962

Moltmann, Jürgen, *The Coming of God: Christian Eschatology,* Minneapolis: Fortress Press, 1996.

———, *The Trinity and the Kingdom,* Minneapolis: Fortress Press, 1993.

Morgan, G. Campbell, *The Crises of the Christ,* Nueva York: Fleming H. Revell Company, 1903. 477 pp.

Morris, Leon, *The Gospel according to Matthew,* Grand Rapids: Eerdmans Publishing Co., 1992.

Murphy, James G., *Psalms,* Minneapolis: James Family Publishing, 1977.

Newman Carey, C., *GloryChristology,* Nueva York: E. J. Brill, 1992.

Orr, James, *God's Image in Man,* Grand Rapids: Wm. B. Eerdmans Publishing Company, 1948. 319 pp.

Ottman, Ford C., *Imperialism and Christ,* Nueva York: Our Hope, 1912. 317 pp.

Owen, John, *The Glory of Christ,* Chicago: Moody Press, 1949. 285 pp.

Patterson, Alexander, *The Greater Life and Work of Christ,* Chicago: Fleming H. Revell Company, 1896. 408 pp.

Patterson, Richard D., Austel Hermann J., "1, 2, Kings" *The Expositor's Bible Commentary,* Grand Rapids: Zondervan Publishing House, 1988.

Perowne, J. J. Steward, *The Book of Psalms,* Londres: George Bell and Sons, 1883. 2 vols.

Pentecost, J. Dwight, *Eventos del porvenir,* Maracaibo: Ed. Libertador. 1977.

———, *Thy Kingdom Come,* Wheaton, Illinois.: Victor Books. 1990.

———, *The Words and Works of Jesus Christ,* Grand Rapids: Zondervan Publishing House. 1981.

———, *El Sermón del Monte,* Grand Rapids: Editorial Portavoz. 1981.

Peters, George N. H., *The Theocratic Kingdom,* Nueva York: Funk and Wagnalls, 1884. 3 vols.

Pieters, Albertus, *Divine Lord and Savior,* Nueva York: Fleming H. Revell Company, 1949. 187 pp.

Ramm, Bernard, *Protestant Biblical Interpretation,* Boston: W. A. Wilde Co., 1956.

Ramsey, Arthur Michael, *The Glory of God and the Transfiguration of Christ,* Londres: Longmans, Green, and Co., 1949. 160 pp.

Ryrie, Charles C., *Las bases de la fe premilenial,* Grand Rapids: Editorial Portavoz. 1984.

Robinson, Theodore H., *The Epistle to the Hebrews,* Nueva York: Harper and Brothers Publishers, 1933. 206 pp.

Ross, Allen P., *Creation and Blessing: A Guide to the Study and Exposition of Genesis,* Grand Rapids: Baker Book House. 1988.

———, "Proverbs", *The Expositor's Bible Commentary,* Vol. 5. Grand Rapids: Zondervan Corporation. 1941.

San Austin, *City of God,* Garden City, Nueva York: Image Books. 1961.

Saphir, Adolph, *Christ and Israel,* Londres: Morgan and Scott Ltd., 1911. 227 pp.

Sauer, Erich, *The Triumph of the Crucified,* Grand Rapids: Eerdmans Publishing Co. 1960.

Schaff Philip, *The Creeds of Christendom,* 3 Vols. Grand Rapids: Baker Books. 1998

———, *History of the Christian Church* 8 Vols, Grand Rapids, Michigan: Eerdmans Publishing Co. 1971.

Scofield, C. I., editor, *The Scofield Reference Bible,* Nueva York: Oxford University Press, 1909. 1362 pp.

Scott, Walter, *Prophetic Scenes and Coming Glories,* Londres: Morgan and Scott Ltd., 1919. 350 pp.

Seeberg, Reinold, *Textbook of the History of the Doctrines,* Grand Rapids: Baker Book House, 1961.

Seymour, James Cooke, *Christ the Apocalypse,* Cincinnati: Jennings & Pye, 1902. 350 pp.

Simpson, A. B., *Christ in the Bible,* Nueva York: Alliance Press Company, 1903. 24 vols.

———, *The Coming One,* Nueva York: Christian Missionary Alliance Company, 1912. 228 pp.

Spring, Gardiner, *The Glory of Christ,* Nueva York: M. W. Dodd, 1852. 2 vols.

Swete, Henry Barclay, *The Ascended Christ,* Londres: Macmillan and Company, 1910. 168 pp.

Thiessen, Henry Clarence, *Introduction to the New Testament,* Grand Rapids: Wm. B. Eerdmans Publishing Company, 1943. 347 pp.

Thomas Robert L., *Revelation 17: An Exegetical Commentary,* Chicago: Moody Press. 1992.

———, *Revelation 822: An Exegetical Commentary,* Chicago: Moody Press. 1992.

Thomas, W. H. Griffith, *St, Paul's Epistle to the Romans: A Devotional Commentary,* Grand Rapids: Eerdmans Publishing Co. 1966.

Thompson, William H., *Christ in the Old Testament,* Nueva York: Harper and Brothers, 1888. 477 pp.

Trotter, William, *Plain Papers on Prophetic and Other Subjects,* Nueva York: Loizeaux Brothers, s.f., 582 pp.

Toussaint, Stanley D., *Behold the King,* Portland: Multnomah Press, 1980.

Strong, Augustus Hopkins, *Systematic Theology,* Filadelfia: The Judson Press, 1907. 1166 pp.

Unger, Merrill F., *Commentary of Zechariah,* Grand Rapids: Zondervan Publishing House. 1963.

Visser't Hooft, W. A., *The Kingship of Christ,* Nueva York: Harper and Brothers, 1948. 158 pp.

Van Gemeren, Willem A., "Psalms" *The Expositor's Bible Commentary,* vol. 5. Grand Rapids: Zondervan Publishing House, 1991.

Von Gall, A., *Die Herrlichkeit Gottes, Eine Biblisch Theologische Untersuchung,* Giessen: J. Ricker'sche Verlagsbuchhandlung, 1900. 109 pp.

Von Rad, *Estudios sobre el Antiguo Testamento*, Salamanca: Ediciones Sígueme, 1975

Walvoord, John F., *The Doctrine of the Holy Spirit,* Dallas, Texas: Dallas Seminary Press, 1943. 301 pp.

———, *The Millennial Kingdom,* Findlay, Ohio: Dunham Publishing Co. 1959.

Waltke Bruce K., *Genesis: A Commentary,* Grand Rapids: Zondervan Publishing Co., 2001.

Watson, Richard, *Theological Institutes,* Nueva York: G. Lane and C. B. Tippett, 1848. 2 Vols.

West, Nathaniel, *The Thousand Year Reign of Christ,* Grand Rapids: Kregel Publication, 1993.

Whitman, A., *Prophecy Opened,* Carthage, Missouri: Advance book and Job Printing House, 1874.

Willis, Wesley R. y Master, John R. (General Editors), *Issues in Dispensationalism,* Chicago: Moody Press, 1994.

Winchester, Elhanan, *Lectures on the Prophecies Which Remain to be Fulfilled,* Cincinnati: E. Morgan & Co., 1851. 604 pp.

Wood, Leon, *A Commentary on Daniel,* Grand Rapids: Zondervan Publishing House, 1973.

Wuest, Kenneth S., *First Peter in the Greek New Testament,* Grand Rapids: Wm. B. Eerdmans Publishing Company, 1942. 135 pp.

———, *Hebrews in the Greek New Testament,* Grand Rapids: Wm. B. Eerdmans Publishing Company, 1947. 271 pp.

Wyergaarden, Martin J., *The Future of the Kingdom in Prophecy and Fulfillment,* Grand Rapids: Zondervan Publishing House, 1934.

D. Artículos periódicos

Carnell, John Edward, "The Problem of Religious Authority". *His,* X, febrero, 1950, 69, 1112.

Chafer, Rollin T., "The Boundaries of Greater Canaan", *Bibliotheca Sacra,* XCV, abriljunio, 1938, 23136.

Custer, Stewart, "The Messianic King" *Biblical View Point,* 1978

Deere, Jack S., "Premillenialism in Revelation 20:46" *Bibliotheca Sacra,* eneromarzo, 1978.

Foster, A. Haire, "The Meaning of in the Greek Bible", *Anglican Theological Review,* abril, 1930, 31118.

Grisanti, Michael A., "The Davidic Covenant", *The Master's Seminary Journal,* otoño, 1999.

Harkin, Michael A., "The Hermeneutics of the Covenant Theology" *Bibliotheca Sacra,* julioseptiembre, 1986

Hegermann, H.,"Doxa", *Diccionario exegético del Nuevo Testamento,* tomo I, Salamanca: Ediciones Sígueme. 1996.

Hiebert, Edmond, "Evidence from 1 Co. 15", *A Case for Premilennialism: A New Consensus,* Chicago: Moody Press. 1990.

Hohener, Harold W., "Evidence from Revelation 20" *A Case for Premillenialism: A New Consensus,* Chicago: Moody Press 1992.

Johnson S. Lewis, "Evidence from Romans 911" *A Case for Premillennialism: A New Consensus,* Chicago Moody Press. 1992.

Mundle W., "Apokalypto" *The New International Dictionary of the New Testament Theology,* Vol. 3, Colin Brown General Editor. Grand Rapids. Michigan: Zondervan Publishing House. 1979.

Osgood, Howard, "The Tender loving God of The Old Testament", *The Bible Student,* II:2, agosto, 1900, 7889.

Payne, Homer Lemuel, "Contemporary Amillennial Literature", *Bibliotheca Sacra,* CV, CVII, abril, 1949marzo 1950, 486492, 1038; 20010, 34251.

Säuger, D., "Thrónos" *Diccionario exegético del Nuevo Testamento,* Salamanca: Ediciones Sígueme. 1996.

Richard, Ramesh P., "The Premillennial Interpretation of History" *Bibliotheca Sacra,* julioseptiembre, 1981.

Roggers Jr., Cleon L., "The Covenant with Abraham and its Historical Setting" *Bibliotheca Sacra,* julioseptiembre, 1970.

———, "The Davidic Covenant in the Gospels" *Bibliotheca Sacra,* octdic, 1993.

———, "The Davidic Covenant in ActsRevelation", *Bibliotheca Sacra,* eneromarzo, 1994.

Walvoord, John F., "Amillennialism from Augustine to Modern Times", *Bibliotheca Sacra,* CVI, octubrediciembre, 1949, 420431.

———, "The Fulfillment or the Davidic Covenant", *Bibliotheca Sacra,* CIII, abriljunio, 1945, 15366.

———, "The Incarnation of the Son of God", *Bibliotheca Sacra,* CV, abriljunio, 1948, 14553.

———, "Is the Church the Israel of God?", *Bibliotheca Sacra,* CI, octubrediciembre, 1944, 40316.

———, "New Testament Words for the Lord's Coming", *Bibliotheca Sacra,* CIII, julioseptiembre, 1944, 28339.

Unger, Merrill F., "The Temple Vision of Ezekiel", *Bibliotheca Sacra,* CVI, eneromarzo,1949, 4864.

E. Enciclopedias y diccionarios

Balz, Horst y Schneider Gerhard, editores, *Diccionario exegético del Nuevo Testamento,* Salamanca: Ediciones Sígueme, dos tomos, 1996.

Betteridge, Walter R., "Glory", *The International Standard Bible Encyclopedia,* revised edition of 1939, II, 123539

Briggs, Charles Augustus and Emilie Grace Briggs, "The Book of Psalms," *The International Critical Commentary,* Nueva York: Charles Scribner's Sons, 1907. 2 Vols.

Brown Colin, Ed., *The New International Dictionary of New Testament Theology,* 3 Vols., Grand Rapids: Zondervan, 1975.

Coenen Lothar, et. al. *Diccionario teológico del Nuevo Testamento,* Salamanca Ediciones Sígueme, 1980.

Denney, James, "St. Paul's Epistle to the Romans", W. R. Nicoll, editor, *The Expositor's Greek Testament,* Grand Rapids: Wm. B. Eerdmans Publishing Company, s.f., II, 557725.

Gordon M. R., "Glory" *The Zondervan Pictorial Encyclopedia of the Bible,* 2 Vols. Grand Rapids: Zondervan Publishing House, 1975.

Hastings, James, and John A. Selbie, John C. Lambert, and Sahiler Mathews, editors, *Dictionary of the Bible,* Edinburgo: T. & T. Clark, 1909. 992 pp.

Kittel, Gerhard, δΥξα *Theological Dictionary of the New Testament,* Vol. 2, Grand Rapids, Eerdmans Publishing Co., 1966.

Nelson, Wilton M., Rojas, Juan, Ed., *Nuevo diccionario ilustrado de la Biblia,* Nashville: Editorial Caribe, 1998.

Scott, Charles Anderson, "Jesus Christ", *Encyclopedia Britannica,* Fourteenth edition, XIII, 1526.

Unger, Merrill. F., *Unger's Bible Dictionary,* Chicago: Moody Press, 1966.

Vila, Samuel y Escuain, Santiago Ed., *Nuevo diccionario bíblico ilustrado,* Terrassa, Editorial Clie. 1985.

F. Léxicos

AbbottSmith, G., *A Manual Greek Lexicon of the New Testament,* Edinburgo: T. & T. Clark Ltd., 1994.

Arndt, William F., y Gingrich F. Wilburg, *A Greek English Lexicon of the New Testament and Other Early Christian Literature,* Grand Rapids: Zondervan Publishing House, 1957.

Brown, Francis, Driver S. R., Briggs, Charles A., ed., *A Hebrew and English Lexicon of the Old Testament With An Appendix Containing The Biblical Aramaic,* Oxford at The Clarendon Press, 1962.

Cremer, Hermann, *BíblicoTheological Lexicon of New Testament Greek,* Edinburgo: T. & T. Clark, 1883. 603 pp.

Harris, Laird, R., Archer Gleason L., Waltke, Bruce K., *Theological Wordbook of the Old Testament,* 2 Vols. Chicago: Moody Press. 1980.

Thayer, Joseph Henry, *A GreekEnglish Lexicon of the New Testament,* Nueva York: American Book Company, 1886. 727 pp.

Tregelles, Samuel Prideaux, translator, *Gesenius Hebrew and Chaldee Lexicon,* Londres: Samuel Bagster & Sons, 1881. 877 pp.

G. Materiales no publicados

Friesen, Harry, "Melchizedek a Type of Christ". Unpublished Master's thesis, Dallas Theological Seminary, Dallas, Texas, 1949. 71 pp.

Ohman, Raymond Norman, "The Biblical Doctrine of the Millennium". Unpublished Doctor's dissertation, Dallas Theological Seminary, Dallas, Texas, 1949. 257.

Payne, Homer Lemuel, "Amillennial Theology as a System". Unpublished Doctor's dissertation, Dallas Theological Seminary, Dallas, Texas, 1948. 378 pp.

Ryrie, Charles Caldwell, "The Basis of the Premillennial Faith". Unpublished Doctor's dissertation, Dallas Theological Seminary, Dallas, Texas, 1949. 206 pp.

Spellman, George Virginius, "The Old Testament Doctrine of Messianic Despotism". Unpublished Master's thesis, Dallas Theological Seminary, Dallas, Texas, 1945. 52 pp.

Walvoord, John F., "Outline of Christology". Unpublished class notes, Dallas Theological Seminary, Dallas, Texas, 1950. 125 pp.

Woychuck, N. Arthur, "The Gentile Nations in their Relation to God and to Israel". Unpublished Doctor's dissertation, Dallas Theological Seminary, Dallas, Texas, 1944. 192 pp.

H. Folletos

Crowston, C. C., *Meditations on Manifold Glories of Christ*, Nueva York: The Book Stall, 1919. 148 pp.

Denman, Francis, *The Future Glory of the Jewish Nation*, Londres: London Society's House, 1907. 27 pp.

Turner, W. G., *Age after Age*, Londres: C. A. Hammond, *s.f.* 84 pp.

Índice temático

N

P

T

Índice de autores